ŒUVRES COMPLÈTES

DE

LAMARTINE

PUBLIÉES ET INÉDITES

MÉMOIRES POLITIQUES

II

TOME TRENTE-HUITIÈME

PARIS

CHEZ L'AUTEUR, RUE DE LA VILLE-L'ÉVÊQUE, 43.

M DCCC LXIII

ŒUVRES COMPLÈTES

DE

LAMARTINE

—

TOME TRENTE-HUITIÈME

MÉMOIRES POLITIQUES

II

MÉMOIRES POLITIQUES

MA VIE POLITIQUE

LIVRE SIXIÈME

I

Tout tournait à mal, dedans et dehors, à la monarchie de Juillet, et moi-même, convaincu de jour en jour que le gouvernement parlementaire, livré à l'intrigue et à la passion du plus grand nombre et exploité sans pudeur par des hommes élus tantôt par l'influence des ministres, tantôt par l'ambition privilégiée de quelques favoris de départements, rendait impossible la moindre action d'ensemble de la royauté, ou complice ou asservie, je commençais à réfléchir sérieusement à l'inanité de ce régime.

Depuis plus d'un an, la coalition, non contente d'avoir

forcé la main au roi, renversé coup sur coup les ministres honnêtes, et menacé le roi lui-même de l'entraîner dans leur chute, venait de proclamer unanimement (à l'exception de M. Thiers lui-même, mais sans exception de ses plus intimes amis) la mesure de la guerre extrême qui consistait dans la croisade universelle des banquets politiques organisés dans tous les départements. Cette croisade d'opposition, à laquelle j'avais refusé hautement de m'associer, comme dépassant les limites d'une opposition légale et touchant aux factions, triomphait partout, semant l'agitation dans le pays. Je résolus de dire enfin mon opinion personnelle dans une occasion pour ainsi dire privée, qui eût le mérite de me donner la parole dans une grande latitude, sans avoir les inconvénients ni le caractère d'une faction. Cela m'était aisé. Le livre des *Girondins* avait paru; son succès jusque-là sans exemple avait agrandi mon nom jusqu'aux dimensions d'un nom populaire.

La ville de Mâcon, dont l'administration était dans les mains de mes amis, m'offrit de me recevoir avec une congratulation solennelle, sous la présidence de son premier magistrat, M. Rolland, jeune homme de mérite et de dévouement, qui ne craignit pas de se compromettre en acceptant la haute direction de ce banquet. Aussitôt que le bruit de cette fête se répandit, tous les hommes politiques ou littéraires du pays et des départements voisins s'y donnèrent rendez-vous et y accoururent en masse de trois à quatre mille personnes. La ville de Mâcon construisit sur les bords de la Saône une tente assez vaste pour contenir cet immense auditoire, et le peuple, qui m'aimait et qui jouissait de ma renommée, se pressa en foule aux abords du banquet.

Je me rendis, le matin du 18 juillet 1847, de la campagne que j'habitais à la ville, et le soir au lieu du banquet. Des acclamations unanimes accueillirent ma présence. Cet accueil était cordial et nullement séditieux. Ma pensée forte mais modérée était comprise et acceptée. Le pays tout entier sentait que le gouvernement et l'opposition faisaient fausse route, et cherchait de bonne foi le vrai sens d'un gouvernement capable de raffermir les choses, en adoptant énergiquement les principes sains de 1789 corrigés et rectifiés par 1829. Ce fut le sens aussi de mes paroles, méditées mais improvisées comme il appartenait à une telle solennité.

II

Un incident inattendu et dramatique me fournit l'exorde de cette mémorable harangue. Au moment où le banquet finissait et où je me levais pour prendre la parole, une tempête terrible, mêlée de tonnerre et de coups de vent, de pluie et de grêle, éclata sur le lieu du festin, ébranla les piliers, déchira les toiles et laissa un moment la salle en proie à l'ouragan. Mais nul ne bougea, de crainte de perdre sa place. Au bout de quelques minutes d'un désordre purement atmosphérique, tout se calma, et j'excitai des applaudissements frénétiques en débutant ainsi :

« Messieurs,

» Avant de répondre à l'empressement que vous voulez bien témoigner, laissez-moi vous remercier d'abord de la patience et de la constance qui vous ont fait résister, imperturbables et debout, aux intempéries de l'orage, au feu des éclairs, aux coups de la foudre, sous ce toit croulant et sous ces tentes déchirées. Vous avez montré que vous êtes vraiment les enfants de ces Gaulois qui, s'écriaient dans des circonstances plus sérieuses, que si la voûte du ciel venait à s'écrouler, ils la soutiendraient sur le fer de leurs lances! (Bravos prolongés.) Ainsi vous-mêmes vous bravez les éléments pour entendre quelques mots de probité et de liberté. Vous comprenez qu'une pareille situation néanmoins me commande d'abréger l'entretien que nous proposions d'avoir ensemble, et de me borner à vous exprimer une faible partie de mes sentiments; mais je ne puis supprimer ma reconnaissance.

» Messieurs, en écoutant les paroles que vient de m'adresser, en votre nom, monsieur Rolland, mon jeune ami, ce premier magistrat de votre ville, qui a déposé ici son caractère officiel pour y revêtir seulement la magistrature de votre amitié; en contemplant cet immense concours de concitoyens et d'étrangers, ce camp d'amis, cette armée de convives, et cette décoration vivante de femmes qui représentent ici le plus beau des rôles dans l'histoire des révolutions : le rôle de la miséricorde et de la pitié (applaudissements), quel étranger, quel voyageur, s'il passait par hasard en ce moment par nos murs, ou s'il voguait sur notre beau fleuve, ne se demanderait quel événement national célèbre aujourd'hui notre pays? quelle commémoration civique on y renouvelle? quelle grandeur de la terre, quel ministre, quel puissant citoyen on y enveloppe de la réception, de l'acclamation, de la munificence publiques? Et si l'on répondait à ce passant que ce n'est rien de tout cela, que ce n'est ni un ministre, ni une puissance de l'État, ni un soldat chargé des palmes d'une campagne, mais que c'est tout simplement le retour dans ses foyers d'un obscur citoyen... (non! non! — protestations bruyantes), — oui, d'un simple citoyen comme vous, et qui ne veut d'autre distinction d'avec vous que l'estime et l'affection que vous lui prodiguez... (bravos), — le retour, dis-je, d'un simple citoyen qui, après avoir défendu, bien infructueusement trop souvent, les principes nationaux à la tribune, a écrit bien imparfaitement aussi quelques pages de l'histoire de son pays ; — y a-t-il, je vous le demande, messieurs, y a-t-il un étranger, un voyageur qui ne se confondît d'étonnement à un pareil spectacle et qui ne s'écriât que le peuple capable de décerner de tels honneurs aux plus modestes travaux de l'esprit est, entre tous, le peuple de l'intelligence, et mérite la suprématie, non sur le sol, mais sur l'âme de l'Europe, par ces mêmes travaux de l'esprit qu'il sait si rapidement comprendre, si vivement sentir, et si magnifiquement récompenser ?

» En effet, messieurs, le spectacle dont nous sommes vous et moi en ce moment l'objet, les acteurs ou les témoins, ne s'est, je crois, présenté qu'une seule fois dans les annales du monde littéraire. C'était dans cette Grèce antique, berceau de la poésie, de l'histoire, des arts, de la gloire, de la liberté ; dans cette Grèce florissante alors, renaissante aujourd'hui à l'abri de notre drapeau. Elle célébrait ses jeux olympiques ; la nation entière y assistait par ses représentants ou par ses spectateurs, guère plus nombreux que nous ne sommes ici (car la grandeur des peuples ne se mesure pas à leur géographie, mais à leur âme!). On venait de couronner les vainqueurs dans tous les arts de la guerre ou de la paix, de la main ou de l'es-

prit. Un homme, un étranger se présente ; la foule le regarde sans le connaître. Il était parvenu au milieu de la vie ; il avait voyagé de longues années dans toutes les contrées de l'Orient pour y étudier les mœurs des hommes, et pour y soulever le voile peint de rêves jeté par l'imagination sur le berceau des peuples. Revenu dans Halicarnasse, sa patrie, il avait servi son pays dans les conseils du peuple ; il y avait été proscrit, tantôt par la tyrannie, tantôt par la démagogie ; car en servant la liberté et les intérêts du peuple, il ne consentait pas à en servir les anarchies ou les caprices ; rentré dans la vie privée, il avait écrit ce qu'il avait vu, ou ce qu'il avait appris de la bouche des autres hommes. Il tenait à la main un manuscrit ; il le déroula à la voix des juges ; il lut le premier livre de ses récits devant l'assemblée. La Grèce entière, suspendue à ses lèvres, lui décerna d'acclamation un des prix, et la postérité, ratifiant ce jugement du peuple le plus sensible de la terre, l'appela depuis le père de l'histoire : et cette voix eut un écho, car elle fit éclore un autre historien plus grand que lui. Le jeune Thucydide, caché parmi les auditeurs, pleurait d'émotion. « Tu es heureux, dit l'historien cou-
» ronné au père du jeune Thucydide, qui lui présentait son
» fils, tu es heureux, car ton fils aime la gloire. » C'est ainsi qu'on appelait alors la vertu.

» Messieurs, cet inconnu, cet étranger, c'était Hérodote, le père de l'histoire antique. Je ne suis pas Hérodote, je ne suis même pas un de ces historiens qui ont conquis et qui conquièrent tous les jours en France ce titre, et dont les différences d'opinions politiques ne m'empêchent pas de reconnaître le mérite supérieur et les travaux. Je ne suis pas Hérodote! Vous n'êtes pas la Grèce ! mais vous êtes la

France! et, à ce titre, je suis aussi fier de vos suffrages que vous êtes vous-mêmes généreux à me les décerner!

» Mais, messieurs, allons tout de suite au fond de cette démonstration. Mon livre avait besoin d'une conclusion, et c'est vous qui la faites!... La conclusion, c'est que la France sent tout à coup le besoin d'étudier l'esprit de sa Révolution, de se retremper dans ses principes épurés, séparés des excès qui les altérèrent, du sang qui les souilla, et de puiser dans son passé les leçons de son présent et de son avenir.

» Oui, rechercher après un demi-siècle, sous la cendre encore chaude des événements, sous la poussière encore émue des morts, l'étincelle primitive et, je l'espère, immortelle, qui alluma dans l'âme d'un grand peuple cette ardente flamme dont le monde entier fut éclairé, puis embrasé, puis en partie consumé; rallumer, dis-je, cette flamme trop éteinte dans le cœur des générations qui nous suivent, la nourrir, de peur qu'elle ne s'assoupisse pour jamais, et ne laisse une seconde fois la France et l'Europe dans l'obscurité des âges de ténèbres; la surveiller et la purifier aussi, de peur que sa lueur ne dégénère, par la compression même, en explosion, en incendie et en ruine : voilà la pensée du livre! voilà la pensée du temps! Me démentirez-vous si je dis : et voilà votre pensée? (Non! non!)

» C'est dans cette pensée que peut se trouver seulement pour vous la dignité, le sérieux de ce banquet, et que se trouve seulement pour moi le courage de vous retenir un moment au milieu de ce désordre des éléments et des débris de cette enceinte. (Non! non! parlez! parlez!) Oui, messieurs, sans cela je me perdrais dans la foule. Mais quand un homme représente en lui, ne fût-ce que pour une minute, la pensée collective d'une masse imposante d'autres hommes, il doit s'oublier lui-même, se respecter lui-même ou vous respecter en lui ; il doit pour un instant se considérer non comme un homme, mais comme un signe, comme un de ces drapeaux qui sont suspendus derrière moi ; et, sans se faire illusion sur son mérite ou sur son importance, il doit se tenir debout dans l'évidence où vous l'avez placé ; il doit se dire : Ce qu'on honore en moi, ce qu'on salue en moi, ce qu'on acclame, ce n'est pas moi, c'est ma signification ! ce n'est pas l'étoffe du drapeau, c'est sa couleur ! (Longue acclamation.)

» Messieurs, voyons donc très-rapidement les faits et le sens intime des événements que j'ai essayé de décrire ; voyons quelle clarté ils jettent sur notre route de nation pensante et de nation politique, car le flambeau de l'histoire n'éclaire pas seulement le passé, mais le présent et l'avenir. Oui, voyons les faits de cette grande époque tels qu'ils me sont apparus à moi-même bien jeune encore quoi qu'on en dise, et bien avant l'époque où les hommes qui ne me connaissent pas de près, ou mes ennemis politiques, supposent que j'ai été ramené, converti à ses doctrines philosophiques et sociales, soit par une ambition de pouvoir que je méprise aux conditions où je le vois souvent exercé... (bravos), soit par une inextinguible soif de popularité ! Popularité que vous m'avez vu au contraire braver habituellement quand elle ne me semblait pas d'accord avec le service des vérités ou des intérêts vrais du temps (murmures), mais dont je suis heureux, dont je suis fier quand je la rencontre par hasard comme la force morale de l'opinion ! Rien de tout cela n'est vrai. (On applaudit.)

» Je me suis dit dès l'âge de raison politique, c'est-à-dire dès l'âge où nous nous faisons à nous-mêmes nos opinions après avoir balbutié, en enfants, les opinions ou les préjugés de nos nourrices : Qu'est-ce donc que la Révolution française ?

» La Révolution française est-elle, comme le disent les adorateurs du passé, une grande sédition du peuple, qui s'agite pour rien, et qui brise, dans ses convulsions insensées, son Église, sa monarchie, ses castes, ses institutions, sa nationalité, et déchire la carte même de l'Europe? Mais, à ce titre, la révolution opérée par le christianisme quand il se leva sur le monde ne serait donc qu'une grande sédition aussi ; car il n'a pas produit, pour se faire place, une plus grande commotion dans le monde ! Non ! la Révolution n'a pas été une misérable sédition de la France ; car une sédition s'apaise comme elle se soulève, et ne laisse après elle que des ruines et des cadavres. La Révolution a laissé des échafauds et des ruines, il est vrai, c'est son remords et son malheur ; mais elle a laissé une doctrine, elle a laissé un esprit qui durera et qui se perpétuera autant que vivra la raison humaine. (Bravos prolongés.)

» Je me suis dit encore : La Révolution, comme le prétendent les soi-disant politiques du fait, n'a-t-elle été que le résultat d'un embarras de finances dans le trésor public, embarras que les résistances d'une cour avide ont empêché M. Necker de pallier, et sous lequel s'est écroulée, dans le gouffre d'un petit déficit d'impôts, une monarnarchie de quatorze siècles ? Quoi ! c'est pour un misérable déficit de cinquante à soixante millions dans un empire aussi riche que la France, que la monarchie a été détruite, que la féodalité a été déracinée, que l'Église a été dépossédée, que l'aristocratie a été nivelée, que la France a dépensé des milliards de son capital et des millions de vies de ses enfants! Quelle cause pour un pareil effet! et quelle proportion entre l'effet et la cause! et quelle petitesse les calomniateurs d'un des plus immenses événements de l'histoire moderne attribuent au principe de la Révolution, afin d'atténuer la grandeur et l'importance de l'événement par l'insignifiance et la vileté du motif! Laissons cette puérilité aux hommes de finances qui, accoutumés à tout chiffrer dans leurs calculs, ont voulu aussi chiffrer la chute d'un vieux monde et la naissance d'un monde nouveau. (On applaudit.)

» Enfin je me suis dit : La Révolution française est-elle un accès de frénésie d'un peuple ne comprenant pas lui-même ce qu'il veut, ce qu'il cherche, ce qu'il poursuit par delà les démolitions et les flots de sang qu'il traverse pour arriver par la lassitude au même point d'où il est parti? Mais cinquante ans ont passé depuis le jour où ce prétendu accès de démence a saisi une nation tout entière, roi, cour, noblesse, clergé, peuple. Les générations, abrégées par l'échafaud et par la guerre, ont été deux fois renouvelées. La France est rassise; l'Europe est de sang-froid; les hommes ne sont plus les mêmes, et cependant le même esprit anime encore le monde pensant! et les mêmes mots, prononcés ou écrits par les plus faibles organes, font encore palpiter les mêmes fibres dans tous les cœurs, dans toutes les poitrines des enfants même de ceux qui sont morts dans ce choc contraire de deux idées! Ah! si c'est là une démence nationale, convenez du moins que l'accès en est long et que l'idée en est fixe! et qu'une pareille folie de la Révolution pourrait bien ressembler un jour à cette *folie de la croix* qui dura deux mille ans, qui sapa le vieux monde, qui apprit aux maîtres et aux esclaves le nom nouveau de frères, et qui renouvela les autels, les empires, les lois et les institutions de l'univers !

» Non, la Révolution française fut autre chose : il n'est pas donné à de vils intérêts matériels de produire de pareils effets. Le genre humain est spiritualiste malgré ses calomniateurs; il se meut quelquefois pour des intérêts, mais c'est quand les idées lui manquent, ou quand il manque lui-même, comme nous en ce moment, aux idées. Le genre humain est spiritualiste, et c'est là sa gloire ; et les religions, les révolutions, les martyres, ne sont que le spiritualisme des idées protestant contre le matérialisme des faits ! (Oui ! oui !)

» La Révolution fut l'avénement d'une idée ou d'un groupe d'idées nouvelles dans le monde. Ces idées, vous les connaissez; vous en avez lu les premiers catéchistes, Fénelon dans le *Télémaque*, Montesquieu dans l'*Esprit des Lois*, Jean-Jacques Rousseau dans le *Contrat social*. C'est de ces livres que souffla cette première aspiration à la rénovation de toutes choses, aspiration unanime dans toutes les classes alors, dans celles qui avaient à perdre comme dans celles qui avaient à gagner, dans les privilégiées comme dans les opprimées, dans la noblesse, dans le clergé comme dans le peuple; car la conviction puissante de ces vérités divines rendait tout le monde alors juste, désintéressé, généreux comme la vérité elle-même.

» Je comptais ici, messieurs, parcourir avec vous les diverses phases de l'histoire de cette révolution, et en faire ressortir la leçon et la lumière. Les circonstances s'y opposent, la nuit nous gagne, le vent emporte les paroles.

Je passe tout de suite au moment où cette révolution, comme épuisée d'efforts, d'anarchie et de sang, se jeta, de lassitude et de découragement, dans les bras d'un soldat ambitieux dont je reconnais la grandeur, dont je reconnais les services, — car la gloire dont on couvre les armes d'une nation est un service ; — mais dont le règne civil ne fut, selon moi, que le règne de la contre-révolution.

» De ce jour, de ce 18 brumaire, commence contre les principes populaires une réaction qui ne s'arrête qu'à la chute de l'empire. On dirait que le génie de Charlemagne, exhumé du moyen âge, revit tout entier en lui. Mais ce génie est un anachronisme perpétuel. C'est le génie du passé ; ce n'est pas celui du présent et de l'avenir des peuples. C'est le génie de la discipline ; ce n'est pas celui de la société. Quand on écarte la lueur du sabre qui couvre tout cela, on est étonné de la petitesse et de la fausseté des conceptions sociales qui se cachent sous cette grande gloire, et dans l'homme des batailles on ne peut s'empêcher de reconnaître tout le génie sublime, mais le génie égaré de la contre-révolution. (Une voix : « C'est vrai ! »)

» La Restauration elle-même, qui certes ne pouvait pas apporter des sympathies personnelles à nos principes, fut moins loin que lui des idées libérales de 89. Mais il est plus aisé en politique de vaincre ses ennemis que de triompher de ses amis ! Vous le voyez par vous-mêmes aujourd'hui. (Oui ! oui!) La Restauration, entraînée par ses amis exagérés, se jeta elle-même dans le précipice de son passé !

» Et maintenant, où en sommes-nous ? (Mouvement d'attention.) Ici, messieurs, ne craignez pas que je fasse descendre la vérité historique de sa hauteur sereine et impartiale pour en faire une arme de parti. Nous sommes dans l'histoire, n'en descendons pas! Mais voyons cependant à quelles distances nous avons été rejetés de nos principes par ces réactions; non pas par les réactions de gouvernement seulement, — celles-là sont les moins dangereuses, — mais par les réactions de l'opinion, qui se manque à elle-même en France depuis trente ans.

» Le premier dogme de la révolution bienfaisante que cette philosophie voulait faire prévaloir dans le monde, c'est la paix! l'extinction des haines de peuple à peuple, la fraternité entre les nations! Nous y marchons! Nous avons la paix! Je ne suis pas de ceux qui rejettent aux gouvernements qu'ils accusent jusqu'à leurs bienfaits. La paix sera dans l'avenir, selon moi, la glorieuse amnistie de ce gouvernement contre ses autres erreurs. Historien ou député, homme ou philosophe, je soutiendrai toujours la paix avec le gouvernement ou contre lui, et vous pensez comme moi. La guerre n'est qu'un meurtre en masse, le meurtre en masse n'est pas un progrès! (Longs applaudissements.)

» La sécurité individuelle était un autre de ces dogmes. Nous l'avons aussi, et j'en rends hommage à notre temps! Mais dans l'ordre politique! Voyons:

» Le dogme, c'est la souveraineté exercée par l'universalité des citoyens; le fait, c'est une élection qui n'embrasse encore que des catégories restreintes. L'exercice de la souveraineté est borné par un chiffre et laisse des millions d'âmes en dehors du droit, c'est-à-dire en dehors de la justice. L'élection est matérialiste. La raison dit que l'élection doit être spiritualiste comme la pensée de la Révolution, et compter des âmes, et non des centimes. Mesurez la distance! (Oui, l'élection est matérialiste!)

» En principe, la représentation nationale doit exister

sans acception de classes, de catégories, de fortune, de professions sociales. En fait, la loi d'éligibilité, le cens obligatoire, le salaire national aux députés supprimé, excluent des catégories entières d'intérêts de la représentation, et livrent ces droits et ces intérêts des plus grandes masses à la merci des intérêts les moins nombreux!

» Le principe, c'est la liberté réelle des cultes sans oppression comme sans faveurs. Le fait, c'est une religion non d'État, mais de majorité; c'est un concordat civil comme Louis XIV ou Napoléon! Qu'est-ce qu'un concordat civil, si ce n'est un pacte par lequel l'État traite du régime des consciences dans l'empire? A quelle distance cela ne nous tient-il pas de la véritable et impartiale liberté des consciences?

» En institution gouvernementale, quel est le principe de votre constitution même de 1830? Une royauté démocratique, ou plutôt une royauté personnifiée sur une seule tête exceptionnellement au-dessus des vicissitudes électives, prudence ou habitude de la monarchie en France, à laquelle la raison publique se rangea comme à une de ces transactions entre deux temps qui sauvent les périls de l'un, en conservant les avantages de l'autre. Cette monarchie n'est, dans son véritable sens, dans son intention première, qu'une magistrature couronnée, une délégation perpétuelle du peuple, et non une propriété du trône et de la nation comme jadis. Mais avec les lois que vous lui faites depuis ces seize années; avec les attributions et les prérogatives nouvelles, excessives, imprudentes dont on l'investit, depuis les lois de septembre jusqu'aux fortifications de Paris et aux lois de régence; avec quinze cents millions de budget à distribuer par an à la partie administrative ou militaire d'un pays qui vit de fonctions et de salaires publics; avec cette véritable caisse d'amortissement de l'indépendance des caractères et de la liberté morale des citoyens; avec une oligarchie étroite d'électeurs faciles dans certains pays à capter par des avantages matériels; avec la diplomatie du monde et l'esprit militaire d'une armée nombreuse sous la main; avec une des deux Chambres à sa nomination, ce qui détruit la trinité des pouvoirs, et en place deux sur trois dans la main d'un seul, cette monarchie n'absorberait-elle pas inévitablement, au bout d'un temps donné, la puissance morale du pays, si elle en avait la funeste pensée? Ne se tromperait-elle pas un jour sur son titre, et ne prendrait-elle pas insensiblement sa volonté propre pour la volonté constitutionnelle de la nation? (Oui! oui!)

» Je passe bien d'autres contradictions entre les dogmes consacrés de la Révolution et notre situation politique présente. Cependant encore une ou deux, si vous voulez que je poursuive? (Parlez! parlez! nous ne nous lassons pas!)

» Eh bien! messieurs, le principe libéral, c'est la pensée et la presse, libres comme l'air vital de l'opinion. En fait, c'est le gouvernement étouffant les uns, vivifiant les autres, mettant dans les organes de la pensée publique le poids de ses faveurs ou de ses antipathies, et frappant, pour ainsi dire, à l'usage des citoyens, une fausse monnaie d'opinion publique! (Bravos.)

» Le principe enfin, c'est le patronage moral et avoué de la France libre sur tous les peuples attardés, voulant à son exemple transformer leurs institutions et corriger leurs vieilles servitudes. En fait, c'est la France qui affaiblit la liberté de tous et la sienne, en isolant sa cause en Europe, qui cherche ses alliances dans les dynasties et non dans les idées, qui recrée en Espagne les *pactes de famille*, au lieu des pactes de peuples, et qui, ici même, à quelques pas de nous, dans cette Suisse dont nous voyons les montagnes de la place où je parle, menace d'une intervention à contre-sens, non pas seulement l'esprit de démocratie, qui y est aussi vieux que ses Alpes, mais l'esprit de confédération plus forte et de nationalité mieux constituée, qui s'y révolte contre l'anarchie de ses cantons ! En sorte que nous irions faire la police de l'Autriche en Suisse avec une armée française (bravos prolongés), et que nous irions reporter au bout de nos baïonnettes le joug de sa propre faiblesse à cette Helvétie d'où a soufflé sur nous l'air pur de la liberté civile et de la liberté religieuse ! Non, cela n'est pas possible ; nos baïonnettes se retourneraient d'elles-mêmes ! Nous ne devons pas nous mêler des questions intérieures de constitution qui s'agitent en ce moment en Suisse ; là où l'on n'a pas son sang, on ne doit pas avoir son opinion ! Mais souffrir, mais aider une intervention extérieure contre ce pays dont l'indépendance est aussi nécessaire à nos frontières que les Alpes à la pondération du globe ! jamais !

» Et voilà cependant où nous en sommes ! Où nous arrêterons-nous ? et jusqu'où l'esprit humain se laissera-t-il dévier ainsi et déposséder une à une de toutes les vérités où il était entré ? Ah ! si nous continuons encore quelques années à abandonner, par notre propre inconstance, tout le terrain gagné par la pensée française, prenons garde ! ce ne sont pas seulement tous les progrès, toutes les lumières, toutes les conquêtes de l'esprit moderne ; ce n'est pas seulement notre nom, notre honneur, notre rang intellectuel, notre influence d'initiave sur les nations qu'il nous faudra déserter, laisser honteusement derrière nous! c'est la mémoire et le sang de ces milliers d'hommes, combattants ou victimes, qui sont morts pour nous assurer ces conquêtes! (Bravos.) Les peuplades sauvages d'Amérique disent aux envahisseurs européens qui viennent les chasser de leur sol : « Si vous voulez que nous vous cédions la » place, laissez-nous du moins emporter les os de nos » pères! » Les os de nos pères, à nous, ce sont les vérités, les lumières qu'ils ont conquises au monde et qu'une réaction d'opinions toujours croissante, mais qui doit s'arrêter enfin, voudrait nous contraindre à répudier! (Applaudissement général.)

» Mais, encore une fois, y parviendra-t-on? Voyons! L'histoire apprend tout, même l'avenir. L'expérience est la seule prophétie des sages!

» Et d'abord ne nous effrayons pas trop des réactions. C'est la marche, c'est le flux et le reflux de l'esprit humain. Souffrez une image empruntée à ces instruments de guerre que beaucoup d'entre vous ont maniés sur terre ou sur mer, dans les combats de la liberté. Quand les pièces de canon ont fait explosion et vomi leur charge sur nos champs de bataille, elles éprouvent par le contre-coup même de leur détonation un mouvement qui les fait rouler en arrière. C'est ce que les artilleurs appellent le recul du canon. Eh bien, les réactions en politique ne sont pas autre chose que ce refoulement du canon en artillerie. Les réactions, c'est le recul des idées! (Applaudissements.) Il semble que la raison humaine, comme épouvantée elle-même des vérités nouvelles que les révolutions faites en son nom viennent de lancer dans le monde, s'effraye de sa propre audace, se rejette en arrière et se retire lâchement de tout le terrain qu'elle a gagné. (On applaudit.) Mais cela n'a qu'un jour, messieurs! d'autres mains reviennent charger cette artillerie pacifique de la pensée humaine, et de nouvelles explosions, non de boulets, mais de lumières, rendent leur empire aux vérités qui paraissaient abandonnées ou vaincues! (Bravos.)

» Ainsi, ne nous occupons pas beaucoup de la durée de ces réactions, et voyons ce qui se passera quand elles auront achevé leur mouvement irrégulier en arrière. Le voici selon moi :

» Si la royauté, monarchique de nom, démocratique de fait, adoptée par la France en 1830 comprend qu'elle n'est que la souveraineté du peuple assise au-dessus des orages électifs, et couronnée sur une tête pour représenter au sommet de la chose publique l'unité et la perpétuité du pouvoir national; si la royauté moderne, délégation du peuple, si différente de la royauté ancienne, propriété du trône, se considère comme une magistrature décorée d'un titre qui a changé de signification dans la langue des hommes; si elle se borne à être un régulateur respecté du mécanisme du gouvernement, marquant et modérant les mouvements de la volonté générale, sans jamais les contraindre, sans jamais les fausser, sans jamais les altérer ou les corrompre dans leur source, qui est l'opinion; si elle se contente d'être à ses propres yeux comme ces frontispices des vieux temples démolis que les anciens replaçaient en évidence dans la construction des temples nouveaux, pour tromper le respect superstitieux de la foule et pour imprimer à l'édifice moderne quelque chose des traditions de l'ancien, la royauté représentative subsistera un nombre d'années suffisant pour son œuvre de préparation et de transaction, et la durée de ses services fera pour nos enfants la mesure exacte de la durée de son existence. (Oui! oui!)

» Si au contraire la royauté trompe les espérances que la prudence du pays a placées, en 1830, moins dans sa nature que dans son nom; si elle s'isole sur son élévation constitutionnelle; si elle ne s'incorpore pas entièrement dans l'esprit et dans l'intérêt légitime des masses; si elle s'entoure d'une aristocratie électorale, au lieu de se faire peuple tout entier; si, sous prétexte de favoriser le sentiment religieux des populations, le plus beau, le plus haut, le plus saint des sentiments de l'humanité, mais qui n'est beau et saint qu'autant qu'il est libre, elle se ligue avec les réactions sourdes de sacerdoces affidés pour acheter de leurs mains les respects superstitieux des peuples.... (bravo! bravo!); si elle se campe dans une capitale fortifiée; si elle se défie de la nation organisée en milices civiques et la désarme peu à peu comme un vaincu; si elle caresse l'esprit militaire, à la fois si nécessaire et si dangereux à la liberté dans un pays continental et brave comme la France; si, sans attenter ouvertement à la volonté de la nation, elle corrompt cette volonté, et achète, sous le nom d'influences, une dictature d'autant plus dangereuse qu'elle aura été achetée sous le manteau de la constitution.... (applaudissements); si elle parvient à faire d'une nation de citoyens une vile meute de trafiquants, n'ayant conquis leur liberté au prix du sang de leurs pères que pour la revendre aux enchères des plus sordides faveurs... (bravos); si elle fait rougir la France de ses vices officiels, et si elle nous laisse descendre, comme nous le voyons en ce moment même dans un procès déplorable, si elle nous laisse descendre jusqu'aux tragédies de la corruption... (vive sensation); si elle laisse affliger, humilier la nation et la postérité par l'improbité des pouvoirs publics; elle tomberait, cette royauté, soyez-en sûrs! elle tomberait non dans son sang, comme celle de 89, mais elle tomberait dans son piège! Et après avoir eu les révolutions de la liberté et les contre-révolutions de la gloire, vous auriez la révolution de la conscience publique, et la révolution du mépris! (Long applaudissement.)

» Mais espérons mieux de la sagesse du gouvernement éclairé, tard, peut-être, mais éclairé à temps, désirons-le, par ses intérêts! Espérons mieux de la probité et de l'énergie de l'esprit public, qui semble avoir depuis quelque temps des pressentiments de crainte ou de salut! Que ces pressentiments que nous éprouvons nous-mêmes soient pour les pouvoirs publics des avertissements et non des menaces! Ce n'est pas l'esprit de faction qui nous les inspire! Nous n'avons rien de factieux ici dans nos pensées! Nous ne voulons pas être faction, nous sommes opinion, c'est plus digne, c'est plus fort, c'est plus invincible. (Oui! oui!) Eh bien! messieurs, des symptômes d'amélioration dans l'opinion me frappent et vous frapperont peut-être aussi.

» J'ai dit, il y a quelques années, à la tribune, un mot qui a fait le tour du monde, et qui m'a été mille fois rapporté depuis par tous les échos de la presse. J'ai dit un jour : « La France s'ennuie! » Je dis aujourd'hui : « La » France s'attriste! » Qui de nous ne sent en lui-même la vérité de ce mot? (Oui! oui!) Qui de nous ne porte sa part de la tristesse générale? (Oui, oui! tous! tous!) Un malaise

sourd couve dans le fond des esprits les plus sereins, on s'entretient à voix basse depuis quelque temps, chaque citoyen aborde l'autre avec inquiétude, tout le monde a un nuage sur le front. Prenez-y garde, c'est de ces nuages que sortent les éclairs pour les hommes d'État, et quelquefois aussi les tempêtes. (Bravos réitérés.) Oui, on se dit tout bas : « Les temps sont-ils sûrs ? Cette paix est-elle
» la paix ? Cet ordre est-il l'ordre ? Peut-on jouir avec sécu-
» rité entre deux orages ? Avons-nous le gouvernement de
» nos idées ? Le gouvernement, au lieu d'être une grande
» et sainte mission de lumière et de morale appliquée, de
» vertu publique, de patriotisme, n'est-il pas une grande
» industrie ? L'esprit de matérialisme et de trafic ne
» remonte-t-il pas des membres dans la tête ? Ne sommes-
» nous pas dans une *régence* de la bourgeoisie aussi pleine
» d'agiotage, de concussions, de scandales que la *régence*
» du Palais-Royal ? Se sent-on glorieux ou humilié de
» vivre dans ce temps-ci ? Ne sommes-nous pas une
» énigme pour nous-mêmes et pour les nations ? Et quel
» sera le mot de cette énigme ? Sera-ce un complet retour
» aux ténèbres, sous les *fourches Caudines* de toutes les
» idées surannées ? Sera-ce une révolution nouvelle, non
» plus de raison, mais de démence ? un débordement
» de démagogie irritée submergeant toutes les bases de
» la société, État, famille, propriété ? (Non ! non !) Sera-
» ce plutôt une de ces décadences douces, une espèce de
» *Capoue* de la Révolution, dans laquelle une nation glisse
» comme une prostituée des bras d'un pouvoir corrupteur
» aux bras d'un pouvoir despotique, et s'endort dans un
» bien-être matériel pour se réveiller dans l'invasion. »
(Vive sensation.)

» Oui, voilà ce qu'on se dit tout bas, et ce qui attriste même dans des réunions la physionomie de la France ! Eh bien, cette tristesse fait la joie des bons citoyens, car elle prouve que la France a le sentiment de son mal, qu'elle en souffre, qu'elle en rougit, qu'elle s'en indigne, et qu'elle finira par en triompher ! Cette tristesse, au fond, savez-vous ce que c'est? c'est le contraste entre les idées du pays et la conduite du pays ! c'est la contradiction en tout entre les principes de la France et ses actes ; c'est l'hypocrisie officielle de ses paroles, qui s'usent avec ses pensées; c'est le remords de ses faiblesses d'opinion et de ses apostasies d'idées qui la poursuit.

» Eh bien ! ces dialogues à portes fermées sont des signes que la conscience du pays n'est pas en paix avec elle-même, et que les jours de régénération ne tarderont pas à se lever ; et que vous faut-il pour cela? Une volonté ! Ayez une volonté, et vous y plierez, sans avoir besoin de les briser, vos gouvernements ! Les révolutions des gouvernements libres peuvent se faire dans le cercle de la constitution !

» Mais qu'ai-je besoin, messieurs, de chercher d'autres symptômes de réaction et de régénération de la volonté publique que ceux que je vois ici-même et dans le fait de cette immense réunion ? Pourquoi mon faible livre a-t-il ému si rapidement votre fibre nationale ici et ailleurs? Pourquoi moi-même me suis-je senti poussé à l'écrire en attendant seul, ou avec le petit nombre, dans les conseils du pays où vous m'avez envoyé, que la réaction anti-libérale fût accomplie et que la France et le siècle, revenant à leur nature, retrouvassent sur leur passage les hommes de foi libérale au poste où vous les avez placés?

» Et vous-mêmes, pourquoi êtes-vous ici? Pourquoi avez-vous quitté un jour en masse si imposante et si inusitée dans nos mœurs, vos villes éloignées, vos villages, vos affaires, vos loisirs, pour venir entourer un homme sans force, mais dont vous pressentiez l'âme en rapport avec la vôtre? (C'est pour vous! c'est pour vous!) Non, ce n'est pas pour moi! Et qui suis-je, moi? Un simple et modeste compatriote, qui n'a pas même, pour la plupart d'entre vous, le mérite d'exciter une vulgaire curiosité! que vous connaissez tous, qui est né sur votre sol, qui a vécu, qui a grandi, qui s'est avancé dans la vie au milieu de vous, qui n'a, ni par sa naissance, ni par sa puissance, ni par ses dignités dans l'État, ni par d'éclatants services rendus à son pays, aucun titre à ce concours du peuple se pressant autour d'un grand citoyen! (Vous l'êtes! vous l'êtes pour nous!) Non! je me connais, je ne m'exagère pas; je me juge, je ne trouve pas en moi-même la raison de cette glorieuse affluence de tant de milliers de convives et de spectateurs! Mais il suffit qu'un souffle de ces vérités rénovatrices qui portent en elles la vie et la gloire ait traversé mes lèvres, pour que vous ayez voulu rendre en apparence à l'organe bien indigne de ces vérités un honneur qui ne s'adresse en réalité qu'à elles-mêmes! qu'à vos principes! qu'à vos espérances! (Applaudissement prolongé.)

» Eh bien, je le répète, c'est là un symptôme de régénération de l'esprit public! c'est là un symptôme que la réaction contre les apostasies des principes de 89 commence! Et qui sait si cette imposante manifestation ne sera pas un jour elle-même une des dates, un des points de départ de cette réaction? (Oui! oui! espérons-le!)

» Cependant, messieurs, ne nous y trompons pas. Cette réaction ne s'accomplira pas en un jour. Il y aura longtemps deux partis opposés de doctrines parmi nous et en Europe. Il y aura des hommes qui diront, et même consciencieusement, que la raison n'est qu'un fatal éblouissement des peuples qui les conduit aux précipices et aux anarchies; que les préjugés sont les racines immortelles des institutions, que les habitudes sont les lisières du genre humain, que la liberté des croyances, l'indépendance mutuelle des religions et des États, la liberté politique, l'égalité de droits entre les citoyens, la fraternité sociale entre les classes, ne sont que les rêves d'une philosophie insurgée contre la nature, qui n'a fait que des maîtres et des sujets, des forts et des faibles, des habiles et des dupes, des exploitateurs du pouvoir et des masses pour être des instruments de cupidité ou d'ambition!

» Mais, en face de ce vieux parti de la routine et du préjugé, il se lève une génération jeune, forte, réfléchie, qui n'a trempé ni dans nos excès révolutionnaires, ni dans nos réactions contre-révolutionnaires, qui n'est pas contente des doctrines surannées dont on la nourrit, qui s'indigne contre les spectacles dont elle est témoin, qui aspire à mieux qu'à cette imbécile renaissance de tout ce que la raison du dernier siècle a sapé, et qui commence à se retourner avec étonnement et avec respect vers ces grandes éruptions de lumière émanées du cratère même de la liberté, et que j'ai essayé de dégager dans ce livre des nuages qui les ont trop longtemps obscurcies!

» Et, entre ces deux partis, qui prononcera? qui sera juge? Sera-ce, comme dans nos premières luttes, la violence? l'oppression? la mort? Non, messieurs! rendons grâce à nos pères : ce sera la liberté ! la liberté qu'ils nous ont léguée ; la liberté, qui a ses propres armes, ses armes pacifiques aujourd'hui pour se défendre et se développer sans colère et sans excès ! (On applaudit.)

» Aussi nous triompherons, soyez-en sûrs !

» Et si vous demandez quelle est donc cette force morale qui pliera le gouvernement sous la volonté nationale, je vous répondrai : C'est la souveraineté des idées, c'est la royauté des esprits ! c'est la république ! la vraie république ! la république des intelligences ! en un mot, c'est l'opinion ! Cette puissance moderne dont le nom même était inconnu de l'antiquité. Messieurs, l'opinion est née le jour même où ce *Gutenberg*, que j'ai appelé le *mécanicien d'un nouveau monde*, a inventé par l'imprimerie la multiplication et la communication indéfinies de la pensée et de la raison humaine ! Cette puissance incompréhensible de l'opinion n'a besoin, pour régner, ni du glaive de la vengeance, ni de l'épée de la justice, ni de l'échafaud de la terreur. Elle tient dans ses mains l'équilibre entre les idées et les institutions, elle tient la balance de l'esprit humain ! Dans l'un des plateaux de cette balance, on mettra longtemps, sachez-le bien, les crédulités d'esprit, les préjugés prétendus utiles, le droit divin des rois, les distinctions de droits entre les castes, les haines entre les nations, l'esprit de conquête, les unions simoniaques entre le sacerdoce et l'empire, la censure des pensées, le silence des tribunes, l'ignorance et l'abrutissement systématique des masses ! (Oui ! oui ! voilà ce qu'on veut !)

» Dans l'autre nous mettrons, nous, messieurs, la chose la plus impalpable, la plus impondérable de toutes celles que Dieu a créées : la lumière ! (Applaudissements.) Un peu de cette lumière que la révolution française fit jaillir, à la fin du dernier siècle, d'un volcan, oui, sans doute, mais d'un volcan de vérités! (Applaudissement prolongé.) Trop heureux, messieurs, si je puis y mettre moi-même une seule des pages de ce faible livre dont vous voulez bien aujourd'hui adopter le sens (Oui! oui!), et si cette page de l'histoire de nos grandeurs et de nos malheurs, de nos vertus et de nos fautes, contribue, non par sa valeur propre, mais par le poids de vos adhésions et des innombrables signatures dont vous les couvrez en ce moment, à emporter le plateau de l'opinion publique du côté des principes sains de notre rénovation, du côté de l'avenir, du progrès moral du peuple et de la liberté!

» Messieurs, je m'arrête; je vous ai entretenus trop longtemps (non! non!), pardonnez-le-moi! Je vous ai tenus trop longtemps debout, debout comme des témoins dans ce grand procès entre le passé et l'avenir! pardonnez-le-moi!

» Emportez, messieurs, de cette solennité littéraire et populaire à la fois la reconnaissance d'un citoyen qui n'a jamais rêvé sa gloire que dans votre amitié! (Bravos.) Vous venez, malgré le ciel, de me donner un beau jour! le plus beau jour de ma vie publique d'homme politique et d'écrivain! Permettez-moi de vous adresser une prière! Laissez-moi vos noms! (Sensation prolongée.) Laissez-moi vos noms inscrits sur les listes de ce banquet, afin que je puisse les conserver pour mes années de paix parmi mes plus chers titres de famille, et dire en les montrant à mes neveux : « Le jour qu'un pareil pays donne ainsi à un de » ses enfants ne se couche pas avec le soleil! » (Applaudissements.) Non, il ne se couche pas avec ce soleil qui disparaît en ce moment sous tant de nuages au-dessus de nos têtes! mais il devient impérissable comme la reconnaissance d'un citoyen, et immortel comme la pensée d'une nation! (Applaudissements répétés.)

» Messieurs, encore un mot avant de nous séparer. Je dois répondre par un toast à celui que vous venez de me faire porter par votre digne et éloquent président. Je le tire du livre, de la situation, de l'esprit même de cette manifestation.

» Messieurs! au triomphe régulier, progressif et continu de la raison humaine! Au triomphe de la raison humaine dans les idées, dans les institutions, dans les lois, dans les droits de tous, dans l'indépendance des cultes, dans l'enseignement, dans les lettres, dans le fond et dans la forme des gouvernements! (Très-bien!) La raison humaine, quoi qu'en disent les amateurs de ténèbres, est la confidente divine de la Providence sur la terre. Elle est la révélation continue des vérités dont la clarté s'accroît sans cesse sur l'horizon des peuples. La raison humaine est la foi intellectuelle de la France. La grandeur de la France est, pour ainsi dire, de tout temps liée à la grandeur de l'esprit humain. Invoquer son triomphe, c'est invoquer celui de la France, de la vérité politique, du peuple et de Dieu! » (Salves répétées d'applaudissements.)

III

Tel fut ce discours. Rien n'égale l'enthousiasme avec lequel il fut écouté et l'accueil surtout que reçurent les passages à la fois fermes et modérés de mes théories. On voit qu'en sondant le mal d'une main vigoureuse, je ne faisais aucun appel à l'esprit de faction pour le guérir; mais que, si le roi avait voulu le comprendre et en suivre les inspirations, la révolution, prévenue dans sa source, aurait été sans motifs et par conséquent sans succès. Tous les journaux de France le reproduisirent et grandirent ainsi la secousse qu'il avait imprimée au pays; il rendit mon nom puissant et ma popularité irrésistible.

Je repartis la nuit même pour la campagne, où je reçus le lendemain tous les hommes notables qui avaient quitté des départements éloignés pour me voir. La France se sentait bien comprise et l'opinion bien exprimée. La coalition seule, blâmée par moi dans ses alliances incompatibles, se tut et continua ses discordantes provocations dans les départements. Elles produisirent peu d'effet, et, à l'ouverture de la session de 1848, elle entra dans la Chambre sans plan, sans idées, sans unité, toute-puissante pour agiter, incapable d'agir.

IV

Depuis mon discours au banquet des *Girondins*, à Mâcon, je m'étais renfermé à la campagne, occupé uniquement de travaux littéraires et de la présidence du conseil général de mon département, qui m'avait reçu d'abord avec froideur et dédain, et qui, d'année en année, de discussion en discussion, ne pouvant se refuser à l'évidence d'une certaine valeur politique réelle, avait fini par m'élever à sa direction, où il me maintint huit ans sans rivalités. C'est là que j'improvisai mes meilleurs discours jusqu'au coup d'État de 1852, souverain presque absolu des cœurs et des votes tant que je consentis à y siéger.

Je fus très-étonné, en 1859, d'apprendre qu'un de ses principaux membres s'était prononcé contre un hommage que ce conseil était appelé à me rendre, lui que j'avais patronné, honoré et grandi à dessein dans toutes les occasions ! Cette défection à l'amitié et à la reconnaissance fut la seconde leçon dont j'avais besoin pour apprécier les hommes d'affaires. Celui-là avait un mérite réel, mais un mérite tourné en dedans. Il était déjà enrichi, et moi j'étais déjà obéré, appauvri par les dévouements que j'avais consacrés à ma patrie, sans songer à moi. Je fus très-sensible à cette malveillance de mon pays, exprimée par un ancien ami. Si les rôles eussent été intervertis, certes j'aurais eu une autre conduite à son égard. Le cœur blessé peut se taire, mais il n'excuse jamais.

V

Maintenant je touche à l'action principale de ma vie, la révolution du 24 février 1848. Je vais changer de style et puiser dans un de mes livres, que j'ai écrit à cette époque à la troisième personne, la plupart des événements de cette révolution pour laquelle je resterai éternellement loué ou condamné comme pour un acte indélébile. Ce récit entièrement véridique, mérite et fautes, achevé, je reprendrai le style ordinaire des récits personnels. J'y donnerai, toujours sous la même forme, les développements nouveaux, et j'y ferai les corrections que le sujet comporte aujourd'hui. On aura ainsi le tableau complet de ma vie politique. Je ne chercherai point à pallier ce que j'ai fait de mal, ni à exagérer ce que j'ai fait de bien. On ne trompe pas la conscience. C'est l'homme qui juge et c'est Dieu qui prononce.

VI

Les révolutions de l'esprit humain sont lentes comme les périodes de la vie des peuples. Elles ressemblent au phénomène de la végétation qui grandit la plante sans que l'œil nu puisse mesurer sa croissance, pendant qu'elle s'accomplit. Dieu a proportionné, dans tous les êtres, cette période de croissance à la période de durée qu'il leur destine. Les hommes qui doivent vivre cent ans grandissent jusqu'à vingt-cinq et même au delà. Les peuples qui doivent vivre deux ou trois mille ans ont des révolutions de développement, d'enfance, de jeunesse, de virilité, puis de vieillesse, qui ne durent pas moins de deux ou trois cents ans. Le difficile pour le vulgaire, c'est de distinguer, dans ces phénomènes convulsifs des révolutions d'un peuple, les crises de croissance des crises de décadence, la jeunesse de la vieillesse, la vie de la mort.

Les philosophes superficiels s'y trompent eux-mêmes ; ils disent : Tel peuple en est à sa décadence, parce que ses vieilles institutions se décomposent ; il va mourir, parce qu'il rajeunit. On a entendu cela au commencement de la révolution française, au moment où la monarchie absolue périssait. On l'avait entendu à la décadence de la féodalité. On l'avait entendu à la chute de la théocratie. On l'entend aujourd'hui à la chute de la monarchie constitutionnelle.

On se trompe. La France est jeune ; elle usera encore de nombreuses formes de gouvernement avant d'avoir usé la forte vie intellectuelle dont Dieu a doué la race française. Il y a cependant un moyen certain de ne pas se tromper au caractère de ces crises, c'est de considérer quel est l'élément qui domine dans une révolution. Si les révolutions sont le produit d'un vice, d'une personnalité, des crimes ou de la grandeur isolée d'un homme, d'une ambition individuelle ou nationale, d'une rivalité de trône entre deux dynasties, d'une soif de conquête ou de sang ou même de gloire injuste dans la nation, d'une haine surtout entre les classes de citoyens, de telles révolutions sont des préludes de décadence et des signes de décomposition et de mort dans une race humaine. Si les révolutions sont le produit d'une idée morale, d'une raison, d'une logique, d'un sentiment, d'une aspiration, fût-elle même aveugle et sourde, vers un meilleur ordre de gouvernement et de société, d'une soif de développement et de perfectionnement dans les rapports des citoyens entre eux ou de la nation avec les autres nations ; si elles sont un idéal élevé au lieu d'être une passion abjecte, de telles révolutions attestent, même dans leurs catastrophes et dans leurs égarements passagers, une sève, une jeunesse et une vie qui promettent de longues et glorieuses périodes de croissance aux races. Or, tel fut le caractère de la révolution française de 1789, et tel est le caractère de la seconde révolution française de 1848.

La révolution de 1848 n'est qu'une continuation de la première, avec des éléments de désordre de moins et des éléments de progrès de plus. Dans l'une et dans l'autre, c'est une idée morale qui fait explosion dans le monde. Cette idée, c'est le peuple : le peuple qui se dégage en 1789 de la servitude, de l'ignorance, du privilége, du préjugé, de la monarchie absolue ; le peuple qui se dégage en 1848 de l'oligarchie du petit nombre et de la monarchie représentative à proportions trop étroites, l'éclosion du droit et de l'intérêt des masses dans le gouvernement. Or, l'idée du peuple et l'avénement régulier des masses dans la politique, quelques difficultés que présente aux hommes d'État un phénomène démocratique si nouveau, cette idée, disons-nous, étant une vérité morale de toute évidence pour l'esprit comme pour le cœur du philosophe, la révolution qui porte et qui remue cette idée dans son sein est une révolution de vie et non une révolution de mort. Dieu y assiste, et le peuple en sortira grandi en droit, en force et en vertu. Elle pourra trébucher en route par l'ignorance des masses, par l'impatience du peuple, par les factions et les sophismes des hommes voulant substituer leurs personnalités au peuple lui-même ; mais elle finira par écarter ces hommes, par sonder ces sophismes et par développer le germe de raison, de justice et de vertu que Dieu a mis dans le sang de la famille française. C'est cette seconde crise de la révolution de notre pays, à laquelle j'ai assisté, que je vais essayer d'écrire pour être utile au peuple en lui montrant sa propre image à une des plus grandes heures de son histoire, et pour honorer notre temps devant la postérité.

VII

Je dirai en peu de mots et d'autres diront avec plus d'étendue et de loisir les causes de cette révolution. Je cours au récit.

La révolution de 1789 à 1800 avait fatigué la France et le monde de ses débats, de ses convulsions, de ses grandeurs et de ses crimes. La France, par une réaction triste, mais naturelle, s'était passionnée pour le contraire de la liberté, pour le despotisme d'un soldat de génie. Je dis génie, mais je m'explique : j'entends seulement le génie de la victoire et le génie du despotisme. Napoléon, qui avait ce génie des camps, était bien loin d'avoir le génie des sociétés. S'il l'avait eu, il aurait fait marcher la révolution en ordre sous ses aigles. Il la fit refouler et la refoula jusqu'au moyen âge. Il trahit son temps ou il ne le comprit pas. Son règne ne fut qu'une dure discipline imposée à une nation. Il fut à la France ce que la fatalité est au libre arbitre, une dégradation adorée et sublime, mais une dégradation enfin. Un peuple n'est grand que par lui-même, jamais par la grandeur de celui qui l'écrase en le dominant. Plus Napoléon devenait grand, plus la liberté et la philosophie devenaient petites.

Après la chute de Napoléon, les frères exilés de Louis XVI revinrent un peu empreints des idées de 1789 et un peu mûris à la liberté par leur long séjour en Angleterre chez un peuple libre. Chose étonnante, mais vraie, ce fut la contre-révolution qui tomba du trône par la main des étrangers avec Napoléon. Ce fut la révolution de 89 qui rentra en France avec les vieux princes de la race proscrite des Bourbons. C'est ce qui les fit accueillir la charte constitutionnelle à la main. La France y reconnaissait les doctrines de Mirabeau et le testament de son Assemblée constituante. Louis XVIII l'observa habilement et mourut tranquille à l'ombre de l'idée de 89. Charles X eut des réminiscences trop vives de son sang. Il crut pouvoir jouer avec la charte, qui contenait tout ce qui restait en France de la révolution. Il vieillit et mourut dans l'exil. Il y entraîna son petit-fils, puni dans son berceau de la vétusté d'idées et de la légèreté d'esprit de son aïeul.

VIII

Louis-Philippe d'Orléans fut appelé au trône comme la révolution vivante et couronnée de 1789. Ce prince vit encore. Mais entre le trône et l'exil il y a aussi loin qu'entre la vie et la mort. J'en parlerai donc avec la même liberté que s'il avait cessé d'exister. Vivant, je ne l'ai point flatté. Je me suis tenu respectueusement à distance de son règne et de ses faveurs. Exilé et mort pour l'empire, je ne l'offenserai pas. L'exil et la vieillesse commandent aux cœurs des hommes plus de respect encore que la tombe. La France a eu le droit de le laisser tomber du trône; l'histoire, selon moi, n'aura ni le droit de le haïr ni le droit de le dédaigner. L'homme tient une grande place par lui dans le règne, et son règne tiendra une grande place aussi dans l'histoire. Il n'y a rien de si petit que de rapetisser ses ennemis. Le peuple, qui a succédé à Louis-Philippe, n'a pas besoin de ce subterfuge des rois qui avilissent toujours leurs prédécesseurs. Le peuple est assez grand pour se mesurer avec un roi détrôné et pour laisser toute sa taille au souverain qu'il a remplacé.

IX

Louis-Philippe d'Orléans était de race révolutionnaire, quoique prince du sang. Son père avait trempé dans les excès les plus déplorables de la Convention. Il s'était popularisé non dans la gloire, mais dans les immanités de cette époque. Les fautes du père étaient aux yeux de la révolution de 1830 les gages du fils.

Louis-Philippe, néanmoins, était trop honnête et trop habile homme pour tenir à la révolution qui le proclamait roi les promesses sanglantes de son nom. La nature avait fait ce prince probe et modéré : l'exil et l'expérience l'avaient fait politique. La difficulté de son rôle de prince parmi les démocrates et de démocrate parmi les princes dans le commencement de sa vie l'avait fait souple aux circonstances, patient aux événements, temporisateur avec la fortune. Il semblait pressentir que la destinée lui devait un trône. Il jouissait, en attendant, dans une vie domestique voilée, modeste et irréprochable, des douceurs et des vertus de la famille. Il avait toujours une déférence pour le roi régnant et un sourire d'intelligence pour les oppositions, sans les encourager néanmoins par aucune complicité criminelle. Studieux, réfléchi, très-éclairé sur toutes les matières qui touchent au régime intérieur des empires, profondément versé dans l'histoire, diplomate comme Mazarin ou Talleyrand, d'une élocution facile, intarissable, qui ressemblait à l'éloquence autant que la conversation peut ressembler au discours, modèle des époux, exemple des pères au milieu d'une nation qui aime à voir les mœurs sur le trône, doux, humain, pacifique, né brave, mais avec l'horreur du sang, on peut dire que la nature et l'art l'avaient doué de toutes les qualités qui font un roi populaire, à l'exception d'une seule : la grandeur.

Cette grandeur qui lui manquait, il la remplaçait par cette qualité secondaire que les hommes de moyenne proportion admirent et que les grands hommes dédaignent : l'habileté ; il en usa et il en abusa. Quelques-uns des actes de cette habileté politique le firent descendre de son caractère jusqu'à des ruses qu'on aurait réprouvées chez un particulier. Qu'était-ce donc chez un roi? Tel fut le déshonneur qu'il permit à ses ministres de jeter sur une princesse de sa maison. La duchesse de Berri, sa nièce, lui disputait le trône; il lui laissa enlever le voile de sa vie privée de femme. Si cet acte, le plus immoral de son règne, fut commis pour éviter l'effusion du sang et pour décréditer la guerre civile, il faut le plaindre. S'il fut toléré par ambition personnelle, il faut le flétrir.

X

Trois partis s'agitaient autour de son trône : le parti républicain, à qui l'indécision timorée de La Fayette avait laissé enlever la république en 1830; le parti légitimiste, qui adorait la branche aînée des Bourbons comme un dogme et qui abhorrait la branche cadette comme une profanation de la monarchie; enfin le parti libéral et constitutionnel, composé de l'immense majorité de la nation. Ce parti voyait dans Louis-Philippe la transaction vivante entre la royauté et la république, la dernière forme d'une dynastie héréditaire, le dernier espoir de la monarchie.

Il n'entre pas dans notre plan de raconter comment ce prince frappa les républicains, qui ne cessèrent de conspirer contre son règne, pendant que des fanatiques tramaient contre sa vie; comment il annula les légitimistes, qui restèrent dix-huit ans dans une neutralité hostile à son gouvernement, malgré sa longanimité à les attendre; comment enfin il manœuvra entre les différentes nuances du parti constitutionnel, en obtint tantôt une liberté, tantôt une complaisance, et finit par s'entourer d'une oligarchie étroite, dévouée ou corrompue, de courtisans aveugles, de fonctionnaires publics assouplis, et d'électeurs vendus à sa fortune.

Maître des partis dans l'intérieur, inoffensif ou obséquieux envers l'étranger, à qui il sacrifiait tout pour en obtenir la tolérance de sa dynastie, heureux dans sa famille, entouré de fils qui auraient été des citoyens éminents s'ils n'eussent pas été des princes, se voyant renaître à la troisième génération dans ses petits-fils, qu'il apprivoisait lui-même avec complaisance au trône, ayant pour cour une famille de princesses pieuses, belles, instruites, vénérées ou admirées, l'avenir lui apparaissait comme assuré à sa race par son étoile, et l'histoire comme conquise à son nom par le succès. Il léguait la monarchie restaurée et rajeunie à la France, la paix au monde, trois trônes européens à sa dynastie. Sa verte vieillesse, dont il avait économisé les forces par la chasteté de son âge mûr, était le triomphe anticipé de la sagesse sur les difficultés de la vie et sur la mobilité du destin.

XI

Tel était Louis-Philippe au commencement de l'année 1848. Toute cette perspective était une réalité. Ses ennemis se déclaraient vaincus. Les partis ajournaient leurs espérances au jour de sa mort. La réflexion s'abîmait dans la contemplation d'une telle sagesse et d'une si constante fortune. Mais à cette sagesse et à cette fortune il manquait une plus large base : le peuple.

Louis-Philippe n'avait pas compris toute la démocratie dans ses pensées. Servi par des ministres habiles et éloquents, mais hommes de parlement plus qu'hommes d'État, il avait rétréci la démocratie aux proportions d'une dynastie élue, de deux Chambres et de trois cent mille électeurs. Il avait laissé en dehors du droit et de l'action politique tout le reste de la nation. Il avait fait d'un *cens* d'argent le signe et le titre matérialiste de la souveraineté, au lieu de reconnaître et de faire constater cette souveraineté par le titre divin d'homme, de créature capable de droit, de discernement et de volonté. En un mot, ses ministres imprévoyants et lui avaient mis leur foi dans une oligarchie au lieu de la fonder sur l'unanimité. Il n'y avait plus d'esclaves, mais il y avait un peuple entier condamné à se voir gouverné par une poignée de dignitaires électoraux; ces électeurs seuls étaient des hommes légaux. Les masses n'étaient que des masses portant le gouvernement sans y participer. Un tel gouvernement ne pouvait manquer de devenir égoïste, de telles masses ne pouvaient manquer de devenir désaffectionnées.

D'autres grandes fautes, produites par l'enivrement naturel d'un esprit à qui tout réussit, avaient contribué à aliéner insensiblement ces masses de la royauté. Le peuple n'a pas la science, mais il a le sentiment confus de la politique. Il s'était promptement aperçu que la nation était sacrifiée aux intérêts d'affermissement et d'agrandissement de la dynastie dans nos rapports avec l'étranger; que Louis-Philippe humiliait la paix; que son alliance à tout prix avec Londres lui donnait quelquefois en Europe l'attitude d'un vice-roi de l'Angleterre sur le continent; que les traités de 1815, réaction naturelle, mais momentanée, des conquêtes injustes de l'empire, deviendraient avec sa dynastie l'état régulier et définitif du continent pour la France; que l'Angleterre, la Russie, l'Autriche, la Prusse, prenant d'année en année des dimensions immenses sur les mers, en Orient, en Pologne, en Italie, en Allemagne, sur le bas Danube, au delà du Caucase et du côté de la Turquie, la France à qui il était interdit de grandir en marine, en territoire, en influence, baissait à proportion dans la famille des peuples et se trouvait insensiblement et comparativement réduite à l'état de puissance secondaire. L'opinion sourde ou articulée de ces masses reprochait aussi au règne de Louis-Philippe de trahir la révolution au dedans en reprenant une à une les traditions de la monarchie de droit divin, au lieu de se conformer à l'esprit démocratique de la monarchie élective de 1830.

XII

Une oligarchie parlementaire semblait être l'idéal accompli de ce prince formé à l'école du gouvernement britannique. Cette oligarchie même était trompée dans le mécacanisme du gouvernement. Une Chambre des pairs sans puissance propre et sans indépendance par l'absence d'hérédité n'était que l'ombre d'un sénat dont le roi pouvait à chaque instant dominer ou modifier la majorité en créant à volonté de nouveaux sénateurs. Une Chambre des députés pleine de fonctionnaires publics nommés ou destitués par les ministres ne renvoyait au roi qu'une opinion publique à son image. La corruption avouée était devenue un pouvoir de l'État. Enfin la paix, qui avait été jusque-là le bienfait et la vertu de ce règne, venait d'être tout à coup compromise par le mariage ambitieux et impolitique d'un fils du roi, le duc de Montpensier, avec une héritière éventuelle de la couronne d'Espagne.

Cette alliance rompait, pour un intérêt purement dynastique, l'alliance avec l'Angleterre, que la nation supportait impatiemment, mais enfin qu'elle supportait dans un grand intérêt d'humanité, de liberté des mers, de commerce et d'industrie. En voyant tout à coup cette alliance jetée au vent pour un agrandissement de famille, la France crut reconnaître qu'il n'y avait de sincère que l'ambition dans les condescendances témoignées jusque-là par son roi envers l'Angleterre ; qu'à la première occasion on se jouerait de son sang, de ses industries, de son commerce, de sa marine, pour établir à Madrid un prince de la famille d'Orléans ; que le système de paix lui-même n'était qu'une hypocrisie de gouvernement et une forme de l'égoïsme dynastique.

XIII

De ce jour le roi, dépopularisé dans le parti républicain par son trône, dépopularisé dans le parti légitimiste par son usurpation, fut dépopularisé dans le parti pacifique et gouvernemental par la guerre que le mariage espagnol suspendait sur la France. Il ne resta au roi qu'un ministère éloquent dans le parlement, agréable à la cour, et deux fortes majorités dans les deux Chambres. Le roi se croyait invincible avec ce personnel du pouvoir dans les mains, mais il ne tenait que le mécanisme et, pour ainsi dire, le vêtement du pays. La nation n'y était plus. L'opinion lui avait échappé.

Les hommes politiques de l'opposition attachés au système monarchique, mais adversaires impatients du ministère, se consumaient depuis sept ans dans des luttes acerbes de tribune pour reconquérir le pouvoir.

M. Thiers en était l'âme, l'intelligence et la parole. La nature l'avait formé pour le rôle d'agitateur intestin d'une assemblée plutôt que pour celui de tribun d'une nation. Il y avait plus en lui du Fox et du Pitt que du Mirabeau. Ses discours, qui avaient tant servi à consolider la monarchie de Juillet pendant les premières années de faiblesse, servaient maintenant à la déraciner de l'estime et du cœur de la nation. Le parti républicain, trop peu nombreux dans la Chambre pour s'y faire écouter, applaudissait avec complaisance aux mordantes et spirituelles attaques dirigées par cet orateur contre la couronne. Ces agressions et ces audaces de critique personnelle semblaient acquérir une autorité d'opposition plus ruineuse en empruntant la parole d'un ancien ministre et d'un ancien ami de la royauté. L'opposition prenait dans la bouche d'un adorateur du trône quelque chose du caractère du sacrilége.

XIV

L'opposition constante, modérée, toujours libérale, jamais personnelle de M. Odilon Barrot fortifiait de jour en jour dans le pays le sentiment honnête et mâle de la liberté, sans dégrader autant la considération et l'autorité du trône. Les légitimistes, effaçant leur principe et se bornant à une guerre de désaffection et de dénigrement obstinée, avaient dans M. Berryer un de ces orateurs à grande voix que la Providence réserve comme une consolation aux grandes causes vaincues. M. Guizot, écrivain, orateur et philosophe, était l'homme d'État de la monarchie stationnaire. Son caractère, son esprit, son talent, ses erreurs, ses sophismes même, avaient des proportions antiques.

Tous ces hommes vivent à côté de nous, les uns encore dans l'action, les autres à l'écart ou dans l'exil. Il serait téméraire ou lâche de les juger. Le temps ne les a pas mis au point de vue de l'impartialité et de la distance. La vérité n'est que dans le lointain. On risquerait, en les caractérisant aujourd'hui, ou de manquer de respect à leur caractère, ou de manquer d'égards à leur éloignement. Il suffit en ce moment de les nommer.

XV

La nation était calme à la surface, inquiète au fond. Il y avait comme un remords dans sa prospérité qui l'empêchait d'en jouir en paix. Elle sentait qu'on lui dérobait une à une, pendant son sommeil, toutes les vérités philosophiques de la révolution de 89, qu'on la matérialisait pour lui ôter le souvenir et la passion des progrès moraux et populaires qui lui avaient fait remuer le monde cinquante ans auparavant. Son honneur semblait le prix d'une apostasie. D'un autre côté, elle se sentait humiliée et menacée dans son existence nationale par une politique qui la subordonnait trop à l'Europe. Elle n'aspirait point à la guerre, mais elle voulait sa liberté d'action, d'alliance, de principe et d'influence propre dans le monde. Elle manquait d'air extérieur. Elle se sentait trahie, non de fait, mais d'esprit, par la nouvelle dynastie qu'elle s'était imposée en 1830. Le roi était trop père et pas assez peuple.

Le journalisme, ce symptôme quotidien de l'état du

pays, exprimait presque unanimement ce malaise de l'opinion. Le journalisme est la tribune universelle. Des hommes d'un talent fort, immense, varié, y parlaient avec une verve intarissable et une audace contenue au public. Les lois n'arrêtent que les mots, elles n'arrêtent pas l'esprit des oppositions et des factions. Des écrivains de haute doctrine et de polémique transcendante avaient illustré le journalisme depuis André Chénier, Camille Desmoulins, Mirabeau, Bonald, Benjamin Constant, madame de Staël, Chateaubriand, Thiers, Carrel, Guizot, jusqu'aux publicistes actuels : les Bertin, les Sacy, les Girardin, les Marrast, les Chambolle, et une élite d'écrivains, de penseurs, de publicistes, d'économistes, de socialistes, génération politique nouvelle égale au moins par le talent, supérieure par la diversité à la génération du journalisme de la première période. Ils se disputaient l'empire des esprits.

Le *Journal des Débats*, qui soutient les gouvernements tour à tour comme étant l'expression nécessaire des intérêts les plus essentiels et les plus permanents de la société, semblait rédigé par des hommes mûris dans le pouvoir. Il avait la gravité, l'élévation, le sarcasme dédaigneux, et quelquefois aussi la provocation poignante de la force. Il semblait régner avec la monarchie elle-même et se souvenir de l'empire. Les noms de tous les grands écrivains officiels qui concouraient ou qui avaient concouru, depuis M. Fontanes jusqu'à M. Villemain, à sa rédaction, lui donnaient un prestige de supériorité sur la presse périodique plus jeune d'années et de passion. L'ampleur et l'impartialité de ses débats parlementaires, ses correspondances avec l'étranger, la sûreté et l'universalité de ses informations en faisaient le manuel de toutes les cours et de toute la diplomatie de l'Europe. C'était la note quotidienne du cabinet des Tuileries. Les sciences, la haute littérature, la philosophie, le théâtre, les arts, la critique, s'y trouvaient analysés, reproduits, vivifiés dans ses feuilletons, où la gravité n'était jamais lourde, où la futilité même était relevée par la saillie d'Aristophane ou de Sterne. Il aura été donné à peu de feuilles légères de se continuer elles-mêmes pendant plus de cinquante ans, et de faire pour ainsi dire partie de l'histoire de France.

Le *Constitutionnel* et le *Courrier français* avaient eu une grande part à la lutte de l'opinion libérale contre la restauration. Ils avaient popularisé la philosophie du dix-huitième siècle dans les masses. Sous la branche cadette, ils ne combattaient plus la dynastie; ils n'attaquaient que les ministres et la majorité des Chambres.

Le journal *la Presse*, fondé plus récemment, avait envahi en peu d'années un immense espace d'opinion. C'était l'éclectisme appliqué au temps, le libéralisme sans ses préjugés révolutionnaires, la monarchie constitutionnelle moins sa servilité ministérielle. Un homme au style aventureux comme son esprit osait tout ce qu'il pensait dans ce journal : tantôt soutenant, tantôt sapant, mais toujours seul. Ses audaces étonnaient d'abord, puis subjuguaient l'opinion. Même en les réprouvant, le public s'intéressait à ses hardiesses de plume. Une femme déjà illustrée par la poésie ajoutait sa grâce à cette force. Ses lettres sur la politique, les mœurs, les modes, paraissaient toutes les semaines, au bas du journal, signées d'un nom de convention. Toute la France était dans le secret. On lisait à travers ce pseudonyme un nom déjà célèbre. Ce nom ne faisait que changer de prestige en se vulgarisant par l'atticisme, l'éloquence et le bon sens.

Le *Siècle*, moins relevé de ton et d'idées que ces deux journaux, s'était créé un immense auditoire parmi le public affairé des trafiquants des villes et des campagnes. Il passait pour s'inspirer de la pensée des orateurs de la gauche dynastique. La droiture et l'impartialité étaient ses deux moyens de succès. Il faisait plus de bien que de bruit. Il popularisait l'esprit et non les formes de la république. Il commençait l'éducation de cette classe laborieuse du pays qui a besoin d'une monnaie d'idées toute frappée et d'une valeur moyenne pour ses échanges quotidiens. M. Chambolle lui donnait l'empreinte de l'honnête homme persévérant et courageux dans sa modération. Le *Siècle*, entre ses mains, était la saine démocratie de l'opinion. C'était plus qu'un journal, c'était le catéchisme de la constitution.

La *Gazette de France* représentait moins un parti qu'un homme. M. de Genoude, esprit à la fois souple et impérieux, se pliait au temps, dans l'illusion de plier ensuite le temps à sa propre pensée. Né au monde politique avec la Restauration, prêtre et citoyen, élève et ami des Bonald, des Lamennais, des Chateaubriand, des Villèle, il s'était attaché à la légitimité du pouvoir héréditaire comme à un dogme de sa conscience. Les États pour lui n'étaient que des familles. Il se trompait : les États sont des peuples, et ces peuples, une fois leur enfance traversée, ne sont condamnés qu'à la tutelle de la morale et de la raison. La famille, c'est l'humanité ; le père, ce n'est pas le roi, c'est Dieu.

Seulement M. de Genoude et son école accommodaient avec un persévérant artifice ce dogme à l'esprit du temps.

Sa légitimité était plus libérale que la république. Tout ce que l'activité de l'homme, les ressources du publiciste, l'adresse de l'esprit, le courage du citoyen, peuvent déployer de fécondité et de tactique pour un système, M. de Genoude le multipliait dans son journal. Il sapait tous les ministères; il restait isolé dans son dogme et dans son individualité. Il était l'opposition de droit divin à tous les essais humains de gouvernement hors de son principe. Il applaudissait à chaque chute, il prophétisait chaque ruine. Il avait l'infaillibilité de la menace contre tous et contre tout. Beaucoup d'esprits mécontents parmi ceux que le temps laisse en arrière se complaisaient dans cette accusation perpétuelle d'impuissance et dans ce défi adressé aux hommes de la dynastie. Les oppositions les plus contraires se prêtent des armes contre l'ennemi commun. Les légitimistes en prêtaient aux républicains, les républicains aux légitimistes. M. de Genoude n'était plus un homme, c'était un système. La *Gazette de France* était plus qu'un journal, c'était l'anathème de la dynastie.

XVI

Le *National* était le journal de l'opinion républicaine, la pierre d'attente de la future révolution. Toutefois, la république n'étant encore pour les masses qu'un pressentiment lointain, ce journal n'avait pas une immense clientèle dans le pays. On le lisait par une certaine curiosité d'esprit qui veut connaître ce que lui réservent les éventualités même les moins probables de l'avenir. C'était la satire prophétique plus que la philosophie du parti républicain. Ce journal se tenait dans des limites indécises entre l'acceptation du gouvernement monarchique et la profession de foi de la république. Quelquefois il semblait s'entendre trop intimement avec l'opposition purement dynastique. Il manquait peu d'occasions de favoriser dans l'opinion les tactiques, les vues et la politique de M. Thiers. On le soupçonnait d'un concert occulte avec ce ministre en expectative de la dynastie, ou tout au moins de complaisance d'esprit envers ce parti.

M. Marrast le rédigeait. C'était le *Camille Desmoulins* sérieux et modéré de la future république. Jamais la facilité, la souplesse, l'imprévu, la couleur, l'image méridionale, la saillie gauloise ou attique, ne décorèrent de plus d'ornements artificiels le poignard d'une polémique dans la main d'un Aristophane insouciant. Son esprit était l'éclair inattendu qui brille et menace à la fois en se jouant en losanges de feu à tous les points de l'horizon ; si capricieux et si habile qu'il amusait en les éblouissant ceux-là mêmes qu'il allait frapper. Mais le génie de ce style était la malice et non la haine. Jamais une image sanglante, jamais un souvenir néfaste, jamais une provocation funèbre n'attristaient ses pages. On sentait sous ce talent un esprit plein d'impartialité, peut-être même de scepticisme. La volupté de l'artiste politique au lieu du sombre fanatisme du sectaire, l'horreur du vulgaire, le dégoût du jacobinisme, l'effroi des proscriptions, le goût des lettres, de l'éloquence, de la tolérance, de la gloire dans la liberté, étaient l'idéal républicain de M. Marrast. Sa révolution était le jeu d'esprit d'un homme d'imagination et d'un cœur bienveillant de femme.

Un autre journal prenait depuis quelque temps dans l'opinion une place étroite, mais menaçante en face du *National.* C'était la *Réforme.* Ce journal représentait la gauche extrême, la république incorruptible, la révolution démocratique à tout prix. Il passait pour personnifier les inspirations politiques de M. Ledru-Rollin et de trois ou quatre députés importants de la Chambre. C'était la tradition de la Convention renouée cinquante ans après les combats et les vengeances de la Convention ; la Montagne avec ses foudres et ses fureurs au milieu d'un temps de paix et de sérénité; les accents de Danton dans une académie politique; une terreur de fantaisie, une colère systématique, un jacobinisme exhumé de l'âme des morts de 1794; un contre-sens à la république future, en voulant la refaire dans des circonstances toutes différentes à l'image de la première république.

La *Réforme*, pour remuer plus profondément le peuple et pour recruter tous les hommes d'action à la journée de la république, touchait quelquefois à ce qu'on nomme le *socialisme.* C'est-à-dire que, sans adhérer à aucune de ces sectes radicalement subversives et rénovatrices de la société, telles que le *saint-simonisme*, le *fouriérisme*, l'*organisation du travail* ou le *communisme*, la *Réforme* jetait l'anathème à l'ordre social existant; elle laissait entrevoir dans la révolution politique une révolution du prolétariat, du travail et de la propriété.

Mais plus habituellement ce journal, répudiant les chimères, bornait son opposition politique aux attaques directes et mortelles contre la royauté.

Il était rédigé habituellement par M. Flocon, main intrépide, esprit ferme, caractère loyal même dans la guerre d'opinion faite à ses ennemis. M. Flocon était un de ces républicains de la première race qui avaient pétrifié leur foi dans les sociétés secrètes, dans les conjurations et dans les cachots. Froid d'extérieur, rude de physionomie et de langage, quoique fin de sourire, simple et sobre d'expression, il y avait dans sa personne, dans sa volonté et dans son style quelque chose de la rusticité romaine, mais sous cette écorce un cœur incapable de fléchir devant la peur, toujours prêt à fléchir devant la pitié. Il avait de plus une qualité gouvernementale bien rare chez les hommes nourris dans les habitudes d'opposition. Il savait ce qu'il voulait. Il le voulait à tout prix, il le voulait jusqu'au but, mais il ne voulait pas au delà. En un mot, il savait s'arrêter à ce qui lui semblait juste, possible, raisonnable, et il savait se retourner pour défendre sa limite d'idée contre ses propres amis. C'est-à-dire que sous le conspirateur il y avait dans M. Flocon l'homme d'action.

XVII

Une sorte de coalition tacite entre tous les partis représentés par ces journaux ainsi que par d'autres éminents organes des opinions plus nuancées, tels que *le Courrier français, le Démocratie pacifique, la Commerce,* s'était formée contre le ministère de M. Guizot. On avait à la fin de la session de 1847 concerté ensemble un plan d'agitation générale de Paris et des départements sous la forme de banquets politiques. L'initiative de cette agitation avait été prise par l'opposition dynastique, comme si l'impatience eût été dans ces hommes rapprochés et ambitieux du pouvoir une passion plus âpre et plus aveugle que la logique même des républicains.

M. Thiers cependant ne semblait pas tremper de sa personne dans cette agitation. Peut-être sa prescience d'homme d'État et d'historien lui en découvrait-elle de loin les dangers ? Peut-être aussi sa situation de ministre en perspective après le triomphe de ses amis lui commandait-elle une réserve qu'il osa courageusement maintenir contre son propre parti.

M. Duvergier de Hauranne, ancien ami de M. Guizot, nouvel ami de M. Thiers, passionné dans les luttes, désintéressé après les victoires, nature éminemment parlementaire, plus fier de remuer que de régner, sans autre soif que celle de l'influence, patriote vrai et courageux, sobre de gloire, probe d'ambition, entraîna les amis de M. Thiers, ceux de M. Barrot et M. Barrot lui-même dans ce mouvement. Le mot d'ordre était la réforme électorale.

XVIII

Le parti du *National* et celui de la *Réforme* aperçurent avec la clairvoyance de la passion la portée de cette mesure des banquets, mesure désespérée et révolutionnaire adoptée par l'opposition dynastique. Les républicains, trop faibles de nombre et trop suspects à l'opinion pour oser et pour agir seuls, allaient avoir pour auxiliaires les amis mêmes de la dynastie, les fondateurs du trône de Juillet, les auteurs des lois répressives, et la moitié au moins de la garde nationale et des électeurs. Une fois le pays en mouvement, où s'arrêterait-il? Serait-ce à un simple changement de ministère? Serait-ce à une insignifiante adjonction d'électeurs privilégiés aux deux cent mille électeurs qui exprimaient à eux seuls la souveraineté du peuple? Serait-ce à une abdication du roi? Serait-ce à une régence de femme ou de prince pendant la minorité d'un enfant? Peu leur importait. Toutes ces éventualités devaient profiter à leur cause.

Ils se hâtèrent de souscrire au banquet de Paris. Les hommes de l'opposition dynastique n'osèrent pas repousser les républicains. Ils auraient repoussé en eux tout le nombre, tout le bruit, toute la turbulence, toute la menace de leurs démonstrations. Le peuple s'en serait désintéressé en n'y voyant pas ses amis et ses tribuns. La cause était commune en apparence. Le cri était le même cri : « Vive la réforme ! »

Une coalition un peu punique s'était accomplie en 1839 par les oppositions antipathiques dans la Chambre et dans la presse, entre M. Guizot et M. Thiers, M. Barrot et M. Berryer, M. Dufaure et M. Garnier-Pagès, les républicains et les royalistes. Cette coalition avait fait violence au roi constitutionnel, porté M. Thiers au pouvoir, contristé l'opposition sincère, perdu nos affaires extérieures en 1840, et démoralisé le gouvernement représentatif. Les mêmes partis, à l'exception de M. Berryer et de M. Dufaure, firent la même faute contre le ministère de M. Guizot en 1848. Ils s'unirent pour renverser, sans pouvoir s'unir pour reconstruire. Les coalitions de cette nature ne peuvent logiquement enfanter que des ruines. C'est leur impuissance pour le bien qui en fait l'immoralité. Les révolutions peuvent seules en profiter. Elles en profitent loyalement. La république est l'œuvre involontaire de la coalition parlementaire de 1840 et de la coalition d'agitation de 1848. M. Guizot et M. Thiers en faisant la première, MM. Duvergier de Hauranne et Barrot et leurs amis en faisant la seconde, furent sans le savoir les vrais auteurs de la république.

Le banquet de Paris fut le signal d'une série de banquets d'opposition dans les principales villes du royaume. Dans quelques-uns les républicains et les agitateurs dynastiques furent réunis et couvrirent de paroles élastiques et vagues les incompatibilités de leur programme. Dans quelques autres, comme à Lille, à Dijon, à Châlons, à Autun, ils se séparèrent franchement. M. Odilon Barrot et ses amis, M. Ledru-Rollin et les siens refusèrent de se prêter à un concert hypocrite ; ils marchèrent chacun à son but : l'un la réforme modérée et monarchique de la loi électorale, l'autre la réforme radicale du gouvernement, c'est-à-dire à la république.

Cette scission se caractérisa d'abord au banquet de Lille. M. Barrot refusa d'y siéger si l'on ne donnait pas le signe d'adhésion constitutionnelle à la monarchie par un toast au roi. Cette scission se caractérisa davantage à Dijon et à Châlons. M. Flocon et M. Ledru-Rollin firent là des discours précurseurs d'une révolution déjà accomplie dans l'esprit de leurs partisans.

Quelques hommes de l'opposition parlementaire, de nuances isolées, tels que MM. Thiers, Dufaure, Lamartine, s'abstinrent avec scrupule de paraître à ces banquets. Ces démonstrations confuses et turbulentes leur parurent sans doute ou ne pas atteindre ou dépasser les bornes de leur opposition. Ils craignirent de s'associer par leur présence, ceux-ci à une révolution, celui-là à une opposition ambitieuse et purement ministérielle. Ils se renfermèrent, ainsi que beaucoup d'autres membres de la Chambre, dans leur conscience et dans leur individualité.

XIX

Cependant un autre banquet eut un grand retentissement en France à la même époque. Ce fut le banquet offert à M. de Lamartine, à son retour de la Chambre, par ses compatriotes de Mâcon. L'objet de ce banquet n'était pas politique. M. de Lamartine avait refusé d'assister aux banquets réformistes, selon lui mal définis et trop peu précisés dans leur objet. Adversaire de la coalition parlementaire de 1838 à 1840, il ne pouvait, sans se démentir lui-même, s'associer à la coalition parlementaire et agitatrice de 1847. Il marchait seul à un but déterminé dans son esprit. Il n'était pas dans sa nature de se jeter dans une mêlée d'opposition sans programme commun, pour marcher avec ses adversaires vers l'inconnu. Il avait exprimé franchement cette réserve dans des articles du *Bien public* de Mâcon, petit journal à grands échos répercutés alors par toute la presse de Paris et des départements.

Le banquet de Mâcon avait pour objet de féliciter M. de Lamartine, fraternellement aimé de ses concitoyens, sur le succès de l'*Histoire des Girondins*, livre que M. de Lamartine venait de publier récemment.

Le livre avait été beaucoup lu non-seulement en France,

mais dans toute l'Europe. En Allemagne, en Italie, en Espagne, les éditions et les traductions de l'*Histoire des Girondins* se multipliaient comme l'aliment quotidien des âmes. Il remuait les cœurs, il faisait penser les esprits, il reportait les imaginations vers cette grande époque et vers ces grands principes que le dix-huitième siècle, riche de pressentiments et chargé d'avenir, avait voulu léguer en mourant à la terre, pour la délivrer des préjugés et des tyrannies. Il lavait le sang criminellement versé par la colère, par l'ambition ou par la lâcheté des acteurs du drame de la république. Il ne flattait rien dans la démagogie, il n'excusait rien dans les bourreaux, il plaignait tout dans les victimes. Mais sa pitié pour les vaincus ne l'aveuglait pas. Il plaignait les hommes, il pleurait les femmes, il adorait la philosophie et la liberté. La vapeur du sang des échafauds ne lui voilait pas les saintes vérités qui se levaient sur l'avenir derrière cette fumée de l'exécrable holocauste. Il balayait courageusement ce nuage, il suppliciait historiquement les meurtriers, il restituait son droit et son innocence à l'idée nouvelle pure des crimes de ses sectateurs, il la vengeait du crime qui l'avait souillée en prétendant la servir. Il renvoyait l'opprobre aux démagogues, la gloire à la révolution.

XX

En réponse à un discours du maire de Mâcon, M. Roland, jeune homme qui osa compromettre sa magistrature pour confesser son opinion et son amitié politique, M. de

Lamartine saisit l'occasion de révéler une fois de plus sa pensée à son pays. Il parla en homme dévoué d'intelligence et de cœur à la cause de la liberté de l'esprit humain et des progrès de la démocratie organisée. On vient de lire le discours qu'il prononça dans cette circonstance.

Ce discours, reproduit le lendemain par la presse tout entière, exprimait assez la véritable pensée du pays : un mécontentement sourd du système suivi par la couronne, qui sacrifiait à l'extérieur les intérêts légitimes de la France à l'ambition de la dynastie d'Orléans; un amour philosophique et raisonné des principes démocratiques au lieu d'une oligarchie étroite de deux ou trois cent mille électeurs aisément captés ou corrompus par les ministres; enfin la crainte sincère, chez presque tous, d'une révolution qui lancerait le pays dans l'inconnu; le désir de faire accomplir par le gouvernement représentatif élargi et fortifié les progrès de l'avénement démocratique; l'appel à l'énergie modérée dans le peuple, à la prudence et à la réflexion dans le gouvernement. Ce discours ne passait pas les bornes que s'imposait la conscience politique de l'orateur. Les fruits et les promesses de la première révolution sans révolution nouvelle, s'il était possible, mais l'esprit de la révolution conservé et vivifié par les institutions sous peine de honte pour la France et sous peine de mort pour les idées qui font la grandeur et la sainteté de l'esprit humain. C'était la fidèle interprétation du sentiment public, le cri prophétique de l'âme du pays. Tout ce qui dépassait ce langage dépassait le temps.

XXI

M. de Lamartine, sans craindre de compromettre la popularité dont il jouissait alors dans son département et en France, osa combattre hardiment, quelques jours après, les doctrines que M. Ledru-Rollin et ses amis avaient exprimées au banquet révolutionnaire de Dijon, les symboles de 1793 arborés, disait-on, par le même parti au banquet de Châlons et les prédications antisociales qu'un jeune orateur avait fait applaudir au banquet communiste d'Autun.

« Les banquets, disait M. de Lamartine en parlant de ceux de Dijon et de Châlons, sont le tocsin de l'opinion. Quelquefois ils frappent juste, quelquefois ils brisent le métal. Il y a eu dans ces manifestations des paroles qui font trembler le sol et des souvenirs qui rappellent ce que la démocratie actuelle doit faire oublier. Pourquoi reprendre d'un temps ce qui doit être enseveli avec ce temps lui-même? Pourquoi ces imitations, nous dirions presque ces parodies de 1793? Y aurait-il donc une livrée de la liberté comme il y avait une livrée des cours? Je dis, moi, que c'est là non-seulement une puérilité, mais un contresens. On donne ainsi à la démocratie régulière et sensée de l'avenir l'apparence et la couleur de la démagogie passée. Cela travestit l'esprit public, et, en le travestissant, cela le fait méconnaître. Cela rappelle cruellement aux uns la pique sous laquelle leurs pères sont morts; à ceux-ci leurs propriétés dispersées; à ceux-là leurs temples profanés; à tous des jours de tristesse, de deuil, de terreur, qui ont laissé une ombre sur la patrie. Chaque époque doit être conforme à elle-même. Nous ne sommes pas 1793; nous sommes 1847; c'est-à-dire : nous sommes une nation qui a traversé la mer Rouge et qui ne veut pas la traverser de nouveau; une nation qui a mis le pied sur le rivage et qui veut marcher encore, mais qui veut marcher en ordre et en paix vers ses institutions démocratiques; une nation dont le gouvernement se trompe et qui veut l'avertir, mais qui, en grossissant sa voix pour se faire entendre de lui, ne veut effrayer ni les citoyens paisibles, ni les intérêts honnêtes, ni les opinions légitimes. Prenons garde, nous, hommes de la démocratie régulière. Si nous sommes confondus avec les démagogues, nous sommes perdus dans la raison publique. On dira de nous : « Ils ont leur couleur, » donc ils ont leur délire. »

XXII

Sur le banquet communiste d'Autun, M. de Lamartine s'exprimait le 14 novembre avec la même liberté.

« Chaque idée a ses limites, s'écriait-il, limites dont elle ne doit pas sortir, sous peine d'être méconnue et de porter la juste peine de son travestissement en subissant le discrédit qui s'attache à d'autres idées. Êtes-vous opposition démocratique, mais loyale, modérée, patiente? venez avec nous. Êtes-vous faction? allez conspirer dans l'ombre. Êtes-vous communistes? allez applaudir au banquet d'Autun. Jusqu'à ce que tout cela s'éclaircisse, nous restons où nous sommes. Car nous voulons rappeler le pays à la vie politique, faire sentir à l'opinion sa force, créer une démocratie décente capable de s'éclairer de ses propres lumières, de se contenir par sa propre dignité, de se réunir sans alarmer, sans injurier ni la richesse, ni la misère, ni l'aristocratie, ni la bourgeoisie, ni le peuple, ni la religion, ni la famille, ni la propriété. Nous voulons préparer enfin à la France des assemblées dignes de ses grandes assemblées nationales et des comices dignes d'Athènes et de Rome ; mais nous ne voulons pas rouvrir le *club des Jacobins!* »

XXII

Pendant ces controverses entre les hommes qui voulaient améliorer et les hommes qui voulaient détruire, d'autres manifestations, inspirées et dirigées par l'opinion dynastique, se multipliaient dans le nord du royaume. M. Odilon Barrot y faisait entendre des paroles graves, réfléchies, probes, mais contenues comme son caractère. Il allumait, ainsi que ses amis, le feu de l'opinion parlementaire. Cependant ces discours soulevaient contre le gouvernement plus d'indignation que n'en pouvait contenir une salle de banquet. Le peuple écoutait aux portes, acclamait les orateurs, leur faisait cortége à l'entrée ou à la sortie des villes. Il s'habituait à intervenir entre les ministres et les tribuns. A la fin de l'automne, les promoteurs de ces émotions antiministérielles essayaient en vain de les modérer. Ils étaient partis pour recruter des forces à M. Thiers, à M. Barrot et à l'opposition, ils avaient recruté pour la révolution. L'impulsion du peuple dépasse toujours le but assigné par les hommes politiques. La raison et l'ambition calculent, la passion déborde. Le peuple est toujours passion. L'opposition dynastique n'avait voulu qu'un changement de ministère opéré sous la pression des masses; le peuple couvait déjà un changement de gouvernement. Derrière le peuple, des sectes plus radicales rêvaient un bouleversement complet de la société.

LIVRE SEPTIÈME

I

Telle était la situation des esprits en France, à la fin de 1847, lorsque le roi convoqua les Chambres. Le ministère et le roi, étonnés mais non alarmés de ces démonstrations d'opinion, les regardaient comme des symptômes entièrement factices, comme un mécontentement de paroles et de parade qui n'existait pas, selon eux, dans les esprits. Ils se confiaient dans l'immense majorité que le gouvernement possédait dans les Chambres, dans la fidélité de l'armée commandée par les princes, dans les intérêts innombrables d'ordre, de propriété, d'industrie, de commerce, qui tous répugnaient au changement. Gouvernement matérialiste, ils méprisaient les éléments intellectuels d'opposition. A leurs yeux, M. Odilon Barrot n'était qu'une éloquence honnête sans volonté; M. Ledru-Rollin, qu'une popularité sonore jetant le défi de la république, sans y croire, pour désorienter et dépayser l'opposition ; la presse et les banquets, qu'une conspiration d'ambitions impatientes faisant appel aux passions de la place publique par ressentiment de leur impuissance dans la représentation du pays.

M. Guizot était rassuré par la confiance en lui-même et par le dédain du vulgaire qui faisaient le fond de sa nature ; M. Duchâtel, par l'habile maniement des partis parlementaires et par le frein des votes qu'il tenait avec souplesse dans sa main ; le roi, par le besoin que la France avait de lui en 1830, par sa solidarité avec l'ordre européen qui reposait sur la stabilité de son trône, et enfin par ce sourire constant de la fortune qui, à force de le servir et de l'éblouir, avait fini par l'aveugler. Ces trois hommes, en qui reposaient le prestige, la force et l'adresse du cabinet, attendaient donc avec une infaillible confiance que tout ce mouvement et tout ce bruit de l'opposition vinssent expirer au pied du trône et au pied de la tribune devant l'éloquence de M. Guizot, devant la tactique de M. Duchâtel et devant la vieille autorité du roi. Ils ne doutaient pas que la majorité dans les deux Chambres ne donnât un éclatant démenti aux agitations et aux menaces des partis. Ils résolurent de provoquer ce démenti en qualifiant eux-mêmes dans le discours du roi aux Chambres la conduite des députés et des pairs qui avaient assisté aux banquets réformistes.

II

Le discours du roi aux Chambres contenait une phrase qui appelait hostiles ou aveugles les hommes associés aux mouvements des banquets réformistes. Il y en avait beaucoup dans la Chambre des députés, quelques-uns dans la Chambre des pairs. Ces mots imprudents servirent de texte principal à la discussion de l'adresse. Elle fut vive, ardente, irritée. M. Thiers flétrit la politique étrangère qui livrait la Suisse et l'Italie. M. de Lamartine caractérisa de son point de vue cette politique exclusivement dynastique, autrichienne à Rome, sacerdotale à Berne, russe à Cracovie, contre-révolutionnaire partout. Sur la question des banquets, M. Odilon Barrot parla avec l'autorité d'un chef d'opposition constitutionnelle. Lamartine, bien qu'il ne se fût pas associé aux banquets de sa personne, soutint que le ministère devait régler et non supprimer brutalement l'exercice du droit de réunion.

« Non, messieurs, répondit-il aux ministres, ne vous y trompez pas. Ce n'est pas ici, comme vous le dites, une agitation artificielle. Ce foyer n'est pas soufflé avec un souffle d'homme. Il n'aurait pas eu cette universalité, ce caractère qui vous alarme justement aujourd'hui. D'où vient ce phénomène dans un pays patient depuis dix-sept ans ? Ce phénomène vient de ce que le pays s'est enfin rendu compte de l'obstination du faux système par lequel on l'entraîne en dehors de toutes ses lignes à l'intérieur, en dehors de toute sa politique, de sa dignité et même de sa sûreté à l'extérieur. Mais le jour où, après avoir mûrement réfléchi, il s'en est enfin rendu compte ; quand il a vu ce système obstiné de restriction légale au dedans, de véritable oligarchie se fondant à la place de la grande démocratie régulière promise en 1830 ; quand il a vu que ce système changeait de mains sans changer d'action, et qu'il revoyait toujours les mêmes choses sous d'autres hommes ; quand il a vu la corruption monter cette année comme un flot impur jusque sous les pieds des pouvoirs publics, l'écume des vices les plus sordides surgir à la surface de la société politique au lieu de retomber comme elle le fait ordinairement dans la lie des nations ; quand il a vu la politique étrangère de ces dix-sept ans, politique à laquelle vous l'aviez vous-mêmes laborieusement et glorieusement attaché, la politique de la paix sapée tout à coup par vos propres mains, pour un intérêt de famille, pour un bénéfice dynastique, par les mariages espagnols ; quand il a vu sacrifier ses alliances naturelles et constitutionnelles à des alliances antipathiques avec des ennemis oppresseurs de la Suisse et de l'Italie ; quand il a vu la France enfin enserrée bientôt comme systématiquement par vous dans une frontière de contre-révolutions, oh ! alors, oui, il s'est ému ! et il a montré par cette émotion même qu'il était un sage et prudent pays !

» Et qu'auriez-vous donc pensé, qu'auriez-vous donc dit, si, au lieu de manifester cette inquiétude, cette agitation en plein jour, il avait attendu dans un silence perfide que les germes de désaffection semés par vous depuis tant d'années eussent couvé dans l'esprit du peuple, et qu'à un jour donné, au lieu de cette agitation constitutionnelle, au lieu de cette opinion qui gronde en plein ciel, vous eussiez eu des mines éclatant partout sous les pas du gouvernement? Oh! alors, oui, vous pourriez accuser! Oh! alors, oui, vous pourriez dire : « Vous agissez comme » des factieux, vous agissez comme des conspirateurs, vous » trompez le gouvernement en imposant un perfide silence » au mécontentement de l'opinion? » Et voilà ce que vous accusez? Voilà pourquoi vous menacez, non pas de vous servir de ces lois évidentes devant lesquelles tout bon citoyen baisse le front, mais sans lois, avec des lois équivoques au moins, que dis-je? contre toutes les lois existantes, voilà pourquoi vous menacez la représentation elle-même de venir mettre la main de la police sur la bouche du pays!...

» Le gouvernement avait et a encore l'arme de la loi. Reconnaissant qu'il n'était pas armé par la vieille législation contre un fait nouveau qui se présentait avec cette universalité et cette intensité dans le pays, il pouvait présenter une loi libérale, régulatrice, constatant le droit, ne l'anéantissant pas, loi que nous discuterions loyalement et devant laquelle, quand elle aurait été portée, nous nous inclinerions, comme le doit faire tout bon citoyen. »

La grande majorité de la Chambre applaudissait à ces paroles et demandait la présentation d'une loi sur le droit de réunion. Les conservateurs eux-mêmes sentaient le danger d'un défi prolongé porté par les ministres à la représentation. « Souvenez-vous que vous allez créer un grand péril, dit Lamartine aux ministres en finissant son discours. Souvenez-vous du Jeu de Paume et de ses suites. Qu'est-ce que le jeu de paume de Versailles en 1789? Le jeu de paume ne fut qu'un lieu de réunion politique des états généraux fermé par des ministres et rouvert par la main de la nation à la représentation outragée du pays. »

M. Guizot soutint, contre M. Duvergier de Hauranne et M. Barrot, le droit du gouvernement et de la Chambre de renvoyer flétrissure pour flétrissure, et de caractériser l'inimitié ou l'aveuglement des agitateurs. M. Hébert, garde des sceaux, démontra avec talent le danger des réunions sans répression légale. Il voulut faire revivre les lois de 1791. Il aigrit le débat en exagérant l'arbitraire. M. Ledru-Rollin lui répondit avec un éclat et avec une force qui le placèrent au premier rang des orateurs de l'opposition. La colère montait des deux côtés. Il fallait une diversion à la passion de la Chambre, une issue honorable au conflit. Cette diversion était évidemment dans la présentation d'une loi raisonnable sur la liberté et les limites du droit de réunion. Les conservateurs eux-mêmes demandaient cette loi avec MM. Duvergier de Hauranne et Lamartine. On s'obstinait. Le nœud que la prudence refusait de dénouer, une révolution allait le couper.

III

Le douzième arrondissement de Paris avait organisé un banquet. L'opposition avait promis de constater son droit en y assistant. Le banquet devait avoir lieu le 20 février. Le ministère ne s'y opposait pas par la force. Il se proposait seulement de faire constater le délit par un commissaire de police, et de faire juger le fait par les tribunaux. L'opposition était unanime pour accepter le débat juridique sur ce terrain. Tout se préparait pour cette démonstration pacifique.

La veille, le ministère, inquiet d'une convocation adressée aux gardes nationaux sans armes par les républicains impatients, déclare à la tribune qu'il revient sur ses concessions, et qu'il dissipera la manifestation par la force.

M. Barrot convoque l'opposition constitutionnelle chez lui pour délibérer. On propose de s'abstenir devant la résolution extrême du gouvernement. M. Barrot et ses amis cèdent à ce conseil.

Le lendemain, une seconde délibération a lieu chez un restaurateur de la place de la Madeleine. M. de Lamartine, M. Berryer, M. de La Rochejaquelein, y sont convoqués. Ils s'y rendent. Environ deux cents députés de toutes les nuances d'opposition modérée y assistent. On discute sur le parti à prendre. La discussion est longue, diverse, embarrassée, sans conclusion digne et ferme d'aucun côté. Si l'opposition recule, elle s'anéantit, déshonore son nom, perd son autorité morale dans le pays; elle passe sous les fourches caudines du ministère. Si elle persiste, elle court le risque de trop vaincre et de donner la victoire au parti qui veut ce qu'elle redoute : une révolution. Mais révolution pour révolution, le risque d'une révolution en avant paraît à certains esprits plus acceptable que la honte d'une révolution en arrière. Le débat se prolonge. Lamartine, quoique adversaire comme M. Thiers et M. Dufaure de l'agitation des banquets, ne peut tolérer l'humiliation d'une retraite sans honneur pour l'opinion libérale. Il répond soudainement à M. Berryer, qui avait admirablement protesté sans conclure.

« En écoutant l'honorable monsieur Berryer, dit-il, qui vous ouvrait tout à l'heure si franchement et si éloquemment sa grande âme, je me rendais trop bien compte de ses hésitations d'homme de bien, de ses anxiétés patriotiques, de ses efforts d'esprit pour trouver le droit, la vérité et la lumière dans la terrible crise où la démence d'un ministère agressif place les bons citoyens, à quelque opinion nationale qu'ils appartiennent. Je reconnaissais mes pensées dans les siennes. Je retrouvais mon propre cœur dans le sien.

» Et moi aussi, j'ai médité comme lui, comme vous tous, sur le parti le plus honorable, le plus national, le plus prudent à la fois et le plus ferme à prendre dans l'alternative cruelle où nous sommes comme emprisonnés par la circonstance. Et moi aussi, j'ai aperçu les combinaisons des partis divers, compliquant pour nous les difficultés du moment et de l'avenir. Et moi aussi, j'ai vu quelques vides dans nos rangs depuis que le moment approche. Mais je ne m'y suis pas arrêté. Que nous importent les absents dans des crises de cette nature! Je ne regarde jamais où sont tels ou tels hommes, je regarde où sont les droits de mon pays!

» On nous dit : « La crise est forte, les circonstances sont
» tendues, les dangers peuvent être grands pour la respon-
» sabilité des hommes fermes qui marchent en tête, au nom
» de leur pays. » Messieurs, j'en suis plus convaincu que les préopinants. Ce serait un aveuglement que de ne pas les voir ; ce serait une faiblesse que de vous les dissimuler. La foule est toujours un péril, même quand elle est rassemblée par le sentiment le plus juste et le plus légitime de son devoir et de son droit. Nous le savons; nous connaissons le mot si vrai de l'antiquité : « Quiconque assemble le peuple
» l'émeut par son seul rassemblement! » Oui, l'horizon politique, l'horizon rapproché, l'horizon de cette semaine est chargé d'anxiétés et d'éventualités, dans lesquelles mon

esprit s'est arrêté et s'arrête comme vous. Oui, j'ai réfléchi et je réfléchis encore en ce moment, dans une cruelle perplexité, devant moi-même et devant vous. Oui, sur un doute si pesant pour notre responsabilité d'hommes de bien et d'hommes de cœur, je n'interroge pas mon intelligence seulement; je descends plus profondément en moi-même, je frappe sur ma poitrine, j'interroge ma conscience devant le juge suprême des intentions et des actes, et je me pose ainsi la question sur laquelle vous délibérez : (Sensation.)

» Quelle est notre situation?

» Nous sommes placés par la provocation du gouvernement entre la honte et le péril.

» Voilà le mot vrai de la circonstance! Je le reconnais, et votre assentiment me prouve que j'ai touché juste! (Oui! oui!) Nous sommes placés entre la honte et le péril. (Adhésion.)

» La honte, messieurs! peut-être serions-nous assez généreux, assez grands, assez dévoués, pour l'accepter pour nous-mêmes. Oui, je sens que pour ma part je l'accepterais, j'accepterais mon millième ou mon cent-millième de honte ; je l'accepterais en rougissant, mais glorieusement, pour éviter à ce prix qu'une commotion accidentelle n'ébranlât le sol de ma patrie, et qu'une goutte de ce généreux sang d'un citoyen français ne tachât seulement un pavé de Paris!

» Je me sens capable, vous vous sentez tous capables de ce sacrifice! Oui, notre honte plutôt qu'une goutte de sang du peuple ou des troupes sur notre responsabilité!

» Mais la honte de notre pays, messieurs? Mais la honte de la cause de la liberté constitutionnelle? Mais la honte du caractère et du droit de la nation? Non, non, non, nous ne le pouvons pas, nous ne devons pas, ni en honneur ni en conscience, l'accepter! Le caractère, le droit, l'honneur de la nation ne sont pas à nous, ils sont au nom français! Nous n'avons pas droit de transiger sur ce qui ne nous appartient pas!

» Et que dirions-nous en rentrant dans nos départements à ceux qui nous ont confié la défense de leurs droits et le soin de leur dignité de peuple libre? Quelle serait notre attitude, quel serait notre rôle devant eux? Quoi! nous avons exercé avec eux, sur la foi de l'usage et du droit de réunion chez tous les peuples libres, sur la foi de la Restauration, sur la foi des ministres de la révolution de Juillet eux-mêmes, qui nous ont donné l'exemple, ce droit légal de réunion politique; nous avons autorisé par notre présence ou, comme moi, par notre consentement sinon par notre présence, ces réunions pacifiques où l'opinion constitutionnelle se fait entendre des députés ou des pouvoirs; nous avons encouragé les citoyens à pratiquer constitutionnellement, sagement, modérément, ce droit de l'émotion publique; nous leur avons dit : « Si on attaque
» en vous ce droit, nous le défendrons, nous le sauverons
» pour vous, nous vous le rapporterons tout entier, ou du
» moins investi des garanties et des règles qu'il appartient
» à la loi seule de lui donner pour en régler l'exercice!... »

» Oui, voilà ce que nous leur avons dit, et aujourd'hui, cédant lâchement, non pas à une loi que j'ai demandée moi-même à la Chambre, mais à une capricieuse et arrogante injonction d'un ministre du haut de la tribune, nous prendrions son interdiction arbitraire pour loi? nous lui livrerions sans constatation légale de notre résistance à la

force, nous rendrions à l'arbitraire nos armes constitutionnelles? nous déserterions nos engagements et ce que nous croyons la garantie fondamentale et la liberté de la nation? nous la laisserions, sans procès-verbal au moins de spoliation, nous la laisserions dépouiller de celle de ses libertés qui est la garantie de toutes les autres, la liberté de l'opinion? et nous rentrerions dans nos villes, dans nos départements, en disant à nos commettants : « Voilà ce que
» nous vous rapportons de ce champ de bataille légal où
» vous nous avez envoyés combattre pour vous : les débris
» de votre constitution, les ruines de votre liberté d'opinion !
» l'arbitraire ministériel à la place du droit national !
» Nous avons mis le cou de la France sous les pieds d'un
» ministre ! » (Acclamations.)

» Non, non, cela n'est pas possible! Nous ne serions plus des hommes ! ce ne serait plus un peuple ! Nous devrions donner à l'instant notre démission et disparaître, et nous anéantir dans la déconsidération publique! (Nouvelles acclamations.)

» Et ne croyez pas qu'il y ait dans ces paroles, continua-t-il, un misérable sentiment d'orgueil personnel. Je le répète, nous déconsidérer, nous anéantir, nous, ce n'est rien ! Mais déconsidérer, mais anéantir notre pays, voilà la honte ! voilà le crime ! voilà l'infamie que nous ne pouvons pas accepter !

» Messieurs, parlons de sang-froid; le moment le réclame. Le procès est imposant entre le gouvernement et nous. Sachons bien ce que nous voulons faire accomplir mardi à la France. Est-ce une sédition? Non. Est-ce une révolution? Non. Que Dieu en écarte le plus longtemps possible la nécessité pour notre pays! Qu'est-ce donc? Un acte de foi et de volonté nationale dans la toute-puissance du droit légal d'un grand pays! La France, messieurs, a fait souvent, trop souvent, trop impétueusement peut-être depuis cinquante ans, des actes révolutionnaires; elle n'a pas fait encore un grand acte national de citoyens! C'est un acte de citoyens que nous voulons accomplir pour elle; un acte de résistance légale à ces arbitraires dont elle n'a pas su se défendre assez jusqu'ici par des moyens constitutionnels et sans armes autres que son attitude et sa volonté! (Oui! oui!)

» C'est donc un acte de citoyens que nous voulons faire et où la France veut être notre témoin par les yeux du peuple de Paris! Sachons une fois garder, sauver, affermir, par un acte pareil, par une attitude inébranlable et calme, par l'appel à la justice et non à la violence du pays, sachons une fois garder ce que nous avons su si souvent conquérir, et jamais conserver! (Adhésion.)

» Cet acte a des dangers dans l'exécution? Qui le nie? Mais l'abjuration de ses droits par la nation, mais l'acceptation de l'arbitraire, mais l'encouragement aux tentatives d'usurpation ministérielle, mais l'abaissement du caractère national devant tous les gouvernements, n'en ont-ils pas aussi, des dangers?

» Des dangers? n'en parlez pas tant, vous nous ôteriez le sang-froid nécessaire pour les prévenir, vous nous donneriez la tentation de les braver! Il ne dépendra pas de nous de les écarter de cette manifestation par toutes les modérations, les réserves, les prudences d'action et de paroles recommandées par votre comité. Le reste n'est plus dans nos mains, messieurs; le reste est dans les mains de Dieu. Lui seul peut inspirer l'esprit d'ordre et de paix à ce peuple qui se pressera en foule pour assister à la manifestation pacifique et conservatrice de ses institutions. Prions-le de donner ce signe de protection à la cause de la liberté et des progrès des peuples, et de prévenir toute collision funeste entre les citoyens en armes et les citoyens désarmés. Espérons, conjurons tous les citoyens qu'il en soit ainsi. Abandonnons le reste à la Providence et à la responsabilité du gouvernement qui provoque et qui amène seul la nécessité de cette dangereuse manifestation. Je ne sais pas si les armes confiées à nos braves soldats seront toutes maniées par des mains prudentes; je le crois, je l'espère; mais si les baïonnettes viennent à déchirer la loi, si les fusils ont des balles, ce que je sais, messieurs, c'est que nous défendrons de nos voix d'abord, de nos poitrines ensuite, les institutions et l'avenir du peuple, et qu'il faudra que ces balles brisent nos poitrines pour en arracher les droits du pays! Ne délibérons plus, agissons. »

IV

Telles furent les paroles de Lamartine. L'enthousiasme les lui arracha plus que la réflexion. Lamartine avait poussé jusque-là le scrupule jusqu'à blâmer à haute voix l'agitation des banquets comme une amorce aux révolutions. Au dernier moment il paraissait changer de langage. Il ne s'agissait plus, il est vrai, d'un banquet réformiste, mais du droit de réunion légal contesté à force ouverte par des ministres à des députés. La lutte entre l'opposition de toute nuance et le gouvernement se personnifiait dans ce duel politique. Lamartine croyait y voir l'honneur de l'opposition engagé et perdu si elle reculait après s'être tant avancée. L'opposition du centre gauche allait faiblir; en faiblissant, elle entraînait dans sa retraite toutes les autres oppositions qu'elle avait compromises dans ses manœuvres et dans ses manifestations. Lamartine n'avait jamais fait partie de cette opposition. Il la trouvait plus personnelle que nationale, plus ambitieuse que politique. La satisfaction secrète de prendre une fois de plus cette opposition en flagrant délit de faiblesse, l'orgueil de la dépasser et de la convaincre d'inconséquence, étaient peut-être à son insu pour quelque chose dans la chaleur de son discours. Ce feu de colère s'évapora dans ces paroles. L'opposition du centre gauche mollit une fois de plus et abandonna le banquet. Les conséquences qui pouvaient découler du discours de M. de Lamartine furent donc écartées. Il ne fut pour rien dans la suite du mouvement, qui prit un autre cours.

Mais si ces considérations excusent cette faute de Lamartine, elles ne suffisent pas pour l'absoudre. L'élan qu'il avait donné à l'opposition aurait pu aboutir à un conflit autant que l'obstination du gouvernement. Lamartine livrait quelque chose au hasard. La vertu ne livre rien qu'à la prudence quand il s'agit du repos des États et de la vie des hommes. Il tentait Dieu et le peuple. Lamartine se reprocha depuis sévèrement cette faute. C'est la seule qui pesa sur sa conscience dans tout le cours de sa vie politique. Il ne chercha à l'atténuer ni à lui-même ni aux autres. C'est un tort grave de renvoyer à Dieu ce que Dieu a laissé à l'homme d'État : la responsabilité. Il y avait là un défi à la Providence. L'homme sage ne doit jamais défier la fortune, mais la prévoir et la conjurer.

V

Le soir, quelques députés et quelques pairs se réunirent spontanément chez Lamartine au nombre de sept ou huit. Ils prirent la résolution d'accepter seuls le défi porté par le gouvernement, refusé par l'opposition du centre gauche, et de se rendre au banquet pour protester par leur présence contre l'interdiction arbitraire des ministres. Ils convinrent de se réunir le lendemain chez M. le duc d'Harcourt. Quelques instants plus tard ils apprirent qu'aucun banquet n'aurait lieu. Ils se séparèrent.

Cependant le gouvernement, dans la prévoyance des événements qui pouvaient surgir d'une telle agitation et d'une telle tension des esprits, avait réuni des forces considérables dans Paris et autour de Paris. On les évaluait à cinquante-cinq mille hommes. L'artillerie de Vincennes devait se porter au premier appel à l'entrée du faubourg Saint-Antoine. Des dispositions longtemps et habilement étudiées depuis 1830 avaient assigné, en cas de soulèvement, des postes stratégiques aux différents corps dans les différents quartiers; toute émeute, interceptée par ces postes, devait être divisée en tronçons incapables de se rejoindre. Le fort du mont Valérien devait être occupé par une garnison nombreuse, à cheval sur la route de Paris et de Saint-Cloud. Trente-sept bataillons d'infanterie, un bataillon de chasseurs d'Orléans, trois compagnies du génie, vingt escadrons, quatre mille hommes de garde municipale et de vétérans, cinq batteries d'artillerie, formaient la garnison de la capitale.

VI

La nuit fut muette comme une ville qui réfléchit avant d'agir. La matinée n'annonçait point un jour sinistre. Il n'y avait ni armes sous les habits ni colère sur les visages. Seulement des foules curieuses et inoffensives grossissaient sur les boulevards et descendaient des faubourgs élevés de Paris. Elles semblaient plutôt observer que méditer quelque chose. L'événement parut naître de la curiosité qui l'attendait. La jeunesse des écoles, avant-garde de toutes les révolutions, se réunit par groupes dans les quartiers, et, s'animant par le nombre, descendit en chantant la *Marseillaise* sur la place de la Madeleine. A ce chant le peuple électrisé répond. Leur colonne grossit, traverse la place de la Concorde, franchit le Pont-Royal, force les grilles du palais de la Chambre des députés encore déserte, et se répand sans guide et sans but dans les jardins du palais et sur les quais. Un régiment de dragons s'avance par le quai et disperse cette jeunesse au pas et sans résistance. L'infanterie arrive, l'artillerie prend position dans la rue de Bourgogne, le pont est militairement défendu.

Les députés, attristés mais non inquiets, se réunissaient sans être insultés dans leur palais. Ils montaient sur les gradins du péristyle qui fait face au pont, et contemplaient de là les forces croissantes dont la monarchie disposait et les premières vagues de la multitude que la cavalerie refoulait dans la rue Royale. On n'entendait ni cri ni un coup de feu. La musique d'un régiment de chasseurs faisait éclater des fanfares pacifiques devant les grilles de la Chambre des députés. Le contraste entre ces airs de fête et l'appareil de combat qui couvrait le quai froissait les âmes et produisait une dissonance entre l'oreille et les yeux des citoyens.

VII

A l'intérieur, M. Barrot déposa sur le bureau du président un acte d'accusation contre les ministres. M. Guizot, voyant cet acte déposé, quitta son banc, monta au bureau, lut l'accusation, et sourit de dédain. Il avait beaucoup lu et beaucoup écrit l'histoire, il en aimait les grands drames. Son éloquence recherchait les occasions retentissantes dans l'avenir. Son regard aspirait le combat. Il bravait une accusation contre laquelle il était défendu dans l'enceinte par une majorité incorporée à sa personne, et couvert au dehors par une monarchie et par une armée. La Chambre, distraite, discuta par attitude des lois administratives.

La journée, courte et sombre comme un jour d'hiver, vit se grossir les foules errantes, s'élever quelques barricades pour jalonner le terrain de la révolution. Des comités insurrectionnels furent en permanence dans des sociétés secrètes et dans des bureaux de journaux républicains. Nous ignorons ce qui s'y passa. Ils furent sans doute en observation plus qu'en action. L'action bornée d'un conspirateur, qui ne dispose jamais que d'un petit nombre de bras, n'a d'influence que quand elle sert une idée générale ou une passion préexistante. Les gouvernements antiques, tyrannies ou despotismes, pouvaient périr par un complot. Sous les gouvernements libres le complot s'évapore. Le seul conspirateur tout-puissant des États modernes, c'est l'opinion.

La nuit tomba sans que le sang eût coulé. Elle fut muette comme le jour, inquiète comme la veille d'un événement. Cependant la nouvelle d'un changement probable de ministère, qui détendait la situation, rassurait les citoyens. Les troupes bivouaquèrent sur les places et dans les rues. Quelques bancs et quelques chaises des Champs-Élysées incendiés par les enfants éclairaient l'horizon d'une illumination de désordre. Le gouvernement était maître partout du pavé de Paris, excepté dans l'espèce de citadelle fortifiée par la nature des constructions et la tortuosité étroite des rues autour du cloître Saint-Méry, centre de Paris. Là, quelques républicains, qui épiaient tout et ne désespéraient de rien, s'étaient concentrés, soit par tactique préconçue, soit par la spontanéité des mêmes instincts révolutionnaires. Leurs chefs même désapprouvaient leur obstination et leur témérité. On en évalue le nombre à quatre ou cinq cents tout au plus. Un autre détachement de républicains sans chefs désarma dans la nuit les gardes nationaux des Batignolles, incendia le poste de la barrière, et se fortifia dans un chantier voisin pour attendre l'événement. On ne tenta pas de les déloger.

A l'aurore, les routes qui aboutissent aux portes de Paris étaient couvertes de colonnes de cavalerie, d'infanterie et d'artillerie que les ordres du gouvernement avaient appelées. Ces troupes étaient imposantes, obéissantes, disciplinées, mais tristes et silencieuses. La douleur des guerres intestines assombrissait leurs fronts. Elles prenaient successivement position aux grands embranchements des quartiers qui déversent les populations de Paris. La multitude ne combattait en masse sur aucun point. Des groupes disséminés et insaisissables désarmaient seulement les postes isolés, enfonçaient les boutiques d'armuriers, et tiraient invisibles des coups de feu perdus sur les troupes. Les barricades, partant du centre de l'église Saint-Méry, s'élevaient en rayonnant et en se multipliant de proche en proche presque sous les pas de l'armée. A peine élevées elles étaient abandonnées. Les troupes n'avaient que des pierres à combattre. C'était une bataille silencieuse dont on sentait les progrès sans en entendre le bruit.

La garde nationale, appelée par un tardif rappel, se réunissait légion par légion. Elle restait neutre et se bornait à s'interposer entre les troupes et le peuple, en demandant à haute voix le renvoi des ministres et la réforme. Elle servait ainsi de bouclier à la révolution.

VIII

Tel était le 24 février au lever du jour l'état de Paris. Les troupes, fatiguées de ne pas voir d'ennemis et de sentir cependant l'hostilité partout, stationnaient fidèles mais mornes à leurs différents postes. Les généraux et les officiers s'entretenaient à voix basse de l'inexplicable indécision des événements. On rencontrait aux issues des principales rues des pelotons de cavaliers enveloppés dans leurs manteaux gris, le sabre nu à la main, immobiles depuis trente-six heures à la même place, et laissant dormir sous eux leurs chevaux frissonnant de froid et de faim. Des officiers d'ordonnance passaient au galop de moments en moments, portant d'un point de Paris à l'autre des ordres et des contre-ordres. On entendait dans le lointain, du côté de l'hôtel de ville et dans les labyrinthes profonds et tortueux des rues adjacentes, quelques feux de peloton qui paraissaient se ralentir et s'éteindre à mesure que la journée s'avançait. Le peuple était peu nombreux dans les rues. Il semblait laisser combattre pour lui l'esprit invisible de la révolution et ce petit nombre de combattants obstinés qui mouraient pour elle au cœur de Paris. On eût dit qu'entre ces masses du peuple et ce groupe de républicains il y avait un secret mot d'ordre, une intelligence muette qui disait aux uns : « Résistez encore quelques heures, » et aux autres : « Vous n'avez pas besoin de vous mêler à la lutte et de verser le sang français. Le génie de la révolution combat pour tous. La monarchie est sur sa pente. Il suffit de la pousser. Avant que le soleil se couche, la république aura triomphé. »

IX

Le sort de la journée était dans les dispositions de la garde nationale. Le gouvernement jusque-là n'avait pas voulu sonder ses dispositions équivoques, en lui demandant de prendre une part active aux événements et de faire feu sur le peuple de Paris. Le général Jacqueminot, son commandant en chef, intrépide et aventureux de sa personne, mais malade, ne doutait pas de trouver dans ses officiers et dans ses soldats la résolution martiale et dévouée qu'il sentait en lui-même. Le roi, qui pendant dix-huit ans avait serré homme par homme la main de cette garde civique de Paris, et qui savait mieux que personne quelle profonde solidarité existait entre leurs intérêts et les siens, se croyait sûr de leurs cœurs et de leurs baïonnettes.

Le préfet de Paris, comte de Rambuteau, très-attaché à la famille royale, mais incapable de flatter jusqu'à la catastrophe ceux qu'il aimait, ne partageait plus cette confiance. Ses rapports journaliers avec le commerce de Paris, d'où sortaient presque tous les colonels et les officiers de ce corps, lui avaient révélé depuis quelque temps un mécontentement sourd, une désaffection ingrate peut-être, mais réelle, qui ne se résoudrait pas en sédition, mais qui pourrait se manifester en abandon à l'heure du danger. Il en avait averti le roi. Le roi avait repoussé d'un sourire et d'un geste d'incrédulité cet avertissement. « Allez, lui avait dit ce prince, occupez-vous de Paris, je réponds du royaume. » Le fidèle magistrat s'était retiré inquiet d'une si profonde sécurité.

X

La garde nationale, appelée en effet le matin du 24 pour s'interposer entre le peuple et la troupe de ligne, répondait lentement et mollement à l'appel. Elle voyait dans le mouvement prolongé du peuple une manifestation anti-ministérielle, une pétition armée en faveur de la réforme électorale, qu'elle était loin de désapprouver. Elle y souriait en secret. Le nom de M. Guizot lui était devenu antipathique. Son autorité provocante et trop prolongée lui pesait. Elle aimait ses principes de gouvernement peut-être, elle n'aimait pas l'homme. Elle voyait en lui d'abord un complaisant, puis un harceleur imprudent de l'Angleterre. Elle lui reprochait la paix trop chèrement achetée par des servilités politiques en Portugal, elle lui reprochait la guerre trop témérairement risquée pour l'agrandissement de la famille d'Orléans à Madrid. Elle se réjouissait de la chute et de l'humiliation de ce ministre également impopulaire par la paix et par la guerre.

Elle ne s'alarmait pas trop de voir ce peuple voter à coups de fusil contre le système usé du roi. Ce prince avait vieilli dans le cœur de la garde nationale comme dans le chiffre de ses années. Sa sagesse paraissait aux Parisiens pétrifiée en obstination. Cette obstination ébranlée ou vaincue par l'émeute semblait à la bourgeoisie une juste punition d'une trop longue fortune. Tout se bornerait, selon les gardes nationaux, à un changement de ministère un peu forcé par l'émotion de Paris, à l'entrée de l'opposition aux affaires dans la personne de M. Thiers et de M. Odilon Barrot, à une réforme modérée de la loi électorale, à une Chambre des députés rajeunie et retrempée dans l'esprit du pays. Les plus clairvoyants n'y voyaient au plus qu'une abdication du roi et une régence. En un mot, la garde nationale, par ses murmures, croyait faire de l'opposition dans la rue, quand elle faisait déjà une révolution.

Elle ne doutait pas, du reste, que la nuit n'eût porté conseil au roi; que le nouveau ministère ne fût annoncé dans la matinée; et que l'émeute sans objet ne s'évanouît d'elle-même et ne se changeât comme la veille en cris de joie et en illuminations.

XI

La Chambre des députés était réunie depuis huit heures du matin, pour attendre les communications que le roi aurait à lui faire adresser par ses ministres. Elle était aussi pleine de sécurité que le roi lui-même. La majorité, confiante dans sa force, dans le nombre des troupes, dans leur fidélité, s'entretenait paisiblement sur ses bancs des différentes combinaisons ministérielles que l'heure prochaine viendrait révéler aux députés. On voyait un changement de pouvoir imminent, nul ne voyait encore un changement de gouvernement. Les amis rassasiés de l'ancien ministère étaient consternés. Les ambitieux rayonnaient de leur prochaine fortune. Les hommes indépendants contemplaient avec tristesse cette lutte entre deux partis acharnés d'où pouvait sortir la ruine du pays. Une anxiété pénible, mais non désespérée cependant, pesait sur l'Assemblée. Chaque fois qu'un homme important entrait dans la salle, on se groupait autour de lui, comme pour lui arracher d'avance le mot du destin.

Cependant un de ces hommes auxquels la Providence réservait une part dans l'événement ne prévoyait pas encore la catastrophe qui allait engloutir la monarchie dans quelques heures. Cet homme était Lamartine.

Lamartine était fils d'un gentilhomme de province, des bords de la Saône.

Sa première jeunesse avait été obscure. Il l'avait dépensée en études, en voyages, en retraites à la campagne. Il avait beaucoup conversé avec la nature, avec les livres, avec son cœur, avec ses pensées. Il avait été nourri dans la haine de l'Empire. Cette servitude n'était glorieuse qu'au dehors, elle était morne et terne au dedans. La lecture de Tacite soulevait son cœur contre cette tyrannie du nouveau César. Issu d'une race militaire, religieuse et royaliste, Lamartine était entré dans les gardes du roi, au retour des Bourbons, comme tous les fils de l'ancienne noblesse de province. L'impatience et le dégoût du service en temps de paix l'en avaient fait sortir. Il avait repris son indépendance et ses courses à travers le monde. Des poésies presque involontaires avaient répandu son nom. Cette illustration précoce l'avait fait accueillir par les hommes politiques du jour, M. de Talleyrand, M. Pasquier, M. Mounier, M. Royer-Collard, M. de Broglie, M. de Bonald, M. Lainé surtout. Il était entré sous leurs auspices dans la diplomatie. Ses opinions, dès lors libérales et constitutionnelles comme celles de sa famille, avaient déplu à la cour. Son indépendance avait nui à son avancement. En 1830, il venait seulement d'être nommé ministre plénipotentiaire en Grèce.

Après la révolution de Juillet, il donna sa démission par un sentiment de respect envers la fortune croulante de la maison des rois qu'il avait servis, et de réserve envers la fortune ascendante des rois nouveaux qui s'élevaient. Il avait employé deux ans à voyager en Orient. L'horizon du monde agrandit la pensée. Le spectacle des ruines des empires attriste mais fortifie la philosophie. On voit comme des hauteurs d'un faîte géographique surgir, grandir et se perdre les races, les idées, les religions, les empires. Les peuples disparaissent. On n'aperçoit plus que l'humanité traçant son cours et multipliant ses haltes sur la route de l'infini. On discerne plus clairement Dieu au bout de cette route de la caravane des nations. On cherche à se rendre compte du dessein divin de la civilisation, on l'entrevoit. On prend la foi du progrès indéfini des choses humaines. La politique momentanée et locale se rapetisse et s'évanouit. La politique universelle et éternelle apparaît. On était parti homme, on revient philosophe. On n'est plus que du parti de Dieu. L'opinion devient une philosophie, la politique une religion. Voilà l'effet des longs voyages et des profondes pensées à travers l'Orient. On ne découvre le fond de l'abîme et les secrets du lit de l'Océan qu'après que l'Océan lui-même est tari. Il en est ainsi du lit des peuples : l'histoire ne les comprend qu'après qu'ils ne sont plus.

XII

Pendant son voyage en Orient, Lamartine avait été nommé député par le département du Nord. Il avait siégé isolé des partis pendant douze ans, cherchant la route de la vérité et la lumière de la philosophie, parlant tour à tour pour ou contre les vues du gouvernement, sans haine comme sans amour pour la nouvelle dynastie, la regardant régner ; prêt à l'aider si elle voulait gouverner dans le sens de la démocratie croissante en droit comme en puissance, prêt à lui résister si elle reprenait la route du passé.

Les principes politiques de Lamartine étaient ceux de l'éternelle vérité dont l'Évangile est une page : l'égalité des hommes devant Dieu, réalisée sur la terre par les lois et les formes de gouvernement qui donnent au plus grand nombre, et bientôt à l'universalité des citoyens, la part la plus égale d'intervention personnelle dans le gouvernement, et par là bientôt dans les bénéfices moraux et matériels de la société humaine.

Lamartine néanmoins reconnaissait le gouvernement de la raison comme supérieur à la brutale souveraineté du nombre ; car, à ses yeux, la raison étant la réverbération de Dieu sur le genre humain, la souveraineté de la raison était la souveraineté de Dieu. Il ne poussait point jusqu'à la chimère ses aspirations à l'égalisation violente et actuellement impossible des conditions sociales. Il ne comprenait aucune société civilisée sans ces trois bases qui semblent données par l'instinct même, ce grand révélateur des vérités éternelles : l'État, la famille, la propriété. Le communisme des biens, qui amène nécessairement le communisme de la femme, de l'enfant, du père et de la mère, et l'abrutissement de l'espèce, lui faisait horreur. Le socialisme dans ses différentes formules, *saint-simonisme, fouriérisme, expropriation du capital*, sous prétexte d'affranchir et de multiplier le produit, lui faisait pitié. La propriété sans doute lui paraissait, comme toute chose, perfectible par les institutions qui la développent au lieu de la détruire ; mais le salaire protégé était pour lui la forme la plus libre et la plus parfaite de l'association entre le capital et le travail, puisque le salaire est la proportion exacte, librement débattue, entre la valeur du travail et les besoins du capital, proportion exprimée dans tout pays de liberté par ce qu'on appelle concurrence.

Néanmoins, comme le travailleur, pressé par la faim, n'a pas toujours et immédiatemont sa liberté complète de débattre son droit et de proportionner ainsi le prix de son travail au service qu'il rend au capital, Lamartine admettait, dans une certaine mesure, l'État comme arbitre ou comme le grand prud'homme entre les exigences contraires des deux contractants.

Il voulait de plus que l'État, providence des forts et des faibles, fournît dans certains cas extrêmes, déterminés par l'administration, du *travail d'assistance* aux travailleurs sans aucune possibilité de se procurer le pain de leurs famille. Il demandait une *taxe des pauvres.* Il ne voulait pas que le dernier mot d'une société civilisée à l'ouvrier manquant d'aliments et d'abri fût l'abandon et la mort. Il voulait que ce dernier mot fût du travail et du pain!

Enfin, pénétré des avantages de la propriété, ce véritable droit de cité des temps modernes, il aspirait à éteindre graduellement le prolétariat en appelant à la propriété, plus universalisée, le plus grand nombre et enfin l'universalité des citoyens. Mais la première condition de cet appel successif à une part de propriété dans la main de tous était le respect de la propriété dans les mains des propriétaires, des négociants, des industriels déjà élevés par le travail et par l'hérédité de la famille à cette dignité et à ce bien-être. Déposséder les uns pour enrichir les autres ne lui semblait pas un progrès, mais une spoliation ruineuse pour tous.

Telles étaient ses idées sur le côté social de la révolution à accomplir, ou plutôt du gouvernement à perfectionner au profit des masses. Quant à la forme du gouvernement, il avait écrit dans son livre de l'*Histoire des Girondins* sa vraie pensée sur la forme monarchique ou sur la forme républicaine. Ces pages contiennent l'homme.

XIII

On l'a vu par ces pages, la question de gouvernement était pour Lamartine une question de circonstance plutôt que de principe. Il est évident que si le gouvernement constitutionnel de Louis-Philippe eût tendu à accomplir graduellement et sincèrement les deux ou trois grands perfectionnements moraux ou matériels demandés par l'époque, Lamartine eût défendu la monarchie. Car, dans son appréciation calme et raisonnée du bonheur des nations et des individus, la stabilité et l'ordre lui paraissaient certainement d'immenses conditions de repos. Or le repos est un bien. Mais Lamartine savait que les pouvoirs *assis*, selon l'expression dont il s'est servi dans les *Girondins*, se refusent presque invinciblement à ces œuvres de transformation qui sont toujours des secousses. Tout en se refusant, par conscience, à provoquer lui-même une révolution, il acceptait dans son esprit l'éventualité d'une révolution involontaire, si la force des choses en contenait jamais une. Il était résolu à en braver les orages et les périls, pour la faire concourir d'un côté à l'accomplissement des idées qu'il croyait mûres, et de l'autre pour la contenir, autant qu'il serait en lui, dans les bornes de la justice, de la prudence et de l'humanité.

Les deux idées principales que Lamartine croyait assez saintes et assez mûres pour valoir l'effort d'une révolution étaient entièrement désintéressées. Elles ne profitaient qu'à Dieu et à l'humanité. Elles ne satisfaisaient en rien ses intérêts ou ses passions personnelles, ou du moins c'étaient les passions d'un philosophe et non celles d'un ambitieux. Il n'avait rien à y gagner, il avait beaucoup à y perdre. Il ne demandait à cette révolution éventuelle que de la servir et de lui donner son cœur, sa raison, peut-être sa vie. Ces deux idées étaient dignes d'un tel sacrifice.

L'une était l'avénement des masses au droit politique, pour préparer de là leur avénement progressif, inoffensif et régulier à la justice, c'est-à-dire à l'égalité de niveau, de lumière et de bien-être relatif dans la société.

La seconde était l'émancipation réelle de la conscience du genre humain, non par la destruction, mais par la liberté complète des croyances religieuses. Le moyen à ses yeux était la séparation définitive de l'État et de l'Église. Tant que l'État et l'Église seraient enchaînés l'un à l'autre par des contrats simoniaques, par des salaires reçus et par des investitures données, l'État lui paraissait interposé entre Dieu et la conscience humaine. Les religions, de leur côté, lui paraissaient altérées ou profanées en descendant ainsi de leur majesté de croyances volontaires à la condition servile de magistratures politiques. « La révolution de 89, avait-il dit à la tribune, a conquis la liberté pour tout le monde, excepté pour Dieu. La vérité religieuse est captive de la loi ou captée par les salaires et les faveurs partiales des gouvernements. Il faut lui restituer son indépendance et l'abandonner à son rayonnement naturel sur l'esprit humain. En devenant plus libre, elle deviendra plus vraie; en devenant plus vraie, elle deviendra plus sainte; en devenant plus sainte et plus libre, elle deviendra plus efficace. Elle n'est que loi, elle sera foi; elle n'est que lettre, elle sera esprit; elle n'est que formule, elle sera action. »

Lamartine avait été créé religieux, comme l'air a été créé transparent. Le sentiment de Dieu était tellement indivisible de son âme qu'il était impossible de distinguer en lui la politique de la religion. Tout progrès qui n'aboutissait pas pour l'homme à une connaissance plus lumineuse et à une adoration plus active du Créateur, source et fin de l'humanité, lui paraissait une marche à tâtons et sans but dans le néant.

Mais, en appelant de toutes ses aspirations et de tous ses actes un progrès dans la foi et dans l'adoration, Lamartine ne voulait ce progrès que par l'action de la raison générale sur tous, et de chacun sur sa propre raison. Il avait horreur des persécutions, des violences ou même des captations de conscience. Il respectait sincèrement dans les autres cet organe, le plus inviolable de tous ceux dont l'homme est formé, la croyance. Il vénérait la foi et la piété sous quelque forme sainte qu'elles animassent, éclairassent et consolassent ses frères. Il se rendait compte des innombrables et saintes vertus dont le catholicisme, entendu autrement qu'il ne l'entendait lui-même, était le ressort divin dans le cœur des croyants. Il serait mort pour l'inviolabilité du culte sincère et consciencieux du dernier des fidèles. Il désirait que les religions se dépouillassent elles-mêmes de la vétusté dont elles étaient revêtues ; il ne voulait pas qu'elles en fussent violemment ou même irrévérencieusement dépouillées. Son seul apôtre était la liberté, c'est le seul digne ministre de Dieu dans l'esprit des hommes. Il respectait le sacerdoce, pourvu que ce sacerdoce fût la magistrature volontaire de l'âme, armée de la foi et non de la loi. Son système de la liberté des cultes par la seule association était rationnel, pieux et antirévolutionnaire dans le mauvais sens du mot.

XIV

C'étaient là les deux principaux mobiles secrets qui poussaient Lamartine, non à faire, mais à accepter une révolution, ou du moins un complément de révolution. Car il ne se dissimulait nullement les difficultés, les dangers et les malheurs que toute révolution entraîne après elle. Il aimait la démocratie comme la justice. Il abhorrait la démagogie comme la tyrannie de la multitude. Dieu a composé l'humanité comme il a composé l'homme : d'un principe de bien et d'un principe de mal. Il y a une dose de vertu et une dose de vice et de crime dans les masses comme dans les individus. Ce vice et ce crime s'agitent et s'exaltent dans les révolutions. Tout ce qui les met en mouvement paraît les multiplier, jusqu'à ce que le calme renaisse et que leur nature les entraîne au fond. C'est la guerre de l'écume contre l'Océan. L'Océan, en se calmant, triomphe toujours et engloutit l'écume, mais il n'en a pas moins été souillé. Lamartine savait cela. Il tremblait d'avance des excès de la démagogie. Il était résolu à lui résister et à mourir au besoin, pour préserver de ses délires et de ses fureurs le parti pur du peuple et la majesté calme d'une révolution.

XV

Or, pendant qu'il écoutait et qu'il regardait, sans bien le comprendre, le mouvement, plus semblable à une émeute qu'à une révolution, qui se concentrait dans quelques rues du centre de Paris, voici ce qui s'était accompli.

Le 23 au soir, peu de moments après la chute du jour, la foule, satisfaite d'un changement de ministère, inondait les boulevards et les rues en battant des mains aux illuminations qui étincelaient sur les façades des maisons. Un sentiment de paix et de joie intime reposait au fond du cœur des citoyens. C'était comme une proclamation muette de réconciliation et de concorde après une colère avortée entre le roi et le peuple. On savait que le roi, non vaincu mais ébranlé, faisait appeler successivement aux Tuileries M. Molé, M. Thiers, M. Barrot.

M. Molé, homme de tempérament politique, exercé aux crises, agréable aux cours, estimé des conservateurs, aimé de la haute bourgeoisie, une de ces aristocraties de naissance et de caractère dont la supériorité est si naturelle que la démocratie la plus jalouse s'honore de les reconnaître et de les aimer.

M. Thiers, chef de l'opposition personnelle au roi, homme dont le talent prêt à tout, et capable des évolutions les plus inattendues, pouvait également étonner les conservateurs, dominer le roi ou fasciner le peuple.

M. Barrot, inapplicable jusque-là au gouvernement, à cause de l'inflexibilité et de la popularité de ses principes, mais que l'extrémité du danger rendait aujourd'hui nécessaire, et dont le nom seul promettait au peuple la dernière administration possible entre la royauté et la république.

Ses opinions plaçaient M. Barrot sur les dernières limites de la monarchie. C'était le La Fayette de 1848. Son éloquence était de nature à faire la force et l'éclat d'un ministère. Son caractère, d'une pureté incontestée, quelquefois fléchi par des complaisances et des indécisions d'esprit, jamais par des faiblesses de cœur, faisait de lui une idole sérieuse et presque inviolable du peuple. C'était l'opposition personnifiée, mais l'opposition désintéressée de toute autre ambition que celle de la gloire honnête. Un tel homme semblait avoir été réservé pendant dix-huit ans à l'écart, pour sauver à l'heure suprême le roi vaincu qui se jetait dans ses bras.

XVI

Ces négociations n'avaient pas abouti dans la soirée du 23. Le roi était resté sourd aux conditions proposées par M. Molé. Un changement d'hommes paraissait à ce prince un sacrifice suffisant à la nécessité. Un changement dans les choses lui semblait une abdication de sa propre sagesse. Quant à M. Thiers et à M. Barrot, leurs noms répugnaient au roi, comme des signes visibles de sa défaite personnelle. Il se réservait ces deux noms, comme de suprêmes conjurations contre de suprêmes dangers, mais il ne se croyait pas sérieusement condamné à s'en servir. La nuit lui restait pour réfléchir et pour se décider selon les apparences plus ou moins menaçantes du jour suivant. Rien n'annonçait que cette nuit, qui commençait dans les splendeurs d'une illumination, fût la dernière nuit de la monarchie.

Un petit nombre de combattants, concentré dans ce quartier de Paris qui forme par l'obliquité et par le défilé de ses rues la citadelle naturelle des insurrections, conservait seul une attitude hostile et une position inabordable. Ces hommes étaient presque tous les vétérans de la république, formés à la discipline volontaire des sectes dans les sociétés secrètes des deux monarchies, aguerris à la lutte et même au martyre dans toutes les journées qui avaient ensanglanté Paris et contesté l'établissement du règne. Nul ne savait par qui ils étaient commandés. Leur chef invisible n'avait ni nom ni grade. C'était le souffle invisible de la révolution, l'esprit de secte, l'âme du peuple souffrant du présent, aspirant à faire éclore l'avenir, le fanatisme désintéressé et de sang-froid qui jouit de mourir si dans sa mort la postérité peut trouver un germe d'amélioration et de vie.

A ces hommes se joignaient deux autres espèces de combattants qui se précipitent toujours d'eux-mêmes dans les mouvements tumultueux des séditions : les natures féroces que le sang allèche et que la mort réjouit, et les natures légères que le tourbillon attire et entraîne, les enfants de Paris. Mais ce noyau ne grossissait pas. Il veillait en silence, le fusil sous la main. Il se contentait de donner ainsi des heures au soulèvement général.

Ce soulèvement ne se manifestait nulle part. Il fallait un cri de guerre pour l'exciter, un cri d'horreur pour semer la fureur et la vengeance dans cette masse de population flottante, également prête à rentrer dans ses demeures ou à en sortir pour submerger le gouvernement. Quelques groupes muets se formaient seulement çà et là à l'extrémité des faubourgs du Temple et Saint-Antoine. D'autres groupes, en petit nombre, apparaissaient à l'embouchure des rues qui ouvrent de la chaussée d'Antin sur les boulevards.

Ces deux natures de groupes étaient distincts par le costume et par l'attitude. Les uns étaient composés de jeunes gens appartenant aux classes riches et élégantes de la bourgeoisie, aux écoles, au commerce, à la garde nationale, à la littérature et au journalisme surtout. Ceux-là haranguaient le peuple, exaltaient sa colère contre le roi, le ministère, les Chambres, parlaient de l'abaissement de la France à l'étranger, des trahisons diplomatiques de la cour, de la corruption et de la servilité insolente des députés vendus à la discrétion de Louis-Philippe. Ils discutaient à haute voix entre eux les noms des ministres populaires que l'insurrection devait imposer aux Tuileries. Les nombreux promeneurs et les passants curieux de nouveautés s'arrêtaient autour des orateurs et applaudissaient à leurs motions.

Les autres étaient formés d'hommes du peuple, sortis de leurs ateliers depuis deux jours au bruit de la fusillade, leurs vestes de travail sur leurs épaules, leurs chemises bleues débraillées, leurs mains noircies encore de la fumée du charbon. Ceux-ci descendaient en silence par petits pelotons rasant les murailles des rues qui dégorgent Clichy, la Villette, le canal de l'Ourcq. Un ou deux ouvriers mieux vêtus que les autres d'une veste de drap ou d'une redingote à longues basques marchaient devant eux, leur parlaient à voix basse, et semblaient leur donner le mot d'ordre. C'étaient les chefs des sections des Droits de l'homme ou des Familles.

Les sociétés des Droits de l'homme et des Familles étaient une sorte de maçonnerie démocratique instituée depuis 1830 par quelques républicains actifs. Ces sociétés conservaient sous des noms divers, depuis la destruction de la première république par Bonaparte, les rancunes de la liberté trahie et aussi quelques traditions de jacobinisme transmises de Babeuf à Buonarotti, et de Buonarotti aux jeunes républicains de cette école. Les membres de ces sociétés purement politiques étaient recrutés presque tous parmi les chefs d'ateliers, mécaniciens, serruriers, ébénistes, typographes, menuisiers, charpentiers, de Paris.

Parallèlement à ces conjurations permanentes contre la royauté, clef de voûte du privilége, s'organisaient des sociétés philosophiques composées à peu près des mêmes éléments, les unes sous les auspices de Saint-Simon, les autres de Fourier, celles-là de Cabet, celles-ci de Raspail, de Pierre Leroux, de Louis Blanc. C'étaient des conjurations à ciel ouvert par la seule propagande de la parole, de l'association et du journalisme. Sectes jusque-là pacifiques, ces sociétés discutaient et faisaient discuter librement leurs dogmes.

Ces dogmes, dont le principe était une fraternité chimérique réalisée sur la terre, tendaient tous à la suppression de la propriété individuelle. Ils tendaient par une conséquence directe à la suppression de la famille. La famille est la trinité du père, de la mère et de l'enfant. Le père, la mère et l'enfant qui les perpétue, renouvellent sans cesse cette trinité qui seule complète et continue l'homme. Sans la propriété personnelle et héréditaire, cette famille, source, délices et continuation de l'humanité, n'a aucune base pour germer et se perpétuer ici-bas. L'homme est un mâle, la femme une femelle, l'enfant un petit du troupeau humain. Le sol sans maître cesse d'être fertile. La civilisation, produit de la richesse, du loisir et de l'émulation, s'évanouit. L'expropriation de la famille est le suicide du genre humain.

Ces vérités élémentaires étaient reléguées au nombre des préjugés et insultées des noms de tyrannie par les différents maîtres de ces écoles. Philosophes ou sophistes, aventuriers d'idées, ces hommes, la plupart honnêtes, convaincus, fanatiques de leurs propres chimères, s'étaient lancés par l'imagination plus loin que le monde social ne porte les pieds de l'homme. Ils s'égaraient éloquemment dans le chaos des systèmes. Ils y égaraient malheureusement avec eux des hommes simples, souffrants, crédules, à pensées courtes, à intentions droites, à idées faussées par la misère et par le ressentiment contre le monde réel. Ces systèmes étaient la poésie du communisme enivrant des aspirations des utopistes, et la vengeance des mécontents de l'ordre social. Le peuple nomade des ateliers, dépaysé de son sol natal et de ses vérités de famille, s'y jetait sans en apercevoir le néant; il s'irritait de la lenteur du temps à réaliser la promesse de ses maîtres. Tout ébranlement du gouvernement paraissait aux membres de ces sociétés antisociales un avénement de leurs rêves. Sans partager en rien le dogme purement républicain et niveleur de la société des Droits de l'homme et de la société des Familles, les socialistes se joignaient de cœur aux combattants, espérant trouver leur trésor sous une ruine. La différence entre ces deux natures de révolutionnaires est que les premiers étaient inspirés par la haine de la royauté, les seconds par le progrès de l'humanité. La république et l'égalité étaient le but des uns; la rénovation sociale et la fraternité, le but des autres. Ils n'avaient de commun que l'impatience contre ce qui existait, et l'espérance de ce qu'ils voyaient poindre dans une prochaine révolution.

XVII

Vers dix heures du soir, une petite colonne de républicains de la jeunesse bourgeoise déboucha par la rue Le Peletier; elle se groupa en silence à la porte du journal *le National* comme si un rendez-vous eût été assigné. Dans toutes nos révolutions, le conseil se tient, le mot d'ordre est donné, l'impulsion part autour d'un bureau de journal. Ce sont les comices de l'opinion, les tribunes ambulantes du peuple. On entendit un long colloque entre les républicains du dedans et les républicains du dehors. Les paroles brèves et fiévreuses étaient échangées à travers la fenêtre basse et grillée de la loge du portier. La colonne, inspirée du feu qui venait de lui être communiqué, s'avança aux cris de : « Vive la réforme! à bas les ministres! » vers le boulevard.

A peine avait-elle quitté la hauteur du bureau du *National*, qu'une autre colonne d'ouvriers et d'hommes du peuple s'y présenta et s'y arrêta à la voix de son chef. Elle semblait y être attendue. On lui battit des mains de l'intérieur de la maison; puis un homme jeune, de petite taille, le feu concentré dans les regards, les lèvres agitées par l'enthousiasme, les cheveux agités par le souffle de l'inspiration, monta sur le mur d'appui intérieur de la fenêtre et harangua cette multitude. Les spectateurs ne virent que les gestes, n'entendirent que le son de voix, et quelques phrases vibrantes, accentuées par une bouche méridionale. Le ton de cette éloquence était populaire, mais cette popularité savante et imagée n'avait rien de trivial. Elle élevait la rue de Paris à la hauteur du forum romain. C'était la passion moderne sur les lèvres d'un homme nourri de l'antiquité. On crut reconnaître, à la lueur d'une lampe, l'homme lettré sous le tribun. C'était, dit-on, M. Marrast, le rédacteur tour à tour enjoué ou foudroyant des sarcasmes ou des colères de l'opposition républicaine.

Le contre coup de cette harangue se faisait ressentir dans les impatiences, dans les attitudes, dans les frémissements muets de ce groupe de combattants. Ils partirent pour rejoindre le premier groupe, qui semblait les diriger. Deux autres groupes, silencieux aussi, s'avançaient au même instant, comme un corps détaché vers une position indiquée d'avance. L'un paraissait venir des quartiers populeux et toujours frémissants du boulevard de la Bastille; l'autre par le centre de Paris, ayant formé son noyau dans le bureau du journal *la Réforme*. Trempés dans l'âme des conspirateurs les plus infatigables contre la royauté, à la tête desquels marchaient des hommes de plus d'action que de paroles, ceux-là avaient des armes sous leurs habits. Ils marchaient comme une troupe aguerrie et vieillie au feu, dont chaque combattant s'appuie avec confiance sur le bras éprouvé de son compagnon d'armes.

La colonne du boulevard de la Bastille était plus nombreuse, mais moins compacte et moins virile. Elle rappelait ces processions révolutionnaires du même peuple descen--dant dans Paris aux jours décisifs de nos premiers troubles civils. On y voyait beaucoup de femmes et d'enfants en haillons, migrations des faubourgs qui viennent de temps en temps étonner le centre riche et voluptueux des capitales par le spectacle de l'indigence et de la virilité du peuple primitif. Ces groupes plus populaires ont besoin de symboles visibles et éclatants pour se rallier. Ils tiennent des troupeaux, il leur faut un guide. Ils tiennent de l'armée, il leur faut un drapeau et des tambours, des couleurs et du bruit. Ils portaient deux ou trois drapeaux déchirés dans les luttes de la veille et du jour. On y lisait quelques imprécations triviales gravées sur la bande blanche des trois couleurs.

Un homme d'environ quarante ans, grand, maigre, les cheveux bouclés et flottant jusque sur le cou, vêtu d'un paletot blanc usé et taché de boue, marchait en tête au pas militaire. Ses bras étaient croisés sur sa poitrine ; sa tête un peu penchée en avant, comme un homme qui va affronter les balles avec réflexion, et qui marche à la mort, fier de mourir. Les yeux de cet homme, connu de la foule, concentraient tout le feu d'une révolution. Sa physionomie était l'expression d'un défi qui brave la force. Ses lèvres, perpétuellement agitées par la parole intérieure, étaient pâles et tremblantes. Cependant sa figure toute martiale avait, au fond, quelque chose de rêveur, de triste et de compatissant, qui excluait toute idée de cruauté dans le courage. Il y avait plutôt dans sa pose, dans son attitude et dans ses traits, un fanatisme dans le dévouement, un égarement dans l'héroïsme, qui rappelait les *Delhys* de l'Orient enivrés d'opium pour se précipiter dans la mort. On disait que son nom était *Lagrange*.

Vers le café Tortoni, rendez-vous d'oisifs, ces trois colonnes se massèrent. Elles fendirent sous leur poids la foule de curieux et de désœuvrés qui flottait au gré de l'oscillation naturelle des foules aux grands carrefours des boulevards. Une partie du peuple inoffensif suivit machinalement les flancs de cette colonne muette. Un petit détachement, composé d'ouvriers armés de sabres et de piques, se sépara du corps principal à la hauteur de la rue de Choiseul, et s'enfonça sans bruit dans cette rue. Ce détachement paraissait avoir pour mission d'aller tourner l'hôtel des affaires étrangères, occupé par les troupes, pendant que la tête de la colonne l'aborderait en face. Un plan invisible combinait évidemment ces mouvements. Le souffle unanime d'une révolution soulève les masses. Des conjurés seuls peuvent en gouverner avec tant de précision les hasards et en diriger ainsi les évolutions.

XVIII

Un drapeau rouge flottait au milieu de la fumée des torches sur les premiers rangs de cette multitude. Elle continuait à s'avancer en s'épaississant. Une curiosité sinistre s'attachait à ce nuage d'hommes qui semblait porter le mystère de la journée.

En face de l'hôtel des affaires étrangères, un bataillon de ligne, rangé en bataille, les armes chargées, son commandant en tête, barrait le boulevard. La colonne s'arrête tout à coup devant cette haie de baïonnettes. Le flottement du drapeau et la lueur des torches font cabrer le cheval du commandant. Le cheval, pivotant d'effroi sur ses jarrets, se rejette vers le bataillon, qui s'ouvre pour envelopper son chef. Un coup de feu retentit dans la confusion de ce mouvement. Était-il parti, comme on le dit, d'une main cachée et perverse, tiré sur le peuple par un agitateur du peuple, pour raviver par la vue du sang l'ardeur de la lutte qui s'éteignait? était-il parti de la main d'un des insurgés sur la troupe? enfin, ce qui est plus vraisemblable, était-il parti de lui-même du mouvement d'une arme chargée ou de la main d'un des soldats croyant son commandant frappé en voyant l'effroi de son cheval? Nul ne le sait. Crime ou hasard, ce coup de feu ralluma une révolution.

Les soldats, se croyant attaqués, mettent leurs fusils en joue. Une traînée de feu jaillit sur toute la ligne. La décharge, répercutée par les hautes maisons et par les rues profondes de ce centre de Paris, ébranle tout le boulevard. La colonne du peuple des faubourgs tombe décimée par les balles. Des cris de mort et des gémissements de blessés se mêlent aux cris d'effroi des curieux, des femmes, des enfants qui s'enfuient et se précipitent dans les maisons voisines, dans les rues basses, sous les portes cochères. A la lueur des torches qui s'éteignent dans le sang sur le pavé, on distingue des groupes de cadavres jonchant çà et là la chaussée. La foule épouvantée, se croyant poursuivie, reflue en criant vengeance jusque vers la rue Laffitte, laissant le vide, le silence et la nuit entre elle et les bataillons.

XIX

La foule croyait avoir été traîtreusement foudroyée dans une démonstration de joie et de concorde pour le changement des ministres. Sa rage se tournait contre ces ministres assez perfides pour venger leur chute par des torrents de sang, sur ce roi assez obstiné pour frapper ce même peuple qui l'avait couronné de son propre sang en 1830.

De leur côté, les soldats étaient consternés de ce carnage involontaire. Personne n'avait donné l'ordre de tirer. On n'avait entendu que l'ordre de croiser les baïonnettes, pour opposer le fer à l'élan du peuple. La nuit, le trouble, le hasard, la précipitation, avaient tout fait. Le sang inondait les pieds des soldats; les blessés se traînaient pour mourir entre les jambes de leurs meurtriers et contre les murs de l'hôtel; des larmes de désespoir tombaient des yeux du commandant. Les officiers émoussaient la pointe de leurs sabres sur le pavé, en déplorant ce crime du hasard. Ils sentaient d'avance le contre-coup de ce meurtre involontaire du peuple sur l'esprit de la population de Paris. Le commandant se hâta de prévenir ce malentendu en entrant en explication avec le peuple. Il ordonna à un lieutenant d'aller porter à la foule, groupée au coin de la rue Laffitte, des paroles de regrets et des éclaircissements.

L'officier se présente au café Tortoni, qui forme l'angle de cette rue et du boulevard. Il veut parler. La foule l'entoure et l'écoute ; mais à peine a-t-il proféré quelques mots, qu'un homme, armé d'un fusil, entre, écarte les spectateurs et ajuste le parlementaire. Des gardes nationaux relèvent l'arme, repoussent le meurtrier et ramènent l'officier à son bataillon.

XX

Cependant le récit de l'événement s'était propagé avec la rapidité du bruit de la décharge sur toute la ligne des boulevards et dans la moitié de Paris. La colonne des faubourgs, un moment refoulée et dispersée, était revenue sur ses pas ramasser ses morts. D'immenses tombereaux tout attelés s'étaient trouvés sous sa main à cette heure avancée de la nuit, comme s'ils eussent été préparés d'avance pour promener dans Paris les cadavres destinés à rallumer par les yeux la fureur du peuple. On ramasse les cadavres, on les groupe sur ces tombereaux, les bras pendants hors du char, les blessures découvertes, le sang pleuvant sur les roues. On les promène à la lueur des torches devant le bureau du *National*, comme un trophée de vengeance prochaine, étalé près de ce berceau de la république.

Après cette lugubre station, le char s'achemine vers la

rue Montmartre, et s'arrête devant le bureau du journal *la Réforme*. Nouvel appel à l'irréconciabilité de la république et de la monarchie. Des cris rauques et comme refoulés par l'indignation et par le sanglot intérieur du cortége s'élèvent jusqu'aux fenêtres des maisons. Un homme, debout sur le char, les pieds dans le sang, soulève de temps en temps du monceau des morts le cadavre d'une femme, le montre à la foule et le recouche sur le lit sanglant. A cet aspect, la pitié des passants se change en fureur ; ils courent s'armer dans leurs maisons. Les rues se vident. Une haie d'hommes armés de fusils marche autour des roues; ils s'enfoncent dans les rues obscures du centre populeux de Paris, vers le carré Saint-Martin, ce mont Aventin du peuple. Ils frappent de porte en porte pour appeler des combattants nouveaux à la vengeance. Au spectacle de ces victimes reprochées à la royauté, ces quartiers se lèvent, courent aux cloches, sonnent le tocsin, dépavent les rues, élèvent et multiplient les barricades. De temps en temps, les coups de feu retentissent pour empêcher le sommeil d'assoupir l'anxiété et la colère de la ville. Les cloches portent d'église en église, jusqu'aux oreilles du roi, aux Tuileries, les tintements fébriles précurseurs de l'insurrection du lendemain.

LIVRE HUITIÈME

I

Pendant que le soulèvement, excité par la vengeance et favorisé par la nuit, s'étendait dans tout Paris, le roi réfléchissait, au son du tocsin, aux moyens de calmer le peuple et de comprimer la révolution dans laquelle il ne voulait voir encore qu'une émeute. L'abdication de son système de politique extérieure personnifié dans M. Guizot, dans M. Duchâtel et dans la majorité des Chambres, entièrement acquises à ses intérêts, devait lui sembler plus qu'une abdication de sa couronne. C'était l'abdication de sa pensée, de sa sagesse, de son auréole d'infaillibilité, aux yeux de l'Europe, de sa famille, de son peuple, à ses propres yeux. Céder un trône à la fortune contraire, c'est peu pour une grande âme. Céder sa renommée et son autorité morale à l'opinion triomphante et à l'histoire implacable, c'est l'effort le plus douloureux à obtenir du cœur de l'homme, car c'est l'effort qui le brise et qui l'humilie. Mais le roi n'était pas de ces natures téméraires et sanguinaires qui jouent de sang-froid la vie d'un peuple contre la satisfaction de leur orgueil. Il avait beaucoup lu l'histoire, beaucoup pratiqué les événements et leurs conséquences, beaucoup réfléchi. Il ne se dissimulait pas qu'une dynastie qui aurait reconquis Paris par la mitraille et par l'obus y serait sans cesse assiégée par l'horreur du peuple. Son champ de bataille avait toujours été l'opinion. C'est sur elle qu'il voulait agir. Il désirait se réconcilier promptement avec elle par des concessions. Seulement, comme un politique avisé et économe, il marchandait avec lui-même et avec l'opinion pour obtenir cette réconciliation au moindre détriment possible de son système et de sa dignité ; il croyait avoir bien des degrés de popularité à descendre encore avant ceux du trône. Le reste de la nuit lui paraissait un espace plus que suffisant pour tromper les exigences de la situation dont le menaçait le jour.

II

Dans cette disposition d'esprit, le roi attendait M. Molé, avec qui il s'était entretenu déjà dans la journée. Les événements de la soirée l'avaient plié à quelque transaction.

M. Molé, qui était prudence et mesure par nature, aurait sans doute trois jours plus tôt proportionné avec justesse ce que demandait la conservation du principe monarchique, auquel il avait été attaché toute sa vie, avec ce que commandaient les irritations de l'opinion parlementaire. Mais M. Molé, découragé par l'entretien de la matinée précédente, ne vint pas.

Le roi alors envoya chercher M. Thiers. Ce ministre, né avec la royauté de Juillet, comblé des faveurs de la couronne, cher au parlement par son éloquence, souvent mécontent, quelquefois agitateur de tribune, jamais irréconciliable, devait son cœur et sa parole aux périls de la dynastie qui l'avait adopté. Retrempé dans une opposition de sept ans, M. Thiers pouvait ramener au roi, à des conditions monarchiques, toute cette partie du pays dont le républicanisme n'était que de l'humeur. Le nom de M. Thiers signifiait la victoire de l'opposition sur l'obstination personnelle du roi, mais il ne signifiait pas une victoire sur la royauté. Imposé déjà au roi, en 1840, par une coalition presque séditieuse des différents partis de la Chambre, M. Thiers avait montré qu'il n'abuserait pas du triomphe. Maître du roi alors, il s'était laissé honorablement vaincre à son tour par le roi. Il avait résigné le ministère entre les mains de M. Guizot et des conservateurs, à ce moment où il pouvait forcer le roi à le garder et l'Europe à se bouleverser dans l'intérêt de son ambition. Il n'avait pas voulu être le *Necker* de la dynastie d'Orléans quand l'imprudence des oppositions coalisées lui avait fait le rôle d'un ministre maître de son maître. Il s'était borné à servir le roi dans sa fausse pensée de placer la royauté dans une citadelle en fortifiant la capitale, et d'agiter diplomatiquement l'Europe jusqu'aux limites extrêmes de la guerre, pour rattacher un peu de popularité belliqueuse à sa cause dans les négociations relatives à l'Orient. Cette conception malheureuse du cabinet français aurait abouti à une retraite du ministère ou à une guerre universelle sans alliés pour la France. M. Thiers, qui avait marché résolûment à l'abîme de loin, s'était arrêté en le voyant sous ses pieds. Il n'avait pas eu l'obstination criminelle de son erreur ; il avait effacé sa personnalité devant le danger de son pays ; il n'avait pas voulu illustrer son nom du sang de l'Europe. Ce repentir avait honoré sa chute aux yeux des hommes de bien. Il s'était retiré abaissé dans la pensée des hommes d'État, dépopularisé dans l'esprit des factions extrêmes, mais relevé dans l'estime des hommes impartiaux. C'est ainsi du moins que nous comprîmes son avénement téméraire, son ministère agité, sa retraite honorable. L'histoire doit admettre la conscience dans l'appréciation de l'homme d'État.

III

M. Thiers, appelé au milieu de la nuit, n'hésite pas à accourir. La Providence semblait l'avoir prédestiné à assister au berceau et aux funérailles de cette monarchie. Au moment où M. Thiers entrait aux Tuileries, M. Guizot était encore avec le roi. L'illusion sur la nature du mouvement et la confiance imperturbable dans la puissance de sa volonté et dans l'infaillibilité de ses desseins ne permettent pas de penser qu'aucun retour sur ses pas, qu'aucun reproche à soi-même, ait fait hésiter même dans ce suprême moment l'âme du ministre. Son dernier acte fut un défi à l'opinion. En se retirant il la provoquait encore. Le roi et le ministre, mécontents des dispositions militaires confiées aux mains du général Jacqueminot et du général Tiburce Sébastiani, venaient de signer la nomination du maréchal Bugeaud au commandement militaire de Paris. Le maréchal Bugeaud était alors tout à la fois l'homme de la confiance de l'armée et l'homme de l'impopularité de Paris. Son nom était une déclaration de guerre extrême à la transaction.

Simple colonel en 1830, illustré dans ce grade par une bravoure héroïque et par une intelligence instinctive de l'art de la guerre, le maréchal Bugeaud s'était dévoué sans restriction à la nouvelle dynastie. Commandant du fort de Blaye, il avait eu pour prisonnière la duchesse de Berri. L'infortunée captive était sortie de prison respectée dans son héroïsme de princesse, mais blessée dans son honneur de femme. Cette divulgation d'une faiblesse de cœur avait servi la politique de la dynastie d'Orléans, mais elle avait contristé la nature. Le maréchal Bugeaud n'avait sans doute ni conseillé ni approuvé cette politique qui foulait aux pieds la famille, mais il avait eu le malheur de se trouver placé entre son devoir comme soldat et ses sentiments comme homme. On lui avait fait d'une situation un crime.

Un profond ressentiment subsistait contre lui, à dater de cette époque, dans l'opinion royaliste. Depuis il avait traité, disait-on, quelques quartiers de Paris en ville assiégée plus qu'en capitale dans les émeutes qui signalèrent les dernières tentatives du parti républicain. Ce parti n'oubliait jamais le nom du maréchal dans ses imprécations contre les rigueurs monarchiques. Mais le commandement général de l'Algérie exercé magistralement pendant cinq ans, la soumission et la pacification de l'Afrique, des campagnes infatigables, une bataille illustrée par le nom d'Isly, l'administration absolue mais détaillée de la province, la sollicitude du père autant que du général pour l'armée, l'amour du soldat, avaient réconcilié la France avec le nom du maréchal Bugeaud. Son intelligence avait paru s'élever et s'élargir à la proportion de ses honneurs. Il y avait dans son extérieur, dans son style, dans sa parole brève, qui tranchait sans blesser, une rusticité sensée, une franchise militaire et une autorité de commandement qui imprimaient l'attention aux masses, la confiance aux troupes, la terreur aux ennemis. Un tel homme placé la veille à la tête des soixante mille hommes de l'armée de Paris aurait rendu la victoire du peuple ou impossible ou sanglante. Appelé au moment où le ministre fléchissait, son nom était un contre-sens avec les concessions; il les rendait suspectes du côté de la royauté, inacceptables du côté du peuple.

IV

M. Thiers et M. Guizot se rencontrèrent l'un sortant, l'autre entrant, à la porte du cabinet du roi. L'un et l'autre semblaient appelés inutilement au secours d'un règne que leurs deux politiques avaient également usé.

M. Thiers se chargea de composer un ministère, à la condition que M. Odilon Barrot, chef de l'opposition la plus ancienne et la plus large, y serait admis. Pour rasseoir le pouvoir monarchique, il fallait entièrement le déplacer. Une révolution parlementaire pouvait seule arrêter une révolution populaire. Le seul instinct du salut commandait cette mesure. Le roi y consentit.

Le nouveau ministre comprit de plus que la nomination du maréchal Bugeaud au commandement général des troupes paraîtrait désormais une provocation et passionnerait davantage le combat. Il voulait une trêve pour négocier avec l'opinion. Il ordonna la suspension des hostilités pour le lendemain. Il rédigea une proclamation au peuple. Cette proclamation, envoyée à la police, fut affichée avant le jour. Rassuré par ces mesures de pacification qu'il devait croire efficaces, M. Thiers se retira.

M. Guizot, qui n'était pas sorti du palais, rentra dans le cabinet du roi; il y resta une heure encore en entretien intime avec ce prince. On ignore l'objet de cette dernière entrevue entre le prince et son ministre. Ce furent sans doute des prévisions sur l'avenir plus que des retours sur le passé. Les volontés fortes ont des illusions, jamais de repentir. Le génie de M. Guizot était surtout la volonté; cette volonté pouvait être brisée, mais non pliée, même par la main de Dieu.

V

En ce moment, Paris semblait assoupi dans le silence et la lassitude. Le tocsin avait cessé de sonner; une armée muette, concentrée dans le cœur de la vieille ville, autour du carré Saint-Martin, défonçait les rues, amoncelait les pavés, ces fortifications de campagne du peuple; d'innombrables barricades s'élevaient partout; des coups de feu se répercutaient de loin en loin aux premières lueurs du jour.

Les Tuileries se réveillent au bruit de la fusillade. La proclamation tardive, affichée avec peine dans les quartiers soulevés, n'était pas même signée. Le peuple y voit un piége anonyme pour le faire trébucher dans la lutte. Au lieu de se désarmer, il s'arme, se recrute, se rallie et se groupe, ici en attroupements, là en colonne d'action. M. Thiers se rend aux Tuileries pour composer définitivement son ministère.

Les principaux membres de l'opposition constitutionnelle

attachés à la liberté par principe, à la royauté par dévouement, s'y trouvent réunis à quelques généraux qui offrent leur épée pour les périls du jour. On y voit successivement arriver le maréchal Gérard, vétéran de l'Empire, attaché de cœur à la personne du roi, conseil et ami des jours difficiles; le général Lamoricière, revêtu du prestige que son nom a mérité en Afrique, et qui commande une brigade de l'armée de Paris; M. Duvergier de Hauranne, homme éminent du parlement, dont l'ambition est d'inspirer plutôt que de manier le pouvoir; M. de Rémusat, ministre sous M. Thiers; M. Crémieux, M. de Lasteyrie, plusieurs autres membres des deux Chambres. Le danger semble rappeler ainsi aux Tuileries des hommes qui n'en avaient pas franchi le seuil depuis longtemps. Honorable mais impuissant effort pour soutenir ce qui va s'écrouler. Un conseil tumultueux, interrompu à chaque minute par de nouveaux survenants, et modifié sans cesse par des renseignements contradictoires rapportés du dehors sur les dispositions de la capitale et sur les progrès de l'insurrection, se tient dans les salons qui précèdent le cabinet du roi. Ce prince, harassé des inquiétudes de la veille et des agitations de la nuit, repose quelques heures, tout habillé, sur un canapé, au murmure des conversations où l'on discute sa victoire, sa défaite ou son abdication.

VI

Pendant ce court instant de repos du roi, les heures apportaient de nouvelles forces à l'insurrection. Le bruit d'un massacre du peuple sur le boulevard avait couru et couvé toute la nuit dans les cœurs. Le tocsin avait répandu jusque dans les faubourgs ce spasme fébrile qui ne laisse à l'homme aucun sommeil et aucune immobilité. Chacun était debout, armé, prêt aux résolutions extrêmes. Les étudiants de Paris, cette intelligence du peuple qui prend naturellement la direction de la force aveugle des masses, s'agitaient dans l'intérieur des murs de leurs écoles. Ils forçaient les portes, ils sortaient par pelotons de l'École polytechnique, ils fraternisaient avec les bandes d'ouvriers, ils se mettaient à leur tête et descendaient, au chant de la *Marseillaise* et des *Girondins*, de leur quartier élevé au cœur de Paris. Une inspiration générale de l'âme d'un peuple semblait les porter d'eux-mêmes aux positions militaires qui pouvaient le plus embarrasser les troupes et dominer la journée. Chaque minute rétrécissait le cercle de fer et de pierres dont les barricades cernaient le palais et les abords des Tuileries. On eût dit que le sol des rues se soulevait de lui-même pour ensevelir la royauté sous ses pavés.

Entre dix et onze heures du matin, les troupes concentrées sur les deux flancs du Louvre, sur la place du Palais-Royal et sur la place de la Concorde, entendaient et contemplaient immobiles les clameurs et les assauts de la multitude qui grossissait autour du palais des Tuileries et des principaux hôtels du gouvernement. L'attitude de ces troupes était celle de l'étonnement, de la lassitude et de la tristesse. Le soldat qui n'agit pas perd toute la force de l'enthousiasme et de l'élan. Il est plus difficile d'attendre la mort que de la braver.

La garde nationale, visiblement divisée, se montrait en petit nombre, essayait par son exhortation de pacifier la foule et d'arrêter les insurgés, puis, cédant à la pression de la masse, à la contagion de l'exemple et à ses propres habitudes de mécontentement, se rangeait pour laisser passer l'insurrection, la saluait en l'encourageant des gestes et des cris de « Vive la réforme! » et quelquefois la grossissait de ses défections, l'autorisait de ses uniformes, et l'armait de ses baïonnettes.

La place du Palais-Royal venait d'être emportée par le peuple. Ce palais, ancienne demeure de la maison d'Orléans, était saccagé par les vainqueurs. Ce même peuple, qui était si souvent sorti de ce seuil en 1789 comme du berceau de la Révolution française, et qui était venu y chercher un roi en 1830, y rentrait, après un demi-siècle, comme une vengeance d'une funeste popularité. Les meubles, les tableaux, les statues, étaient saccagés par la colère plus que par le pillage. Un bataillon d'infanterie, qui avait évacué la cour et traversé la place sous le feu des fenêtres, s'était retiré dans le poste du Château-d'Eau, déjà rempli de gardes municipaux blessés. Une capitulation les avait bientôt après laissés sortir. Le feu dévorait cet édifice, et quelques blessés incapables de mouvement expiraient, dit-on, dans les flammes.

Tout cela se passait à quelques pas de nombreux rassemblements de troupes immobiles et comme asphyxiées d'étonnement sous les ordres de chefs à qui le roi et son nouveau ministre défendaient de combattre.

La place du Carrousel et la cour des Tuileries étaient occupées par de l'infanterie, de la cavalerie et de l'artillerie. On semblait attendre avec sécurité, dans l'intérieur du palais, que la nouvelle du changement de ministres et les concessions promises pacifiassent d'elles-mêmes le soulèvement. M. Odilon Barrot parcourait les boulevards entouré de quelques chefs populaires de la garde nationale. Il espérait que son nom, sa présence, sa parole et son avénement au pouvoir seraient un signe visible et un gage suffisant de victoire et de concorde pour l'opinion. Mais déjà l'agitation prolongée du peuple, soulevé dans les banquets de son parti, débordait cette honnête et courageuse popularité; il se dévouait au péril de la dynastie.

M. Barrot, partout respecté comme homme, avait été repoussé comme conciliateur. Il rentrait tristement dans sa demeure. Il se préparait à prendre au ministère de l'intérieur, à l'appel du roi, un pouvoir brisé d'avance dans ses mains. Au même moment, un brave officier, M. de Prébois, brûlant du désir d'arrêter l'effusion du sang, se précipitait, par la seule impulsion de son dévouement, au-devant des flots du peuple armé qui débordait de la place du Palais-Royal pour attaquer le Carrousel. « Que demandez-vous? leur disait-il. Que vous faut-il pour vous désarmer de ces armes fratricides? La royauté fait à l'opinion toutes les concessions qui peuvent vous satisfaire. Vous voulez la réforme? On vous la promet. Vous demandez le renvoi des ministres? Ils sont congédiés. Quels sont donc les hommes de votre confiance entre les mains de qui vous trouvez vos libertés en sûreté et vos volontés satisfaites? Le roi vient de nommer monsieur Thiers. Êtes-vous contents? — Non, non, répondait la foule. — Il nommera monsieur Barrot? — Non, non, s'écriaient les combattants. — Mais, reprit le pacificateur, déposeriez-vous les armes si le roi prenait monsieur de Lamartine? — Lamartine? Vive Lamartine! s'écria la multitude. Oui, oui, voilà l'homme qu'il nous faut. Que le roi nous donne Lamartine, et tout pourra s'arranger encore. Nous avons confiance en celui-là. » Tant l'isolement de Lamartine dans une Chambre des députés étroite faisait éclater sa popularité alors dans le large et profond sentiment du peuple.

Mais ni le roi, ni la Chambre, ni l'opposition de M. Thiers, ni l'opposition de M. Barrot, ni même le parti républicain du *National* ou de la *Réforme*, ne songeaient à présenter Lamartine au peuple pour ministre, pour pacificateur ou pour tribun. Il n'était ni l'homme des Tuileries, ni l'homme des journaux de l'opposition, ni l'homme des banquets réformistes, ni l'homme des conspirations contre la royauté. Il était faible et seul, ne se doutant pas que la confiance imprévue du peuple l'appelait en ce moment par son nom. M. de Prébois, échappant aux groupes armés qui l'entouraient, revint avec peine aux Tuileries raconter à quelques courtisans ce qu'il venait de voir et d'entendre. Mais ce n'était plus l'heure de délibérer sur le choix de tel ou tel homme éloigné de la cour. Le roi était obligé de prendre précipitamment ce qu'il avait sous la main. D'ailleurs, Lamartine était le dernier des hommes que le roi cût appelés au pouvoir dans une heure d'angoisse. Ce prince n'aimait pas M. de Lamartine; il le comprenait encore moins. Voici les motifs de cet éloignememt.

VII

La famille maternelle de M. de Lamartine avait été attachée sous l'ancien régime à la maison d'Orléans. Elle en avait reçu des honneurs, des faveurs, des bienfaits. M. de Lamartine avait été nourri dans des sentiments de respect et de reconnaissance pour cette branche de la famille royale. Il n'avait jamais oublié ce que sa mère lui avait commandé de souvenirs pieux envers cette race. Mais la famille paternelle de M. de Lamartine était royaliste constitutionnelle, ennemie par conséquent des opinions révolutionnaires et des prétentions usurpatrices d'une royauté usurpée sur la tête du duc d'Orléans.

Cependant au retour des Bourbons, en 1815, le père de M. de Lamartine avait présenté son jeune fils au duc d'Orléans, depuis Louis-Philippe. Il avait demandé pour lui les fonctions d'aide de camp ou d'officier d'ordonnance auprès de sa personne. Le prince, trouvant M. de Lamartine trop jeune, ou voulant s'attacher de préférence des familles nouvelles dévouées à l'empire, avait refusé. Depuis, M. de Lamartine avait revu de temps en temps le prince, mais sans tremper en rien dans les confidences ni dans les espérances de règne qui s'agitaient autour de ce soleil levant. Nommé à la Chambre plus tard, il s'était tenu dans une indépendance complète et dans une réserve respectueuse vis-à-vis du nouveau roi.

Le roi en avait sans doute conclu que M. de Lamartine était un ennemi de sa maison, ou qu'il était une intelligence politique bornée, préférant des chimères aux réalités de la puissance. Le prince, depuis cette époque, bien que le député lui rendît quelquefois hommage et souvent service à la tribune, avait toujours parlé de M. de Lamartine comme d'un rêveur dont les ailes ne touchaient jamais terre, et dont l'œil ne savait pas discerner les ombres des réalités. Le roi tenait en cela les propos de la bourgeoisie. Elle ne pardonne pas à certains hommes de n'avoir pas les médiocrités de la foule ou les vices du temps. Le nom de M. de Lamartine était le dernier qui pût venir sur les lèvres du roi. Le peuple seul pouvait penser à lui, et encore ce peuple répétait-il ce nom au hasard, comme un écho redit le mot qu'on lui a jeté.

VIII

Au moment où ce nom retentissait ainsi pour la première fois, au milieu des coups de fusil, sur la place du Carrousel et sous le vestibule du palais, M. Guizot, resté en réserve dans un arrière-cabinet du roi, comme pour épier jusqu'à la dernière minute un retour de fortune de la monarchie, sortait enfin furtivement des Tuileries pour fuir la révolution acharnée à son nom. Reconnu en sortant du guichet du Carrousel, quelques coups de feu lui firent rebrousser chemin. Il se jeta comme dans un asile dans la partie du Louvre occupée par l'état-major. Il y resta caché jusqu'à l'heure où les ombres de la nuit lui permirent d'aller chercher un plus secret abri chez une femme artiste dévouée au malheur. Il put contempler des fenêtres du Louvre ouvertes sur le Carrousel l'invasion du peuple, la défection des gardes nationaux, l'immobilité des troupes, l'agitation impuissante des généraux, la dernière revue du roi, la fuite à pied de toute cette famille, et la rapide agonie de cette dynastie, à laquelle il avait consacré tant d'efforts, tant de volonté, tant de caractère et tant de ruineuse obstination de dévouement. Quelle scène pour un homme d'État! quel terrible résumé d'une vie dans une heure! Que d'erreurs ne seraient pas expiées, que de vengeances ne seraient pas satisfaites et même attendries par cet écroulement des pensées de l'homme sous ses propres yeux! Justes ou fausses, ces pensées de l'homme d'État aboutissent toutes aux mêmes ruines et à la même pitié. Il ne reste souvent, après peu de temps, aux hommes d'État jetés dans ces tempêtes, que la conscience de s'être trompés de bonne foi.

IX

Que se passait-il cependant au château pendant le débordement de l'insurrection grossissant toujours?

Le roi avait donné l'ordre de cesser le feu et de conserver seulement les positions. Le maréchal Bugeaud, déjà monté à cheval pour combattre, en était redescendu à l'annonce de sa révocation des fonctions de commandant de Paris. M. Thiers en désarmant ainsi la résistance croyait avoir désarmé l'agression. Le duc de Nemours réitérait partout l'ordre d'arrêter les hostilités. La duchesse d'Orléans était abandonnée dans ses appartements aux anxiétés de son esprit et aux incertitudes de son sort. La reine, dont le cœur avait du sang de Marie-Thérèse, de Marie-Antoinette et de la reine de Naples, montrait ce courage viril qui oublie les prudences de la politique. « Allez, disait-elle au roi, montrez-vous aux troupes abattues, à la garde nationale indécise. Je me placerai au balcon avec mes petits-enfants et mes princesses, et je vous verrai mourir égal à vous-même, au trône et à nos malheurs! » La physionomie de cette épouse aimée et de cette mère si longtemps heureuse s'animait pour la première fois de l'énergie de son double sentiment pour son mari et pour ses enfants. Toute sa tendresse pour eux se concentrait et se passionnait dans le souci de leur honneur; leur vie ne venait qu'après dans son amour. Ses cheveux blancs, contrastant avec le feu de ses regards et avec l'animation colorée de ses joues, imprimaient à son visage quelque chose de tragique et de saint, entre l'Athalie et la Niobé. Le roi la calmait par des paroles de confiance dans son expérience et dans sa sagesse, qui ne l'avaient encore jamais trompé. A onze heures il se croyait tellement sûr de dominer le mouvement et de réduire la crise à une modification de ministère acceptée par le peuple, qu'il descendit le visage souriant et en costume négligé d'intérieur dans la salle à manger pour le déjeuner de famille.

X

A peine le repas était-il commencé que la porte s'ouvrit et qu'on vit entrer précipitamment deux conseillers intimes et désintéressés de la couronne, désignés, dit-on, par M. Thiers, pour le ministère. C'étaient MM. de Rémusat et Duvergier de Hauranne. Ils prièrent le duc de Montpensier de les entendre en particulier. Le prince se leva, fit un signe de sécurité au roi et à la reine, et courut vers les deux négociateurs. Mais le roi et la reine, ne pouvant contenir leur impatience, se levèrent au même moment, interrogeant des yeux M. de Rémusat. « Sire, dit celui-ci, il faut que le roi sache la vérité ; la taire dans un pareil moment serait se rendre complice de l'événement. Votre sécurité prouve que vous êtes trompé. A trois cents pas de votre palais les dragons échangent leurs sabres et les soldats leurs fusils avec le peuple. — C'est impossible ! » s'écria le roi en reculant d'étonnement. Un officier d'ordonnance, M. de L'Aubépin, dit respectueusement au roi : « J'ai vu. »

A ces mots toute la famille se leva de table. Le roi remonta, revêtit son uniforme et monta à cheval. Ses deux fils, le duc de Nemours, le duc de Montpensier, et un groupe de généraux fidèles l'accompagnaient. Il passa lentement en revue les troupes et les bataillons peu nombreux de gardes nationaux qui stationnaient sur la place du Carrousel et dans la cour des Tuileries. L'attitude du roi était découragée, celle des troupes froide, celle de la garde nationale indécise. Quelques cris de « Vive le roi, » mêlés aux cris de « Vive la réforme! » partaient des rangs. La reine et les princesses, debout à un balcon du palais, comme Marie-Antoinette à l'aube du 10 août, suivaient des yeux et du cœur le roi et les princes; elles voyaient les saluts militaires des soldats agitant leurs sabres sur le front des lignes, elles entendaient aussi le sourd écho des cris dont elles ne pouvaient distinguer les mots, elles crurent à un retour d'enthousiasme et rentrèrent pleines de joie dans les appartements.

Mais le roi ne pouvait se tromper à la froideur de l'accueil. Il avait vu les physionomies inquiètes ou hostiles. Il avait entendu les cris de « Vive la réforme! » et de « A bas les ministres! » partir au pied de son cheval comme un obus de la révolte qui éclatait jusqu'aux portes de son palais. Il rentra abattu et consterné, craignant également de provoquer la lutte ou de l'attendre; dans cette immobilité forcée qui saisit les hommes et qui les enserre par des difficultés égales des deux côtés. Situations où l'action seule peut sauver, mais où l'action elle-même est impossible. Le désespoir est le génie des circonstances désespérées. Le malheur du roi fut de ne pas désespérer assez tôt. Il était habitué au bonheur. Ce long bonheur de sa longue vie trompa le dernier jour de son règne.

XI

M. Thiers, témoin de cette catastrophe accélérée, attendait le roi pour lui remettre le pouvoir qui s'échappait de ses mains avant qu'il l'eût saisi et exercé. Il sentit glisser la popularité fugitive d'une seule nuit de son nom sur un autre nom. Il indiqua au roi M. Barrot seul. On ne pouvait pas aller plus loin dans l'opposition sans sortir de la monarchie. M. Barrot avait déjà éprouvé devant le peuple du boulevard l'impuissance et la fragilité d'un nom. Il se dévouait néanmoins au roi et à la pacification, sans considérer qu'il allait dépenser en quelques heures une popularité de dix-huit ans. Ce dévouement à l'instant de l'abandon de la fortune était une générosité de caractère et de courage qui relève un homme dans la conscience de l'avenir. Texte de raillerie pour les hommes légers du jour, titre d'estime pour l'impartiale postérité. M. Barrot, instruit quelques moments après de sa nomination par le roi, n'hésita pas à aller prendre possession du ministère de l'intérieur et à saisir le timon brisé.

En ce moment le roi aux Tuileries était tout son conseil. Trois ministères s'étaient fondus sous sa main en quelques heures : M. Guizot, M. Molé, M. Thiers. La reine, les princes, les députés, les généraux, les simples officiers de l'armée et de la garde nationale se pressaient autour de lui. On l'assiégeait d'informations et d'avis interrompus par des informations et des avis contraires. La pâleur était sur les joues, les larmes dans les yeux des femmes. Les enfants de la famille royale attendrissaient les cœurs par l'ignorance et par la sécurité répandues sur leurs traits. Tout trahissait dans les gestes, les attitudes, l'agitation et les paroles cette fluctuation d'idées et de résolutions qui donne du temps au malheur et qui décourage la fidélité. Les portes et les fenêtres de l'appartement du rez-de-chaussée ouvertes sur la cour laissaient les soldats et les gardes nationaux assister de l'œil et de l'oreille à cette détresse. Leur disposition morale pouvait en être ébranlée.

Il fallait jeter un voile sur ce désordre des pensées du roi et sur cette confusion de sa famille, pour qu'un découragement contagieux n'amollît pas les baïonnettes. Un citoyen de la garde nationale qui était de faction sous le péristyle du cabinet du roi fut attendri jusqu'aux larmes à ce spectacle. Homme d'opposition presque républicaine, mais homme sensible et loyal avant tout, il désirait le progrès sans aspirer aux ruines. Il ne voulait pas surtout que la cause de la liberté dût son triomphe à un lâche abandon d'un vieillard, de femmes et d'enfants, par ceux qui étaient chargés de les protéger. Il s'approcha d'un lieutenant général qui commandait les troupes : « Général, lui dit-il à voix basse et avec une émotion que l'accent rendait impérieuse, faites éloigner vos troupes hors la portée de ces scènes de deuil. Il ne faut pas que les soldats voient l'agonie des rois! » Le général comprit le sens de ces paroles. Il fit reculer les bataillons.

XII

Le roi, remonté dans son cabinet, écoutait encore, et tour à tour, les avis de M. Thiers, de M. de Lamoricière, de M. de Rémusat et du duc de Montpensier, son plus jeune fils, quand une fusillade prolongée éclata à l'extrémité du Carrousel, du côté de la place du Palais-Royal. A ce bruit la porte du cabinet s'ouvre et M. de Girardin se précipite vers le roi.

M. de Girardin, naguère député, encore publiciste, moins homme d'opposition qu'homme d'idées, moins homme de révolution qu'homme de crise, s'était précipité dans l'événement où il y avait danger, péripétie, grandeur. Il était du petit nombre de ces caractères qui cherchent toujours l'occasion pour entrer en scène avec le hasard, parce qu'ils ont l'impatience de leur activité, de leur énergie et de leur talent, et qu'ils se sentent à la hauteur des circonstances et des choses. M. de Girardin n'avait ni fanatisme pour la royauté ni antipathie contre la république. Il n'aimait de la politique que l'action. Ambitieux, supériorité intellectuelle plus que de situation, de rôle plus que de puissance, il était accouru de lui-même, sans autre mandat que celui de sa propre impulsion. Le journal *la Presse*, qu'il rédigeait, lui donnait une notoriété en Europe et une publicité dans Paris qui le mettaient continuellement en dialogue avec l'opinion. C'était un de ces hommes qui pensent tout haut au milieu d'un peuple, et dont chaque pensée est l'événement ou la controverse du jour. L'antiquité n'avait que les orateurs du Forum, le journalisme a créé ces orateurs du foyer.

M. de Girardin, en paroles brèves et saccadées qui abrègent les minutes et qui tranchent les objections, dit au roi avec un douloureux respect que les tâtonnements de noms ministériels n'étaient plus de saison; que l'heure emportait le trône avec les conseils, et qu'il n'y avait plus qu'un mot qui correspondît à l'urgence du soulèvement : l'abdication !

Le roi était dans un de ces moments où les vérités frappent sans offenser. Il laissa néanmoins tomber de ses mains la plume avec laquelle il combinait des noms de ministres sur le papier. Il voulut discuter. M. de Girardin, pressé comme le temps, impitoyable comme l'évidence, n'admit pas même la discussion : « Sire, dit-il, l'abdication du roi ou l'abdication de la monarchie, voilà le dilemme. Le temps ne laisse pas même la minute pour chercher une troisième issue à l'événement. »

En parlant ainsi, M. de Girardin présenta au roi un projet de proclamation qu'il venait de rédiger d'avance et d'envoyer à l'impression. Cette proclamation, concise comme un fait, ne contenait que ces quatre lignes, dont il fallait frapper à l'instant et partout l'œil du peuple :

« Abdication du roi.

« Régence de madame la duchesse d'Orléans.

« Dissolution de la Chambre.

» Amnistie générale. »

Le roi hésitait. Le duc de Montpensier son fils, entraîné sans doute par l'expression énergique de la physionomie, du geste et des paroles de M. de Girardin, pressa son père avec plus de précipitation peut-être que la royauté, l'âge et l'infortune ne le permettaient au respect d'un fils. La plume fut présentée, le règne arraché par une impatience qui n'attendit pas la pleine et libre conviction du roi. La rudesse de la fortune envers le roi ne devait pas se faire sentir dans la précipitation du conseil. D'un autre côté, le sang coulait, le trône glissait, les jours même du roi et de sa famille étaient engagés. Tout peut s'expliquer même par la sollicitude et par la tendresse des conseillers. L'histoire doit toujours prendre la version qui humilie et qui brise le moins le cœur humain.

XIII

Au bruit des coups de fusil, le maréchal Bugeaud monte à cheval pour aller s'interposer entre les combattants. Mille voix lui crient de ne point se montrer. On craint que sa présence et son nom ne soient un nouveau signal de carnage. Il insiste, il s'avance, il brave la physionomie et les armes de la multitude. Il revient sans avoir obtenu autre chose que l'admiration pour sa bravoure. Il redescend de cheval dans la cour des Tuileries. Déjà le commandement ne lui appartenait plus, le duc de Nemours en était investi. Le jeune général Lamoricière, qui n'a sur son nom que le prestige de sa valeur en Afrique, s'élance au galop à travers le Carrousel. Il franchit au milieu des balles les avant-postes. Il aborde héroïquement les premiers groupes des combattants. Tandis qu'il les harangue, il est criblé de coups de feu. Son cheval se renverse, son épée se brise dans la chute. Le général, blessé à la main et pansé dans une maison voisine, remonte à cheval et traverse silencieusement la place pour venir annoncer au roi que les troupes se fatiguent et que le peuple est inabordable aux conseils.

Sur les pas de Lamoricière, le peuple en effet déborde de la rue de Rohan sur le Carrousel. Il parlemente avec les soldats. Les soldats refluent en désordre et se précipitent dans la cour des Tuileries.

Le roi écrit, au bruit de l'insurrection qui monte, ces mots : « J'abdique en faveur de mon petit-fils le comte de Paris. Je désire qu'il soit plus heureux que moi. »

XIV

Ce prince ne s'expliquait pas sur la régence. Était-ce par respect pour la loi qu'il avait fait voter en faveur de la régence de son fils le duc Nemours? était-ce pour laisser entre le peuple et les ministres une dernière concession à débattre et à la disputer pour gagner du temps? était-ce pour retenir encore après lui à sa maison une puissance jalouse qu'il n'avait pas voulu laisser aller, selon la nature et selon la vraie politique, à la mère du comte de Paris, son petit-fils? On l'ignore. M. Thiers avait servi la pensée du roi en se prononçant avec une partie de l'opposition contre la régence de madame la duchesse d'Orléans. M. de Lamartine avait énergiquement soutenu le droit des mères. « Il n'y a pas de bonne politique contre la nature! » s'était-il écrié. Il avait été vaincu à une faible majorité par l'influence combinée de la cour et de l'opposition attachée à la cour. L'heure actuelle lui donnait tristement raison. Le duc de Nemours, régent désigné, quoique jeune, brave, instruit, laborieux, n'était pas aimé du peuple. La nature, en lui donnant l'intelligence, la sagesse précoce et le courage de sa race, lui avait refusé l'expansion qui attire les cœurs. Le lointain n'était pas favorable à ses qualités. On ne les voyait que de près. Ce n'est pas une faute pour un particulier, c'est un malheur pour un prince. Tout ce qui pose devant le peuple doit avoir du prestige. Le duc de Nemours n'avait que de l'estime. On voyait en lui une continuation des vertus et des défauts de son père. En changeant de roi on ne changerait pas de règne. Les peuples veulent changer.

Cette faute du roi et de M. Thiers d'avoir arraché la régence à la jeune mère d'un roi enfant pesait fatalement sur cette dernière heure du règne. Louis-Philippe et son ministre périssaient sous l'imprévoyance de cet acte. Si au lieu de jeter au peuple cette abdication ambiguë qui ne s'expliquait pas sur la régence et qui laissait entrevoir aux combattants le duc de Nemours derrière l'abdication, M. de Girardin, porteur de cet acte, avait fait apercevoir à l'imagination et au cœur de la nation une jeune veuve et une jeune mère régnant par la grâce et par la popularité sous le nom de son fils ; si cette princesse, aimée et intacte à toutes les récriminations, avait paru elle-même dans les cours du palais et présenté son enfant à l'adoption du pays, il n'y a pas de doute que la nature n'eût triomphé du peuple, car la nature aurait trouvé un complice dans le cœur et dans le regard de chaque combattant. Ainsi dorment longtemps les fautes des rois et des hommes d'État pour venir les écraser inopinément à l'heure où ils les croient oubliées.

XV

Mais la duchesse d'Orléans même, à cette heure suprême, était reléguée avec ses enfants dans les appartements du château qu'elle habitait. Le roi craignait l'influence de cette femme jeune, belle, sérieuse, enveloppée dans son deuil, irréprochable dans sa conduite, exilée volontairement du monde pour que le rayonnement involontaire de sa loyauté, de sa grâce et de son esprit n'attirât pas la pensée du pays sur elle et ne la signalât pas à la jalousie de la cour. Cette princesse vivait renfermée dans sa maternité et dans sa douleur. Elle ne pouvait s'empêcher cependant d'entrevoir les dernières fautes du règne et de s'alarmnr sur l'avenir de ses enfants. Elle avait dû ressentir douloureusement aussi la dureté dynastique de cette loi de régence demandée et votée contre elle, et qui lui enlevait, avec la tutelle politique de son fils, l'occasion de montrer au monde les grandes qualités dont elle était douée. Mais cette amertume couvait dans son cœur sans transpirer au dehors. Ses lèvres n'avaient jamais laissé échapper une seule plainte. Elle mettait son orgueil dans sa résignation, son mérite dans son silence. M. de Lamartine, le défenseur inconnu pour elle de ses droits naturels dans la discussion de la loi de régence, n'avait jamais eu aucun rapport avec cette princesse. Il n'avait pas même reçu d'elle un signe d'assentiment ou de reconnaissance pour l'hommage désintéressé et tout politique qu'il lui avait rendu à la tribune. On assurait que depuis quelque temps M. Thiers, mécontent de la cour et repentant peut-être du parti qu'il avait pris pour la régence du duc de Nemours, tournait ses pensées vers cette princesse. Il est possible que la désaffection croissant envers les princes eût fait réfléchir cet homme d'État, et qu'il espérait en effet retremper le sentiment monarchique dans une popularité de femme et d'enfant. On ne peut l'affirmer. Cette pensée était assez indiquée par la nature pour qu'un esprit juste y revînt après s'en être écarté.

Quant à M. de Girardin, il avait soutenu avec une grande puissance de talent et de persévérance, dans son journal, le système que M. de Lamartine avait soutenu de sa parole à la tribune. Depuis il avait vu une fois madame la duchesse d'Orléans. Il avait rapporté de ces courts et rares entretiens une conviction raffermie encore par l'admiration pour cette princesse. Jamais néanmoins un seul mot d'elle n'avait révélé une ambition souffrante ou une amertume cachée. Ses douleurs étaient pures non-seulement de tout complot, mais même de toute ambition. Elle avait montré la sérénité et le désintéressement d'une mère qui s'oublie entièrement elle-même entre les souvenirs de son époux et les espérances de son fils. Néanmoins, on peut supposer qu'en arrachant avec tant de précipitation au roi cette abdication vague qui ne remettait le règne à personne, M. de Girardin et peut être M. Thiers avec lui faisaient un retour involontaire vers la régence de la jeune veuve et s'attendaient à la voir proclamer par la voix du peuple.

XVI

Cette idée, si elle existait, avorta avant de naître. Une erreur la fit évanouir. La précipitation naturelle dans de pareils moments avait fait oublier d'apposer aucune signature à cette proclamation que M. de Girardin jetait à la foule, sur le Carrousel et sur la place du Palais-Royal. En vain il bravait le fer et le feu pour obtenir cette trêve. La foule, après avoir lu, ne voyant aucune sanction aux promesses manuscrites d'abdication, les prenait pour un piége et avançait toujours. Le fils de l'amiral Baudin, parti avec M. de Girardin pour aller répandre ces proclamations sur la place de la Concorde, était repoussé par la même incrédulité et par les mêmes périls. Le roi se consumait d'impatience. Il eut un dernier rayon d'espoir par l'arrivé d'un vieux serviteur devenu l'ami du roi et resté l'ami du peuple de Paris. C'était le maréchal Gérard, homme simple et antique passé des champs de bataille de l'Empire dans cette cour sans y avoir perdu la mémoire de la liberté. Dévoué depuis longtemps au roi par le cœur, il n'avait perdu ni l'indépendance ni la couleur de ses opinions. Brave comme un soldat, populaire comme un tribun, le maréchal Gérard était bien l'homme de l'heure suprême. « Allez au-devant de ces masses, lui dit le roi, et annoncez-leur mon abdication. »

Le maréchal, vêtu d'un habit du matin de forme bourgeoise et de couleur terne, coiffé d'un chapeau rond, monte le cheval que le maréchal Bugeaud venait de laisser dans la cour. Le général Duchant, brillant officier de l'Empire, célèbre par sa beauté martiale et par sa bravoure, accompagne le maréchal Gérard. Ils sortent de la grille. Ils sont accueillis par les cris de : « Vivent les braves ! » Le vieux maréchal reconnaît dans la foule le colonel Dumoulin, ancien officier de l'empereur, homme aventureux que le vertige du feu entraîne et que le mouvement enivre ; il l'appelle par son nom. « Allons, lui dit-il, mon cher Dumoulin, voilà l'abdication du roi et la régence de la duchesse d'Orléans que j'apporte au peuple. Aidez-moi à les faire accepter. »

En disant ces mots, le maréchal tend un papier au colonel Dumoulin. Mais le républicain Lagrange, plus leste que Dumoulin, arrache la proclamation de la main du général et disparaît sans la communiquer au peuple. Ce geste enleva la régence et le trône à la dynastie d'Orléans. La république se fût peut-être arrêtée devant un nom de femme.

XVII

Cependant le roi, qui avait promis d'abdiquer à M. de Girardin, à son fils et aux ministres qui l'entouraient de leur terreur, n'avait pas encore achevé d'écrire formellement son abdication. Il semblait attendre un autre conseil plus conforme à sa temporisation habituelle, et disputer encore avec la nécessité. Une circonstance faillit donner raison à ses lenteurs et le rasseoir, lui et sa dynastie, sur le trône. Le maréchal Bugeaud, traversant de nouveau la cour des Tuileries au galop, en revenant d'une nouvelle reconnaissance, se précipita de son cheval et entra presque de force dans le cabinet plein de désordre, de ministres posthumes et de conseillers de fait autour du monarque. Il fendit les groupes et se fit jour jusqu'au roi.

Remontons d'une nuit, et voyons quelle avait été jusque-là la part d'action du maréchal Bugeaud.

Le maréchal, comme on l'a vu plus haut, avait eu quelques instants le commandement général de la garde nationale et des troupes. A deux heures du matin, on était venu lui apporter sa nomination à ce poste. Aussitôt il était monté à cheval et s'était rendu à l'état-major, son quartier général, pour faire son plan et donner ses ordres de bataille. L'état-major était vide. Généraux, officiers et soldats, tout reposait des fatigues des deux journées précédentes, endormis dans leurs manteaux sur la place ou dans les entre-sols et dans les mansardes de l'immense Louvre. Le maréchal avait perdu bien du temps avant d'avoir pu appeler à lui quelques généraux et quelques officiers d'état-major, et d'avoir pu prendre connaissance du nombre et de l'emplacement des troupes sous ses ordres. Le nombre de ces troupes, qu'on croyait d'au moins cinquante mille hommes, ne s'élevait pas à plus de trente-cinq mille hommes actifs. En défalquant le nombre des soldats destinés à garder les forts, les casernes, et ceux qui sont hors du service pour des causes quelconques, on ne trouvait qu'environ vingt-cinq mille combattants de toutes armes, troupes suffisantes contre des masses éparses et confuses qu'aucune discipline ne solidifie entre elles et qui se fondent comme elles se forment, mais troupes déjà usées par quarante-huit heures de stationnement dans la boue, engourdies du froid, épuisées de faim, travaillées de doute, incertaines ùo était le droit, honteuses de déserter le roi, consternées de faire la guerre au peuple, regardant, pour se régler sur son attitude, la garde nationale, qui flottait elle-même entre les deux armées.

Le maréchal, avec son instinct militaire mûri par la réflexion et éclairé par l'expérience du maniement des troupes, savait que l'immobilité est la défaite du moral des armées. Il avait changé à l'instant le plan ou le hasard suivi jusque-là. Il avait appelé à lui les deux généraux qui commandaient ces corps. L'un était Tiburce Sébastiani, frère du maréchal de ce nom, officier dévoué et calme. L'autre était le général Bedeau, grandi en Afrique, et qui apportait un nom tout fait au respect de ses compagnons d'armes à Paris. Il leur avait ordonné de former deux colonnes de trois mille cinq cents hommes chacune, et de s'avancer au cœur de Paris, l'une par les rues qui longent les boulevards et aboutissent à l'hôtel de ville, l'autre par les rues plus rapprochées des quais. Chacune de ces colonnes avait de l'artillerie. Les généraux devaient emporter en avançant toutes les barricades qu'ils rencontreraient devant eux, effacer ces forteresses de l'insurrection, balayer les masses et se concentrer à l'hôtel de ville, position décisive de la journée. Le général Lamoricière devait commander la réserve d'environ neuf mille hommes autour du palais.

Le roi et M. Thiers avaient déjà appelé et nommé Lamoricière, comme une renommée neuve et jeune impatiente de se signaler, avant l'arrivée du maréchal à l'état-major. Ce jeune général et le maréchal Bugeaud avaient eu de graves dissentiments en Afrique. La coopération du chef et du lieutenant pouvait avoir des froissements et des dangers s'ils n'eussent pas mis l'un et l'autre leur ressentiment au-dessous de leur dévouement au roi. Ils l'avaient fait avec une cordialité militaire digne d'eux. Le maréchal, en voyant paraître Lamoricière dans le groupe des officiers généraux sous ses ordres, s'était avancé vers lui et lui avait tendu la main : « J'espère, lui avait-il dit, mon cher lieutenant, que nous avons laissé nos différends en Afrique, et que nous n'avons ici que notre estime mutuelle et notre dévouement à nos devoirs de soldat. » Lamoricière, digne de comprendre de telles paroles, avait été ému jusqu'aux larmes. Les larmes du soldat ne sont que du courage. Ému jusqu'au cœur, Lamoricière avait donné tout le sien aux inspirations du maréchal.

XVIII

A l'aube du jour, les deux colonnes étaient parties. De moments en moments des officiers d'état-major déguisés en bourgeois ou en artisans rapportaient des nouvelles de leurs progrès au général en chef. Ces colonnes ne rencontrèrent point de résistance jusqu'aux abords de l'hôtel de ville. Elles fendaient la foule, qui s'ouvrait aux cris de : « Vive l'armée! vive la réforme! » Elles franchissaient sans obstacle les commencements des barricades effacées sous leurs pieds. De nouvelles masses de peuple armé mais inoffensif se présentaient devant elles à tous les grands débouchés des rues. Sans prétexte pour les combattre, les deux généraux n'osaient les dissiper par la baïonnette ou par le canon. Les troupes et le peuple restées ainsi en présence, les dialogues s'établissaient, les fausses nouvelles circulaient, l'instinct de paix qui travaille les cœurs entre citoyens d'une même patrie, d'une même pensée, l'horreur du sang inutilement versé à l'hôtel de ville pendant qu'aux Tuileries on était déjà réconcilié peut-être par les combinaisons politiques ou par une abdication, paralysaient les ordres dans le cœur des généraux, les armes dans la main des soldats.

Le maréchal, contraint par les ordres réitérés du roi, avait envoyé à ses lieutenants ordre de revenir. Le général Bedeau avait fait replier les bataillons. Quelques soldats, dit-on, renversèrent leurs fusils en signe de désarmement fraternel devant la population. Leur retour ainsi à travers Paris avait l'air d'une défection ou d'une avant-garde de la révolution elle-même marchant vers les Tuileries. Ces troupes, déjà vaincues par ce geste, étaient revenues néanmoins intactes, mais impuissantes, reprendre position sur la place de la Concorde, dans les Champs-Élysées et dans la rue de Rivoli. L'armée française humiliée n'est plus une armée. Elle avait sur le cœur l'amertume de cette retraite, elle la garde encore.

XIX

Le maréchal, réduit à l'immobilité par obéissance au roi et aux ministres, avait espéré refouler de sa personne et par sa parole les masses qui essayaient d'entamer le Carrousel. Deux fois, comme nous l'avons vu, il s'était porté à cheval au-devant d'elles, et, deux fois accueilli aux cris de « Vive le vainqueur d'Isly! » il était parvenu à leur persuader d'attendre le résultat de la délibération des ministres. Une seule fois, insulté du nom d'égorgeur du peuple, dans la rue Transnonain, il avait abordé le vociférateur, relevé l'injure, prouvé qu'il était resté étranger aux sévices commis dans ces journées sinistres, et il avait reconquis le respect et la popularité des masses.

Lamoricière, à son tour, s'était précipité seul, à cheval, dans les flots émus de ces multitudes, les avait haranguées, et était revenu vaincu, mais honoré dans ses efforts de pacification.

Pendant ces scènes sur le Carrousel, les insurgés, trouvant le boulevard et la rue de la Madeleine libres, s'accumulaient jusqu'à l'embouchure de la place de la Concorde, incendiaient les corps de garde qui bordent les Champs-Élysées, tiraient sur les postes et massacraient les gardes municipaux, odieux au peuple parce qu'ils étaient la répression visible de tous les désordres et de toutes les émotions de Paris. Ces malheureux soldats allaient expirer sous le fer de leurs meurtriers dans les postes et dans l'hôtel du ministère de la marine. Leurs cris de détresse appelaient des défenseurs et des vengeurs. Les bataillons et les escadrons stationnaient à proximité. Les officiers et les soldats provoquaient l'ordre de marcher sur les meurtriers; les chefs, enchaînés par la consigne, hésitaient à repousser ces assaillants et se bornaient à sauver la vie des gardes municipaux sous l'abri de leurs sabres, tant les ministres craignaient de donner par la résistance un prétexte à l'embrasement de Paris. Mais ce sang impuni ne l'éteignit pas; il ne fit que l'attiser, et il consterna à la fois la victoire et la défaite.

Il était onze heures; à ce moment on était venu annoncer coup sur coup au maréchal que le roi l'avait révoqué de son commandement et que le maréchal Gérard commandait à sa place. Il avait cédé impatiemment à ces ordres, il était accouru chez le roi pour lui représenter le danger d'abdiquer dans une défaite. En entrant dans les Tuileries on lui avait annoncé l'abdication. Il s'était précipité, comme nous l'avons vu, dans le cabinet. Il était à côté du roi.

XX

Ce prince, assis devant une table, tenait la plume. Il écrivait lentement son abdication avec un soin et une symétrie de calligraphe, en lettres majuscules qui semblaient porter sur le papier la majesté de la main royale. Les ministres de la veille, de la nuit et du jour, les courtisans, les conseillers officieux, les princes, les princesses, les enfants de la famille royale, remplissaient de foule, de confusion, de dialogues, de chuchotements, de groupes agités l'appartement. Les visages portaient l'expression de l'effroi qui précipite les résolutions et qui brise les caractères. On était à une de ces heures suprêmes où les cœurs se révèlent dans leur nudité ; où le masque du rang, du titre, de la dignité, tombe des visages et laisse voir la nature souvent dégradée par la peur. On entendait de loin à travers les rumeurs de la chambre les coups de feu retentissant déjà à l'extrémité de la cour du Louvre. Une balle siffle distinctement à l'oreille exercée du maréchal ; elle va se perdre dans les toits. Le maréchal ne dit pas à ceux qui l'entouraient la sinistre signification de ce bruit. Le palais des rois pouvait devenir un champ de bataille : à ses yeux, c'était le moment de combattre et non de capituler.

« Eh quoi, Sire, dit-il au roi, on ose vous conseiller d'abdiquer au milieu d'un combat? Ignore-t-on donc que c'est vous conseiller plus que la ruine, la honte? L'abdication dans le calme et dans la liberté de la délibération, c'est quelquefois le salut d'un empire et la sagesse d'un roi. L'abdication sous le feu, cela ressemble toujours à une faiblesse; et, de plus, ajouta-t-il, cette faiblesse, que vos ennemis traduiraient en lâcheté, serait inutile en ce moment. Le combat est engagé, il n'y a aucun moyen d'annoncer cette abdication aux masses nombreuses qui se lèvent et dont un mot jeté des avant-postes ne saurait arrêter l'impulsion. Rétablissons l'ordre d'abord, et délibérons ensuite.

» — Eh bien, dit le roi se levant à ces paroles et pressant de ses mains émues les mains du maréchal, vous me défendez donc d'abdiquer, vous?

» — Oui, Sire, reprit avec une respectueuse énergie le brave soldat, j'ose vous conseiller de ne pas céder, en ce moment du moins, à un avis qui ne sauverait rien et qui peut tout perdre. »

Le roi parut rayonnant de joie en voyant son sentiment partagé et autorisé par la parole ferme et martiale de son général.

« Maréchal, lui dit-il avec attendrissement et d'un ton presque suppliant, pardonnez-moi d'avoir brisé votre épée dans vos mains en vous retirant votre commandement pour le donner à Gérard. Il était plus populaire que vous!

» — Sire, répliqua le général Bugeaud, qu'il sauve Votre Majesté, et je ne lui envie rien de votre confiance. »

Le roi ne se rapprochait plus de la table et paraissait renoncer à l'idée de l'abdication. Les groupes de ses conseillers parurent consternés ; ils attachaient à cette idée, les uns leur salut, les autres le salut de la royauté, quelques-uns de secrètes ambitions peut-être. Tous du moins y voyaient une de ces solutions qui font diversion d'un moment aux crises, et qui soulagent l'esprit du poids des longues incertitudes.

Le duc de Montpensier, fils du roi, qui paraissait plus dominé encore que les autres par l'impatience d'un dénoûment, s'attacha de plus près à son père, l'assiégea d'instances et de gestes presque impérieux pour l'engager à se rasseoir et à signer. Cette attitude, ces paroles, restèrent dans la mémoire des assistants comme une des plus douloureuses impressions de cette scène. La reine seule, dans ce tumulte et dans cet entraînement de conseils timides, conserva la grandeur, le sang-froid et la résolution de son rang d'épouse, de mère et de reine. Après avoir combattu avec le maréchal la pensée d'une abdication précipitée, elle céda à la pression de la foule ; elle se retira dans l'embrasure d'une fenêtre, d'où elle contemplait le roi avec l'indignation sur les lèvres et de grosses larmes dans les yeux.

Le roi remit son abdication à ses ministres et rejoignit la reine dans l'embrasure du salon. Il n'était plus roi. Mais personne n'avait autorité légale pour saisir le règne. Le peuple ne marchait déjà plus au combat contre le roi, mais contre la royauté ; en un mot, il était trop tôt ou trop tard.

Le maréchal Bugeaud en fit encore l'observation respectueuse au roi avant de s'éloigner. « Je le sais, maréchal, dit le roi, mais je ne veux pas que le sang coule plus longtemps pour ma cause. » Le roi était brave de sa personne. Ce mot n'était donc pas un prétexte dont il couvrait sa fuite ni une lâcheté. Ce mot doit consoler l'exil et attendrir l'histoire. Ce que Dieu approuve, les hommes ne doivent pas le flétrir.

XXI

Le roi ôta son uniforme et ses plaques ; il déposa son épée sur la table ; il revêtit un simple habit noir et donna le bras à la reine pour laisser le palais au règne nouveau.

Les sanglots étouffés des spectateurs interrompaient seuls le silence de ce dernier moment. Sans prestige éclatant comme roi, ce prince était aimé comme homme. Sa vieille expérience rassurait les esprits, sa familiarité attentive attachait de près les cœurs. Sa vieillesse, abandonnée une seule fois par la fortune, remuait la pitié. Une superstition politique s'effrayait de la vue de ce dernier fugitif du trône : on croyait voir s'éloigner avec lui la sagesse de l'empire. La reine, suspendue à son bras, se montrait fière de tomber à sa place avec l'époux et avec le roi qui avait été et qui restait sans trône et sans patrie sur la terre. Ce couple de vieillards inséparables dans le bonheur et dans l'exil était plus touchant sous ses cheveux blanchis qu'un couple de jeunes souverains entrant dans le palais de leur puissance et de leur avenir. L'espérance et le bonheur sont un éclat; la vieillesse et le malheur sont deux majestés : l'un éblouit, l'autre attendrit. Des républicains même auraient pleuré derrière les pas de ce père et de cette mère chassés du foyer où ils croyaient laisser leurs enfants. On baisait leurs mains; on touchait leur vêtement. De braves soldats qui allaient une heure après servir la république, tels que l'amiral Baudin et Lamoricière, mouillaient de pleurs les traces du roi. La reine, en recevant ces adieux, ne put, dit-on, retenir un reproche à M. Thiers, dont l'opposition indirecte au roi avait profondément blessé son cœur de femme. « Oh! monsieur, vous ne méritiez pas un si bon roi. Sa seule vengeance est de fuir devant ses ennemis. »

L'ancien ministre d'une dynastie qu'il avait en effet affermie et ébranlée respecta la douleur d'une femme et d'une mère, refoula toute réplique dans son cœur, et s'inclina en silence sous cet adieu. Ces paroles laissèrent-elles aux assistants le remords d'une opposition trop personnelle à la couronne ou de la pitié pour l'aveuglement des cours? Leur silence seul le sait.

XXII

Au moment de franchir le seuil de son cabinet, le roi, se retournant vers la duchesse d'Orléans qui se levait pour le suivre : « Hélène, lui dit-il, restez! » La princesse se jeta à ses pieds pour le conjurer de l'emmener avec lui. Elle oubliait la royauté pour ne penser qu'au père de son mari. Elle n'était plus princesse, elle était mère. Ce fut en vain.

M. Crémieux, député éloquent et actif de l'opposition, était accouru au château pour donner des avis aux dernières crises, et pour s'interposer entre la guerre civile et la couronne. Il se précipita à ces mots sur le roi, et, saisissant son bras : « Sire, dit-il d'un ton d'interrogation qui commande une réponse, il est bien entendu, n'est-ce pas, que la régence appartient à madame la duchesse d'Orléans? — Non, répondit le roi, la loi donne la régence au duc de Nemours, mon fils, il ne m'appartient pas de changer une loi; c'est à la nation de faire à cet égard ce qui conviendra à sa volonté et à son salut. » Et il continua de marcher en laissant derrière lui un problème.

La régence décernée à son fils avait été un des soucis de son règne. Il était humilié de laisser après lui le gouvernement de quelques années à une femme étrangère à sa race. Peut-être aussi sa prévision lointaine lui faisait-elle redouter que la différence de religion qui existait entre la duchesse et la nation ne présageât des troubles à l'État et des aversions à son petit-fils. Ce prince, réfléchi par nature, avait eu de plus vingt ans de solitude, d'exil et de réflexion sur l'avenir. La prudence était son génie, elle était aussi son défaut. On peut dire avec vérité que trois excès de prudence dynastique furent les trois principales causes de sa perte : les fortifications de Paris, qui menacèrent de loin la liberté; le mariage du duc de Montpensier en Espagne, présage de guerre de succession dans un intérêt dynastique; enfin la régence donnée au duc de Nemours, qui enleva à la cause de la monarchie, en ce moment, l'innocence d'une jeune femme et l'intérêt pour un enfant, ces prestiges infaillibles sur le peuple.

XXIII

La duchesse, agenouillée devant le roi, resta longtemps dans cette attitude. On avait envoyé chercher des voitures de la cour; la populace les avait déjà incendiées en passant sur la place du Carrousel; une décharge des insurgés avait tué le piqueur qui allait les chercher. Il fallut renoncer à ce moyen de départ.

Le roi sortit par la porte d'un souterrain qui communiquait de ses appartements au jardin des Tuileries. Il traversa à pied ce même jardin que Louis XVI, Marie-Antoinette et leurs enfants avaient traversé, à l'aurore du 10 août, en se réfugiant à l'Assemblée nationale; chemin d'échafaud ou d'exil que les rois ne refont jamais.

La reine consolait le roi de quelques mots prononcés à voix basse. Un groupe de serviteurs fidèles, d'officiers, de femmes et d'enfants, suivait en silence. Deux petites voitures de place, prises au hasard par un officier déguisé dans les rues où elles stationnaient pour le service du public, étaient apostées à l'issue des Tuileries, à l'extrémité de a terrasse. Les forces, surexcitées par la longue crise, avaient défailli au grand air dans les nerfs de la reine. Elle sanglotait, elle chancelait, elle trébuchait au dernier pas. Il fallut que le roi la soulevât dans ses bras pour la placer dans la voiture; il y monta après elle. La duchesse de Nemours, grâce et beauté de cette cour, monta éplorée avec ses enfants dans la seconde voiture, cherchant d'un œil inquiet son mari, resté aux prises avec les difficultés et les périls de son devoir. Un escadron de cuirassiers enveloppa les deux voitures. Elles partirent au galop sur le quai de Passy. A l'extrémité des Champs-Élysées, quelques coups de feu saluèrent de loin le cortége et abattirent deux chevaux de l'escorte sous les yeux du roi. On fuyait vers Saint-Cloud.

XXIV

Le duc Nemours était resté auprès de la duchesse d'Orléans, plus attentif au sort de cette princesse et de ses neveux, confiés à sa prudence, qu'à sa propre ambition. Ce prince impopulaire se montra seul, par son désintéressement et par son courage, digne de popularité. Le Carrousel et les cours étaient désormais sans défenseurs. Le château forcé pouvait être le tombeau de la duchesse d'Orléans et de ses enfants; le duc de Nemours avait désormais la responsabilité de toutes ces vies et du sang du peuple. Des parlementaires l'abordèrent sous le péristyle du pavillon de l'Horloge. Ils le sommèrent de retirer les troupes et de livrer le palais à la garde nationale. Ce prince, convaincu que le peuple armé et vainqueur dans la milice civique pouvait seul imposer au peuple insurgé, donna l'ordre. Les troupes se retirèrent en silence et se replièrent par le jardin. Le duc de Nemours resta le dernier, pour protéger le départ de la duchesse d'Orléans.

Pendant que l'évacuation du château par les troupes s'opérait ainsi, un petit nombre d'officiers et de conseillers, les uns dévoués à la dynastie, les autres à la personne, quelques-uns à l'infortune seule d'une femme, délibéraient autour de la duchesse d'Orléans et de ses enfants. On y remarquait le général Gourgaud, ami de l'empereur, son compagnon volontaire d'exil à Sainte-Hélène, accoutumé au malheur et à la fidélité; un fils du maréchal Ney, M. d'Elchingen; MM. de Montguyon Villaumé, et de Bois-Milon. Trois coups de canon firent frémir les vitres de l'appartement. La duchesse poussa un cri. C'était l'artillerie en retraite qui tirait sur le peuple débouchant du quai sur le Carrousel. La princesse envoya le général Gourgaud arrêter le feu. Les canonniers éteignirent les mèches en signe de paix. Le général Gourgaud rentra, M. Dupin le suivait.

M. Dupin, moins juriste que législateur, longtemps président de la Chambre des députés, orateur éminent, tradition vivante de l'esprit de résistance et de liberté légale dans la monarchie qui avait caractérisé jadis les Harlay, les Molé, les L'Hôpital, démocrate de mœurs et de costume, royaliste d'habitude et de sentiment, avait été, depuis 1815, le conseil domestique et l'ami tour à tour rude et caressant du duc d'Orléans devenu roi. L'austérité de sa parole, l'âpreté de ses sarcasmes, avaient couvert aux yeux du pays les condescendances de son attachement personnel à la famille royale. Il se vengeait sur les ministres de la couronne de ses facilités avec le roi. Sa popularité, compromise par la cour, lui revenait par son indépendance dans le parlement. Savant, éloquent, habile, oracle de la magistrature, inflexible de ton, pliant aux révolutions, redouté des faibles, considéré des forts, égal aux événements, M. Dupin était une des grandes autorités de l'opinion. Là où il passait, beaucoup d'autres passaient après lui. Il se présenta à l'heure décisive où la révolution cherchait un drapeau. Il le prit naturellement dans cette femme et dans cet enfant. Nulle main n'était plus propre à le tenir et à le faire adopter.

La duchesse le vit entrer comme un augure de force et de paix. « Ah! monsieur, que venez-vous me dire? s'écria-t-elle. — Je viens vous dire, madame, répondit M. Dupin avec l'accent d'une triste mais forte espérance, que peut-être le rôle d'une seconde Marie-Thérèse vous est réservé? — Guidez-moi, monsieur, lui dit la princesse; ma vie appartient à la France et à mes enfants. — Eh bien, partons, madame, il n'y pas un instant à perdre. Allons à la Chambre des députés. »

C'était en effet le seul parti à prendre pour la duchesse. La régence, déjà perdue dans les rues, pouvait se retrouver à la Chambre des députés, si la Chambre des députés, discréditée par l'esprit de cour dans la nation, eût conservé assez d'ascendant pour arrêter la monarchie sur sa pente. La présence d'une femme, les grâces et l'innocence d'un enfant, étaient plus entraînants que tous les discours. L'éloquence en action, c'est la pitié. Le manteau sanglant de César étalé à la tribune est moins émouvant qu'une larme de femme jeune et belle présentant un enfant orphelin aux délégués d'un peuple sensible.

Le duc de Nemours, après avoir reçu les adieux de son père et couvert son départ de sa personne, entra pendant que le dernier bataillon des troupes du Carrousel défilait par le jardin et par le quai.

XXV

La duchesse se mit en marche. Elle tenait par la main le comte de Paris, son fils aîné. Le duc de Chartres, son autre enfant, était porté dans les bras d'un aide de camp. Le duc de Nemours, prêt à tous les sacrifices pour sauver sa belle-sœur et la royauté de son pupille, marchait à côté de la princesse. M. Dupin s'entretenait avec elle de l'autre côté. Quelques officiers de la maison suivaient en silence. Un valet de chambre nommé Hubert, attaché aux enfants, était toute l'escorte de cette régence. Ce règne n'avait à parcourir, avant de s'engloutir avec le trône, que l'espace de ce jardin des rois au palais de la représentation.

A peine la princesse était-elle aux deux tiers du jardin, qu'une colonne de républicains, qui combattait depuis la veille en se grossissant et en se rapprochant toujours, entrait malgré les troupes dans le palais, inondait les salles, balayait les traces de la royauté, proclamait la république, enlevait le drapeau qui servait de dais au trône, et, ne faisant qu'une courte halte dans le palais emporté, se reformait aussitôt pour marcher sur la Chambre des députés sur les pas de la régente. C'était la colonne commandée par le capitaine Dunoyer, qui se multiplia dans cette journée.

LIVRE NEUVIÈME

I

Remontons de quelques instants le cours rapide et multiple des événements, et racontons ce qui se passait simultanément à la Chambre des députés.

Lamartine, étranger à toute espèce de conjuration contre la monarchie, s'était endormi la veille consterné du sang répandu sur le boulevard, mais fermement convaincu que la nuit qui avait fait trêve à la lutte, et que le jour qui allait déclarer de nouvelles concessions de la royauté, pacifieraient le mouvement. Sans parti à la Chambre, sans complice dans la rue, retenu par une indisposition, il ne songeait pas à sortir de son inaction. Qu'importait sa présence dans l'Assemblée pour entendre seulement les noms et le programme ordinaire d'un nouveau ministère? Les événements se passaient au-dessus de lui. Il les apprendrait comme le public avec indifférence ou avec joie, selon qu'ils paraîtraient servir ou desservir la cause désintéressée qu'il portait dans son cœur.

Quelques-uns de ses collègues venaient de moments en moments lui raconter les accidents des deux journées. Aucun d'eux ne prévoyait une catastrophe finale de la dynastie. On se bornait à des conjectures sur les noms et sur les projets des ministres imposés au roi par une sédition prolongée.

A dix heures et demie cependant un de ses amis accourut lui annoncer que l'on redoutait une invasion du peuple à la Chambre des députés. Lamartine se leva à cette nouvelle, bien qu'il crût peu à une telle impuissance des cinquante mille hommes de troupes qu'on croyait concentrés dans Paris. Mais le danger qu'on pouvait prévoir pour ses collègues lui faisait un devoir de le partager. La popularité d'estime dont il jouissait dans la Chambre et au dehors pouvait rendre sa présence utile et son intervention protectrice pour la vie des citoyens ou des députés. La question politique lui semblait vidée pour le moment. Il sortit par instinct d'honneur et non par politique. Il croyait la crise dénouée. « La journée d'hier a été un 20 juin, dit-il en sortant. Elle présage certainement un 10 août. Une royauté désarmée qui capitule sous le feu n'est plus une royauté. Le 10 août est sur nos pas, mais il est loin encore. »

Il se rendit seul, à pied, à la Chambre des députés. Le ciel, bas et sombre, percé de temps en temps d'un éclair de soleil d'hiver, ressemblait à la fortune du jour. Il était indécis et orageux. Les rues étaient désertes, quelques avant-postes d'infanterie les pieds dans la boue et de cavaliers enveloppés de leurs manteaux blancs, la bride sur le cou tendu de leurs chevaux, occupaient en petit nombre les environs de la Chambre. Ils le laissèrent passer.

En traversant la place du palais de l'Assemblée, Lamartine entendit le roulement d'une voiture, et des cris de « Vive Barrot! Vive la réforme! » lui firent tourner la tête. Il s'arrêta. Une calèche de place disloquée et boueuse, traînée avec peine par deux chevaux harassés du poids, passa devant lui. Il reconnut sur le siége, à côté du cocher, M. Pagnerre, président du comité de l'opposition de Paris. Derrière la voiture, deux ou trois citoyens bien vêtus agitaient leur chapeau et leur mouchoir et faisaient signe aux passants que tout était calmé. Un petit groupe de peuple, composé surtout de jeunes gens et d'enfants, suivait les roues en poussant des cris de joie. Au fond de la voiture, la figure pensive et pâle de M. Odilon Barrot témoignait de l'agitation de ses pensées et de l'insomnie de sa nuit. Il se rendait courageusement à son poste, au ministère de l'intérieur, incertain s'il y était suivi par la pacification ou par le soulèvement de la multitude. Il savait le roi en fuite et le palais forcé, mais il poursuivait son devoir sans regarder derrière lui. Une pareille heure rachète bien des hésitations. Le cœur de ce chef de l'opposition ne participa jamais aux ondulations de son esprit, et les ondulations de son esprit ne furent jamais, dit-on, que les scrupules de sa conscience.

II

Lamartine regarda, plaignit dans son cœur, et passa.

Sous la voûte du péristyle de la Chambre des députés, deux généraux à cheval, l'épée à la main, la figure animée par la course, les habits tachés de boue, venaient de se rencontrer et s'entretenaient à haute voix en se serrant la main. L'un était le général de cavalerie Perrot, l'autre inconnu.

« Eh bien, général, disait un des officiers à son collègue, quelle nouvelle de votre côté?

» — Rien de grave, répondait le général Perrot; les groupes, sur la place de la Concorde, sont peu nombreux et fléchissent aux moindres ébranlements de mes escadrons; d'ailleurs, les meilleures troupes de l'Europe ne forceraient pas le pont. »

Quand le général parlait ainsi, il ne savait pas encore le départ du roi, la retraite des troupes du Carrousel, l'immobilité des généraux qui commandaient de l'autre côté du fleuve, et l'occupation du château. Les événements devançaient les heures.

Lamartine, rassuré sur le sort de la Chambre par ces paroles saisies au passage, traversa la cour et entra dans le palais.

Sept ou huit personnes l'attendaient sous le vestibule.

C'étaient pour la plupart des journalistes de l'opposition et quelques hommes actifs signalés depuis 1830 par des opinions républicaines correspondantes à celles du journal *le National*. M. de Lamartine n'avait jamais eu de relations avec ce journal. L'injustice de ses rédacteurs à son égard ressemblait souvent à une sourde hostilité. Le *National* peignait Lamartine comme un orateur ambitieux, caressant l'opposition pour lui emprunter de la popularité, mais disposé à livrer cette popularité à la cour pour en obtenir du pouvoir. Plus souvent il couvrait de fleurs l'orateur pour mieux effacer l'homme politique. Il manquait peu d'occasions de joindre comme correctif à l'éloge exagéré du talent le dédain de la pensée. Il reléguait avec affectation le député parmi les poètes que Platon chassait de la république.

De son côté, Lamartine se défiait de l'opposition bruyante de ce journal. Il croyait entrevoir sous cette emphase de colère contre le trône certains ménagements, peut-être certaines complicités d'intelligence avec le parti parlementaire de M. Thiers. Il se trompait sans doute, mais une opposition ainsi alliée lui semblait aussi fatale à la monarchie constitutionnelle qu'à la république. Il aimait les questions nettement posées. L'ambiguïté des coalitions parlementaires lui répugnait dans le journalisme comme dans la Chambre.

Quant aux journalistes de la *Réforme*, Lamartine ne les connaissait que par les dénigrements et les travestissements que ce journal, plus franc de ton mais excessif et acerbe d'opinions, faisait de ses discours. Il avait eu seulement l'occasion de voir cinq ou six fois son collègue à la Chambre, M. Ledru-Rollin, l'inspirateur et l'homme politique de ce journal. Ces rapports, étrangers à la politique, ne l'avaient rapproché sur aucun point de l'esprit de la *Réforme*. Il avait refusé de s'associer aux banquets de Dijon et de Châlons présidés par M. Ledru-Rollin et par M. Flocon. Il avait blâmé énergiquement, dans le journal de son département, les signes néfastes, les appellations posthumes, les paroles acerbes de ces banquets. Il n'avait loué dans le parti de la *Réforme* que la franchise de l'opposition et le talent ; il avait rompu d'avance avec les doctrines.

III

Le groupe de républicains qui entoura Lamartine à son entrée dans les couloirs de la Chambre lui demanda un entretien secret et urgent dans une salle écartée du palais. M. de Lamartine les y conduisit. On ferma les portes. La plupart de ces hommes ne lui étaient connus que de visage.

L'un d'eux prit la parole au nom de tous. « L'heure presse, dit-il, les événements sont suspendus sur l'inconnu. Nous sommes républicains. Nos convictions, nos pensées, nos vies, sont dévouées à la république. Ce n'est pas au moment où nos amis versent leur sang depuis trois jours pour cette cause commune au peuple et à nous que nous la désavouerions. Elle sera toujours l'âme de nos âmes, le but suprême de nos espérances, la tendance obstinée de nos actes et de nos écrits. En un mot, nous ne l'abandonnerons jamais, mais nous pouvons l'ajourner et la suspendre devant des intérêts supérieurs à nos yeux à la république même, les intérêts de la patrie. La France est-elle mûre pour cette forme de gouvernement? L'accepterait-elle sans résistance, ou s'y plierait-elle sans violence? En un mot, n'y a-t-il pas plus de danger peut-être à la lancer demain dans la plénitude de ses institutions qu'à la retenir sur le seuil, en les lui montrant de loin et en les lui faisant désirer avec plus de passion? Voilà l'état de nos esprits, voilà nos scrupules; résolvons-les. Nous ne vous connaissons pas, nous ne vous flattons pas, mais nous vous estimons. Le peuple invoque votre nom. Il a confiance en vous. Vous êtes à nos yeux l'homme de la circonstance. Ce que vous direz sera dit, ce que vous voudrez sera fait. Le règne de Louis-Philippe est fini; aucune réconciliation n'est possible entre lui et nous. Mais une continuation de royauté temporaire sous le nom d'un enfant, sous la main faible d'une femme, et sous la direction d'un ministre populaire, mandataire du peuple, cher aux républicains, peut-elle clore la crise et initier la nation à la république sous le vain nom de monarchie? Voulez-vous être le ministre, le tuteur de la royauté mourante et de la liberté naissante, en gouvernant cette femme, cet enfant, ce peuple? Le parti républicain se donne authentiquement à vous par nos voix. Nous sommes prêts à prendre l'engagement formel de vous porter au pouvoir par la main désormais invincible de la révolution qui gronde à ces portes, de vous y soutenir, de vous y perpétuer par nos votes, par nos journaux, par nos sociétés secrètes, par nos forces disciplinées dans le fond du peuple. Votre cause sera la nôtre. Ministre d'une régence pour la France et pour l'Europe, vous serez le ministre de la vraie république pour nous. »

IV

L'orateur ému et consciencieux se tut. Ses collègues donnèrent l'assentiment de leur silence et de leurs gestes à ces paroles.

Lamartine leur demanda un instant de réflexion pour peser dans son esprit une résolution et une responsabilité si terribles. Il posa ses deux coudes sur la table; il cacha son front dans ses mains; il invoqua mentalement les inspirations de Celui qui seul ne se trompe pas; il réfléchit presque sans respirer cinq ou six minutes. Les républicains étaient restés debout en face de lui et groupés autour de la table. Lamartine écarta enfin ses mains, releva la tête et leur dit :

« Messieurs, nos situations, nos antécédents, sont bien différents, et nos rôles ici sont bien étranges. Vous êtes d'anciens républicains à tout prix. Je ne suis pas républicain de cette race, moi. Et cependant c'est moi qui vais être en ce moment plus républicain que vous. Entendons-nous. Je regarde comme vous le gouvernement républicain, c'est-à-dire le gouvernement des peuples par leur propre raison et par leur propre volonté, comme le seul but et la seule fin des grandes civilisations, comme le seul instrument de l'avénement des grandes vérités générales qu'un peuple veut inaugurer dans ses lois. Les autres gouvernements sont des tutelles, des aveux de l'éternelle minorité des peuples, des imperfections devant la philosophie, des humiliations devant l'histoire. Mais je n'ai aucune impatience d'homme voulant marcher plus vite que les idées, aucun fanatisme absolu pour telle ou telle forme de gouvernement. Tout ce que je veux, c'est que ces formes progressent et qu'elles se tiennent toujours, non en avant ni en arrière de la tête de colonne du peuple, mais à la hauteur juste des idées et des instincts d'une époque. Je ne suis donc pas républicain absolu comme vous, mais je suis politique. Eh bien, c'est comme politique que je crois devoir refuser en ce moment le concours que vous voulez bien m'offrir pour ajourner la république, si elle doit éclore dans une heure. C'est comme politique que je vous déclare que je ne conspire pas, que je ne renverse pas, que je ne désire pas un écroulement du règne, mais que, si le règne s'écroule de lui-même, je ne tenterai pas de le relever, et que je n'entrerai que dans un mouvement complet, c'est-à-dire dans la république! »

Il y eut un moment de silence. L'étonnement, une sorte de stupéfaction mêlée de doute se peignit sur les visages. Lamartine reprit :

« Je vais vous dire pourquoi. Aux grandes crises, il faut à la société de grandes forces. Si le gouvernement du roi s'écroule aujourd'hui, nous allons entrer dans une des plus grandes crises qu'un peuple ait jamais eu à traverser avant de retrouver une autre forme définitive de gouvernement.

Le règne de dix-huit ans par un seul homme au nom d'une seule classe de citoyens a accumulé des flots d'idées, d'impatiences révolutionnaires, de rancunes et de ressentiments dans la nation qui demanderont au nouveau règne des satisfactions impossibles. La réforme indéfinie, qui triomphe aujourd'hui dans la rue, ne pourra se définir, se limiter, sans rejeter à l'instant dans l'agression toutes les classes du peuple qui seront rejetées en dehors de la souveraineté. Républicains, légitimistes, socialistes, communistes, terroristes, séparés de but, s'uniront de colères pour renverser la faible barrière qu'un gouvernement de trêve tentera en vain de leur opposer. La Chambre des pairs participe à la haine que le peuple nourrit contre la cour. La Chambre des députés a perdu toute autorité morale par la double action de la corruption qui la décrédite et de la presse qui la dépopularise. Les électeurs ne sont qu'une imperceptible oligarchie dans l'État. L'armée est déconcertée et craint de commettre un parricide en tournant ses armes contre les citoyens. La garde nationale, force impartiale, a pris parti pour l'opposition. Le vieux respect pour le roi est violé dans les cœurs par son obstination et par sa défaite. De quelle force entourerez-vous demain ce trône relevé pour y faire asseoir un enfant? La réforme? Mais elle n'est qu'un drapeau qui cache la république. Le suffrage universel? Mais il est une énigme et il contient un mystère. D'un mot et d'un geste il engloutira ce reste de monarchie, ce fantôme d'opposition, ces ombres de ministres qui auront cru le dominer. Son second mot pourra être monarchie ou empire, son premier mot sera république. Vous n'aurez fait que lui préparer une proie royale à dévorer. Qui soutiendra la régence? Sera-ce la grande propriété?

Mais elle appartient de cœur à Henri V. La régence ne sera pour elle qu'un champ de bataille pour arriver à la légitimité. Sera-ce la propriété moyenne? Mais elle est personnelle et trafiquante. Une minorité agitée, un règne en sédition permanente ruinera ses intérêts et lui fera demander à l'instant un état définitif dans la république. Enfin sera-ce le peuple? Mais il est vainqueur, mais il est en armes, mais il est triomphant partout, mais il est travaillé depuis quinze ans de doctrines qui saisiront l'occasion pour pousser sa victoire sur la royauté jusqu'au bouleversement de la société elle-même.

» La régence, ce sera la *Fronde* du peuple, la Fronde avec l'élément populaire, communiste, socialiste de plus. La société défendue, seulement par un gouvernement de petit nombre, sous une forme de royauté qui ne sera ni la monarchie ni la république, sera atteinte sans défense jusque dans ses fondements. Le peuple, calmé peut-être ce soir par la proclamation de la régence, reviendra demain à l'assaut pour arracher une autre nouveauté. Chacune de ces manifestations irrésistibles emportera avec une demi-concession un dernier lambeau de pouvoir. Le peuple y sera poussé par des républicains plus implacables que vous. Vous n'aurez laissé du trône que ce qu'il en faut pour irriter la liberté, pas assez pour la contenir. Ce trône sera le but permanent des oppositions, des séditions, des agressions de la multitude. Vous marcherez de 20 juin en 10 août jusqu'aux journées sinistres de septembre. Aujourd'hui on demandera à ce faible pouvoir l'échafaud au dedans, demain on en exigera la guerre au dehors. Il ne pourra rien refuser, ou il sera violenté. Vous alléchérez le peuple au sang. Malheur et honte à la révolution s'il en goûte! Vous tomberiez dans le 93 de la misère, du fanatisme, du socialisme. La guerre civile acharnée de la faim et de la propriété, ce cauchemar des utopistes, deviendra la réalité momentanée de la patrie. Pour avoir voulu arrêter une femme et un enfant sur la pente d'un détrônement pacifique, vous ferez rouler la France, la propriété, la famille dans un abîme d'anarchie et de sang. »

V

Les visages paraissaient émus. Lamartine continua :
« Quant à moi, je vois trop clairement la série de catastrophes consécutives que je préparerais à mon pays, pour essayer d'arrêter l'avalanche d'une révolution pareille sur une pente où aucune force dynastique ne pourra la retenir sans accumuler sa masse, son poids, les ruines de sa chute. Il n'y a, je vous le répète, qu'une seule force capable de préserver le peuple des dangers qu'une révolution, dans de telles conditions sociales, va lui faire courir : c'est la force du peuple lui-même, c'est la liberté tout entière, c'est le suffrage, la volonté, la raison, l'intérêt, la main, l'arme de tous! c'est la république!

» Oui, c'est la république, continua-t-il avec un accent d'intime conviction, qui peut seule aujourd'hui vous sauver de l'anarchie, de la guerre civile, de la guerre étrangère, de la spoliation, de l'échafaud, de la décimation de la propriété, du bouleversement de la société et de l'invasion étrangère. Le remède est héroïque, je le sais. Mais à des crises de temps et d'idées comme celles où nous vivons, il n'y a de politique efficace qu'une politique grande et audacieuse comme la crise elle-même. En donnant demain la république par son nom au peuple, vous le désarmez à l'instant du mot qui l'agite. Que dis-je? vous changez à l'instant sa colère en joie, sa fureur en enthousiasme. Tout ce qui a le sentiment républicain dans le cœur, tout ce qui a le rêve de république dans l'imagination, tout ce qui regrette, tout ce qui aspire, tout ce qui raisonne, tout ce qui rêve en France, républicains des sociétés secrètes, républicains militants, républicains spéculatifs, peuple, tribuns, jeunesse, écoles, journalistes, hommes de main, hommes de pensée, ne poussent qu'un cri, se rangent autour de leur drapeau, s'arment pour le défendre, se rallient confusément d'abord, en ordre ensuite, pour protéger le gouvernement et pour préserver la société elle-même derrière ce gouvernement de tous. Force suprême qui peut avoir ses agitations, jamais ses détrônements ou ses écroulements ; car ce gouvernement porte sur le fond même de la nation. Il fait seul appel à tous. Lui seul peut se conserver, lui seul peut se modérer, lui seul peut apporter, par la voix et par la main de tous, la raison, la volonté, les suffrages nécessaires, et les armes pour sauver non-seulement la nation de la servitude, mais la société, la famille, la propriété, la morale, menacées par le cataclysme d'idées qui fermentent sous les fondements de ce trône à demi écroulé. Si l'anarchie peut être domptée, sachez-le bien, c'est par la république ! Si le communisme peut être vaincu, c'est par la république ! Si la révolution peut être modérée, c'est par la république ! Si le sang peut être épargné, c'est par la république ! Si la guerre universelle, si l'invasion qu'elle ramènerait peut-être comme une réaction de l'Europe sur nous, peuvent être écartées, sachez-le bien encore, c'est par la république ! Voilà pourquoi, en raison et en conscience d'homme d'État, devant Dieu et devant vous, sans illusion comme sans fanatisme, si l'heure pendant laquelle nous délibérons est grosse d'une révolution, je ne veux point conspirer pour une demi-révolution. Je ne conspire pour aucune. Mais s'il doit y en avoir une, je l'accepterai tout entière, et je me déciderai pour la république ! Mais, ajouta-t-il en se levant, j'espère encore que Dieu épargnera cette crise à mon pays ; car j'accepte les révolutions, mais je ne les fais pas. Pour prendre la responsabilité d'un peuple, il faut être un scélérat, un fou ou un Dieu.

» — Lamartine a raison ! s'écria un des interlocuteurs. Plus impartial que nous, il a cependant plus de foi dans nos idées que nous-mêmes.

» — Nous sommes convaincus, s'écrièrent-ils tous. Séparons-nous, et faites, ajoutèrent-ils en s'adressant à Lamartine, ce que les circonstances vous inspireront de mieux. »

VI

Pendant que ceci se passait dans un des bureaux de la Chambre, une scène analogue se passait dans un bureau voisin.

Un jeune homme, accrédité, malgré ses années, parmi les républicains plus avancés en âge, M. Emmanuel Arago, fils de l'illustre citoyen qui avait créé ce nom, s'efforçait d'entraîner M. Odilon Barrot au parti de la république.

M. Emmanuel Arago, sorti quelques moments auparavant du bureau du *National*, où il avait harangué le peuple par une fenêtre, avait entraîné, par son nom et par sa voix, des groupes de combattants sur la place de la Concorde. Arrêté à l'issue de la rue Royale par des masses de troupes qui stationnaient sur cette place, il avait demandé à parler au général Bedeau. Le général était accouru au galop et l'avait laissé passer comme un parlementaire du peuple venant apporter à la Chambre des conseils et des informations propres à suspendre la lutte. M. Emmanuel Arago parlementait en effet avec des députés de toute nuance dans ce bureau, lorsque M. Odilon Barrot, provoqué par ses amis, y entra. M. Emmanuel Arago et ses amis, rédacteurs du journal *la Réforme*, ne purent entraîner M. Odilon Barrot. Son opinion pouvait être flottante, son devoir était précis. Il était ministre. Ses concessions auraient été des trahisons. Il résista avec courage, il eut l'éloquence du caractère. Il y a des hommes qui se retournent et qui grandissent au bord de l'abîme. M. Barrot fut un de ces hommes. Il eut le désespoir héroïque et des accents dignes de l'antiquité.

Lamartine, après avoir quitté les républicains qui venaient de l'entourer, rentra dans la Chambre.

VII

Les tribunes étaient pleines et mornes, les bancs de la salle, peu garnis de députés. Les physionomies, pâles et affaissées, révélaient les insomnies de la dernière nuit, les présages du jour. Les députés, chassés à chaque instant de leur banc par l'agitation intérieure de leur pensée, causaient à voix basse, lançant sur les députés d'opinion contraire des regards scrutateurs. On cherchait à lire sur le visage des membres de l'opposition le destin de la journée. Quelques-uns allaient aux informations dans les couloirs, d'autres montaient sur la plate-forme du péristyle, pour contempler de plus haut les mouvements inintelligibles du peuple et des troupes sur la place de la Concorde. De minute en minute, les détonations lointaines des fusillades, faisaient frémir les vitres du dôme et pâlir des femmes dans les tribunes. Lamartine s'assit seul à son banc désert. Il n'échangea un mot avec aucun de ses collègues pendant les deux heures de cette séance. Sa crainte était muette comme son espérance, ou plutôt il ne savait pas s'il craignait ou s'il espérait. Il s'attristait. Les révolutions sont des sphinx. Elles ont un mot qu'on ne leur demande pas sans terreur.

VIII

M. Thiers paraît un moment dans la salle qui précède l'enceinte, la tête nue, le visage bouleversé par le contre-coup des scènes dont il vient d'être l'acteur ou le témoin au départ du roi. Les députés monarchiques se groupent autour de lui, et le pressent d'interrogations. Il s'incline comme sous le poids de la destinée, puis; se redressant et élevant son chapeau de la main droite au-dessus de sa tête avec le geste d'un pilote en perdition : « La marée monte, monte! » s'écrie-t-il. Et il se perd dans la foule. Ce mot consterna ceux qui l'entendirent. C'était le cri de la détresse qui s'abîme dans la résignation.

Le fauteuil du président était vide, comme si la pensée de la Chambre eût été visiblement absente de ce simulacre de délibération. M. Sauzet, président aimé de l'Assemblée et du roi, y monte enfin. M. Sauzet avait sur les traits le pressentiment de la séance, la tristesse des funérailles de la dynastie. Pas un seul ministre aux bancs du gouvernement. On voyait l'interrègne partout. Les yeux de la

Chambre cherchaient un homme à interroger, un signe de pouvoir à environner. Le silence régnait. Un jeune député, M. Laffitte, nom fatal aux trônes, monte à la tribune. Il s'adresse à tous les partis, à l'opposition surtout, généreuse puisqu'elle est triomphante, et demande que la Chambre, préoccupée du salut commun, se déclare en permanence. C'est le signal des moments extrêmes. La Chambre, à l'unanimité, adopte cette motion. Mais les députés monarchiques se bornent à cette mesure ; aucune initiative énergique ne part de leurs rangs. L'heure est perdue dans une vaine attente.

Cependant un officier en uniforme est introduit précipitamment dans la salle. Il monte l'escalier de la tribune et parle à l'oreille de M. Sauzet. M. Sauzet se lève, invoque le silence. Il annonce d'une voix ferme, mais émue, que madame la duchesse d'Orléans et ses enfants vont entrer dans la salle. L'annonce de l'arrivée de la princesse agite sans étonner. On présageait l'abdication. On s'attendait à la proclamation de la régence. On ignorait la fuite du roi. On trouvait naturel que la princesse, mère du jeune roi, vînt présenter son fils à l'adoption du pays par la Chambre des députés. Les hommes de service rangent deux chaises et un fauteuil au pied de la tribune, en face de l'Assemblée. Un respectueux silence s'établit sur tous les bancs. Les députés descendent des hauteurs de la salle pour se rapprocher de la scène. Les spectateurs dans les tribunes se penchent, le corps en avant, les visages tendus vers les portes. L'attitude universelle est pleine de la décence du lieu et de l'anxiété du spectacle.

IX

La large porte qui existe en face de la tribune, à la hauteur des bancs les plus élevés de la salle, s'ouvre. Une femme paraît, c'est la duchesse d'Orléans. Elle est vêtue de deuil. Son voile relevé à demi sur son chapeau laisse contempler son visage empreint d'une émotion et d'une tristesse qui en exaltent la jeunesse et la beauté. Ses joues pâles sont tracées des larmes de la veuve et des anxiétés de la mère. Il est impossible à un regard d'homme de se reposer sur ces traits sans attendrissement. Tout ressentiment contre la monarchie s'évapore de l'âme. Les yeux bleus de la princesse errent dans l'espace, dont ils sont un moment éblouis, comme pour y demander secours à tous les regards. Sa taille frêle et élancée s'incline au bruit des applaudissements qui l'accueillent. Une légère rougeur, lueur d'espérance dans la chute et de joie dans le deuil, colore ses joues. Son sourire de reconnaissance éclate sous ses larmes. On voit qu'elle se sent entourée d'amis. Elle tient de la main droite le jeune roi qui trébuche sur les marches, et de la main gauche son autre fils, le petit duc de Chartres, enfants pour qui leur catastrophe est un spectacle. Ils sont tous deux vêtus d'une veste courte de drap noir; une collerette blanche retombe de leur cou sur leurs vêtements: portraits de Vandyck vivants et sortis de la toile des enfants de Charles Ier.

Chambre cherchaient un homme à interroger, un signe de pouvoir à environner. Le silence régnait. Un jeune député, M. Laffitte, nom fatal aux trônes, monte à la tribune. Il s'adresse à tous les partis, à l'opposition surtout, généreuse puisqu'elle est triomphante, et demande que la Chambre, préoccupée du salut commun, se déclare en permanence. C'est le signal des moments extrêmes. La Chambre, à l'unanimité, adopte cette motion. Mais les députés monarchiques se bornent à cette mesure ; aucune initiative énergique ne part de leurs rangs. L'heure est perdue dans une vaine attente.

Cependant un officier en uniforme est introduit précipitamment dans la salle. Il monte l'escalier de la tribune et parle à l'oreille de M. Sauzet. M. Sauzet se lève, invoque le silence. Il annonce d'une voix ferme, mais émue, que madame la duchesse d'Orléans et ses enfants vont entrer dans la salle. L'annonce de l'arrivée de la princesse agite sans étonner. On présageait l'abdication. On s'attendait à la proclamation de la régence. On ignorait la fuite du roi. On trouvait naturel que la princesse, mère du jeune roi, vînt présenter son fils à l'adoption du pays par la Chambre des députés. Les hommes de service rangent deux chaises et un fauteuil au pied de la tribune, en face de l'Assemblée. Un respectueux silence s'établit sur tous les bancs. Les députés descendent des hauteurs de la salle pour se rapprocher de la scène. Les spectateurs dans les tribunes se penchent, le corps en avant, les visages tendus vers les portes. L'attitude universelle est pleine de la décence du lieu et de l'anxiété du spectacle.

IX

La large porte qui existe en face de la tribune, à la hauteur des bancs les plus élevés de la salle, s'ouvre. Une femme paraît, c'est la duchesse d'Orléans. Elle est vêtue de deuil. Son voile relevé à demi sur son chapeau laisse contempler son visage empreint d'une émotion et d'une tristesse qui en exaltent la jeunesse et la beauté. Ses joues pâles sont tracées des larmes de la veuve et des anxiétés de la mère. Il est impossible à un regard d'homme de se reposer sur ces traits sans attendrissement. Tout ressentiment contre la monarchie s'évapore de l'âme. Les yeux bleus de la princesse errent dans l'espace, dont ils sont un moment éblouis, comme pour y demander secours à tous les regards. Sa taille frêle et élancée s'incline au bruit des applaudissements qui l'accueillent. Une légère rougeur, lueur d'espérance dans la chute et de joie dans le deuil, colore ses joues. Son sourire de reconnaissance éclate sous ses larmes. On voit qu'elle se sent entourée d'amis. Elle tient de la main droite le jeune roi qui trébuche sur les marches, et de la main gauche son autre fils, le petit duc de Chartres, enfants pour qui leur catastrophe est un spectacle. Ils sont tous deux vêtus d'une veste courte de drap noir; une collerette blanche retombe de leur cou sur leurs vêtements : portraits de Vandyck vivants et sortis de la toile des enfants de Charles Ier.

Le duc de Nemours marche à côté de la duchesse d'Orléans, fidèle à la mémoire de son frère dans ses neveux. Protecteur qui aura bientôt besoin d'être protégé lui-même. La figure de ce prince, ennoblie par le malheur, respire la satisfaction courageuse, mais modeste, d'un devoir accompli au péril de son ambition et de ses jours. Quelques généraux en uniforme, des officiers de la garde nationale, descendent sur la trace de la princesse. Elle salue avec une grâce timide l'Assemblée immobile; elle s'assoit entre ses deux enfants au pied de la tribune, innocente accusée devant un tribunal sans appel qui vient entendre plaider la cause de la royauté. Dans ce moment, cette cause était gagnée dans les yeux et dans les cœurs de tous. La nature triomphera toujours de la politique dans une assemblée d'hommes émus par les trois plus grandes forces de la femme sur le cœur humain : la jeunesse, la maternité et la pitié.

X

On semble attendre une parole. La tribune des orateurs est vide. Qui oserait parler en face d'un pareil spectacle? On laisse parler la scène elle-même. On se recueille dans son émotion.

Cependant l'heure presse. Il faut devancer la révolution par un vote, ou toute parole viendra trop tard. Un député connu pour son indépendance et pour son intrépidité, M. Lacrosse, généreux et franc comme les hommes de Bretagne, se défiant à tort de son autorité, se lève. Il demande, dans une intention visible de provocation à l'éloquence d'un des maîtres de la tribune, que la parole soit donnée à M. Dupin.

L'intention était pieuse, mais elle manquait d'instinct. Un frémissement ombrageux parcourt l'Assemblée et soulève un chuchotement qui se grossit presque en murmure. M. Dupin passait pour l'ami et le confident personnel du roi. Chef de ses conseils privés, on voyait en lui dans un pareil moment moins l'orateur de la nation que l'interprète affidé des vœux de la cour. « C'est le roi qui va parler, » se dit-on tout bas. La défiance arme d'avance contre l'entraînement. On s'endurcit par l'orgueil d'entrevoir et d'éviter un piége. C'est un drame concerté la nuit aux Tuileries. On entrevoit la trame. L'effet est manqué. Un cri de l'âme, un geste militaire de M. Lacrosse aurait entraîné l'Assemblée. Un grand orateur la glace. Tout est dans l'heure. Ce n'était pas l'heure de M. Dupin; c'était celle d'un sentiment inculte, mais communicatif. M. Lacrosse avait ce sentiment dans le cœur et l'aurait trouvé dans la voix.

M. Dupin le sentait lui-même et il avait l'instinct du silence. « Je n'ai pas demandé la parole, » dit-il avec étonnement. Mais l'Assemblée impatiente lui montrait du doigt la tribune. Il y monte.

« Messieurs, dit-il d'un ton où l'on sentait trembler la monarchie dans sa voix, vous connaissez la situation de la capitale, les manifestations qui ont eu lieu; elles ont eu pour résultat l'abdication de Sa Majesté Louis-Philippe, qui a déclaré qu'il déposait le pouvoir et qu'il le laissait à sa libre transmission sur la tête du comte de Paris, avec la régence de madame la duchesse d'Orléans. »

Les amis de la dynastie se hâtent d'applaudir, comme pour saisir d'un premier mouvement de surprise cette régence que la discussion peut leur enlever. Ils feignent de prendre pour gage d'une nouvelle monarchie inaugurée les cris de respectueux attendrissement qui saluent un enfant et une femme des noms de régente et de roi.

M. Dupin veut enregistrer ces cris sur la tribune même, comme pour les rendre irrévocables. « Messieurs, dit-il, ces acclamations, si précieuses pour le nouveau roi et pour madame la régente, ne sont pas les premières qui l'aient saluée. Elle a traversé à pied les Tuileries et la place de la Concorde, escortée par le peuple, par la garde nationale, exprimant ce vœu. Comme il est au fond de son cœur de n'administrer qu'avec le sentiment profond de l'intérêt public, du vœu national, de la gloire et de la prospérité de la France, je demande qu'on dresse un procès-verbal de vos acclamations. »

Des cris plus rares répondent à ces paroles. L'enthousiasme n'a qu'un éclair, comme la foudre; si on se relève, on y a échappé.

M. Sauzet essaye de le ressaisir. « Messieurs, dit-il à son tour, il me semble que la Chambre, par ses acclamations unanimes.... »

On ne le laisse pas achever. Un bruit inusité éclate à la porte de gauche au pied de la tribune. Des inconnus, des gardes nationaux en armes, des hommes du peuple en costume de travail enfoncent la porte, coudoient les huissiers groupés au pied de la tribune, envahissent à demi l'hémicycle et interpellent de sourdes vociférations le duc de Nemours.

Quelques députés se précipitent au-devant d'eux pour faire un rempart de leurs corps à la princesse. M. Mauguin, calme et la tête haute, les refoule du geste et de la poitrine. Le général Oudinot leur parle avec une colère martiale. Il traverse ensuite cette foule pour aller invoquer dans la cour l'appui de la garde nationale. Il rappelle l'inviolabilité de l'Assemblée et le respect dû à une princesse et à une femme sous les baïonnettes françaises. Les gardes nationaux l'écoutent, feignent de ressentir son indignation, mais prennent lentement leurs armes, et finissent par temporiser avec l'événement.

Oudinot, indigné, rentre dans la salle. Ses opinions de député, incertaines envers la dynastie, ne sont plus que dans son cœur. Homme et soldat, il bondit devant l'insulte à une femme.

La séance, interrompue par cette demi-invasion du peuple, reprend. Les députés se soulèvent contre l'insinuation du président qui a voulu constater l'acclamation de quelques-uns comme le vote de tous. Ils se pressent pour protester aux pieds des deux escaliers de la tribune. M. Marie, orateur imposant et calme, d'une opposition sévère, mais modérée, parvient à y monter. D'autres lui disputent l'espace de son geste et le bruit de sa voix. Il croise les bras sur sa poitrine et attend son droit.

L'estime qui entoure son caractère redouble l'influence de ses discours. Sa taille élevée, ses traits accentués, quoique brefs, impriment à sa personne quelque chose de tragique qui rappelle le buste romain. Il contemple l'orage sans lui céder, mais sans le vaincre.

Lamartine sent que la délibération va perdre de sa liberté si on discute la régence au-dessus de la tête de la régente et de ses enfants. Il veut sauver à la fois l'esprit de l'Assemblée de l'oppression d'un sentiment et la duchesse de la profanation de son malheur. Il se lève de son banc et, s'adressant à M. Sauzet : « Je demande, dit-il, à monsieur le président de suspendre la séance, par le double motif du respect dû à la représentation nationale et du respect dû à l'auguste princesse qui est ici devant nous. »

XI

Le président obéit à ce conseil qui rend à la fois la dignité au vote, la décence au rang, au sexe, au malheur. Madame la duchesse d'Orléans hésite à se retirer. Elle semble pressentir que sa présence est le seul gage qui reste au rétablissement de la royauté. Le général Oudinot s'élance à la tribune pour ralentir le départ de la princesse ou pour l'honorer d'un dernier salut. « On fait appel à tous les sentiments généreux, dit le brave soldat. La princesse, on vous l'a dit, a traversé les Tuileries et la place de la Concorde, seule, à pied, avec ses enfants, au milieu des acclamations publiques. Si elle désire se retirer, que les portes lui soient ouvertes, que nos respects l'entourent, comme elle était entourée tout à l'heure des respects de la ville de Paris. »

Aucune réclamation ne se faisant entendre contre le départ de la princesse, malgré les habiles allusions de l'orateur à l'amour du peuple : « Accompagnons-la où elle veut aller, » reprend-il.

La princesse n'avait qu'à dire : « Je veux aller aux Tuileries » ; la Chambre en masse, le peuple ému du spectacle l'y aurait ramenée du même flot qui venait de l'en chasser.

Elle n'osa interrompre. Oudinot semblait attendre ce mot. Son épée, sans doute, aurait couvert la veuve et les enfants. « Si elle demande à rester dans cette enceinte, qu'elle reste, poursuivit-il ; qu'elle reste, et elle aura raison, ajouta-t-il avec un accent qui semblait clouer la princesse à sa place, car elle y sera protégée par notre dévouement. »

XII

Mais le tumulte grossissant aux deux portes et au pied de la tribune, la duchesse, respectueusement entraînée par les officiers de sa suite, par le duc de Nemours et par les députés du centre, quitte sa place, monte les gradins par lesquels elle est descendue tout à l'heure, et s'assoit sur un de ces derniers bancs en face de la tribune. Un groupe de députés debout la protége. Des rumeurs croissantes viennent du dehors s'engouffrer dans l'enceinte. M. Marie brave la présence de l'auguste cliente de l'Assemblée.

« Messieurs, dit-il, dans la situation où est Paris, vous n'avez pas une heure à perdre pour prendre des mesures qui puissent avoir autorité sur la population. Depuis ce matin le mal a fait d'immenses progrès. Quel parti prendre? On vient de proclamer la régence de madame la duchesse d'Orléans; mais vous avez une loi qui nomme régent monsieur le duc de Nemours. Vous ne pouvez pas aujourd'hui faire une régence. Il faut que vous obéissiez à la loi. Cependant il faut aviser. Il faut à la tête de la capitale, comme la tête de tout le royaume, d'abord un gouvernement imposant. Je demande qu'un gouvernement provisoire soit institué. »

Pas un murmure ne s'élève à ce mot décisif. Tout règne, toute régence, sont déjà écroulés dans les esprits. Les amis complaisants de la régence du fils aîné du roi, consternés maintenant, sentent quelle faute ils ont faite en violant la loi de la nature qui nommait la duchesse d'Orléans. Il n'y aurait pas aujourd'hui un vide à combler par une loi nouvelle, une constitution à violer, un intervalle de temps nécessaire pour défaire cette loi et pour la refaire, une monarchie à jeter au gouffre avec le régent.

« Quand ce gouvernement sera constitué, continue M. Marie, il avisera concurremment avec les Chambres et il aura autorité sur le pays. Ce parti pris, il faut en instruire à l'instant Paris. C'est le seul moyen d'y rétablir la tranquillité. Il ne faut pas dans un pareil moment perdre son temps en vains discours. Je demande qu'un gouvernement provisoire soit organisé. »

XIII

Les tribunes applaudissent. Aucun contradicteur ne s'élève. La duchesse d'Orléans pâlit davantage. Le duc de Nemours prend des notes au crayon, comme s'il préparait une renonciation magnanime.

Un orateur populaire, M. Crémieux, qui venait d'escorter le roi jusqu'à sa voiture, touché de la grandeur de la situation et du pathétique du spectacle, glisse dans la main de la princesse quelques mots propres à flatter la nation et à faire rendre l'empire, par les mains du peuple lui-même, à la veuve du duc d'Orléans. Si c'est un crime, c'est le crime de la pitié. Qui n'eût commis ce crime, s'il se fût trouvé à côté de cette pauvre femme?

M. Crémieux ne monte pas moins à la tribune après M. Marie. « En 1830, dit-il, nous nous sommes trop hâtés, nous voici en 1848 obligés de recommencer. Nous ne voulons pas nous hâter en 1848. Nous voulons procéder régulièrement, légalement, fortement. Le gouvernement provisoire que vous nommerez ne sera pas seulement chargé de maintenir l'ordre, mais de nous apporter des institutions qui protégent toutes les parties de la population, ce qui avait été promis en 1830 et ce qui n'a pas été tenu. Quant à moi, je vous le déclare, j'ai le plus profond respect pour madame la duchesse d'Orléans. J'ai conduit tout à l'heure, j'ai ce triste honneur, la famille royale jusqu'aux voitures qui l'emportent dans son voyage. Je n'ai pas manqué à ce devoir. Mais maintenant la population, la garde nationale, ont manifesté leur opinion. Eh bien, la proclamation de la régence qu'on vous propose en ce moment violerait la loi déjà portée; nommons un gouvernement provisoire! (Bravos.) Qu'il soit juste, ferme, vigoureux, ami du pays auquel il puisse parler. Nous voici arrivés aujourd'hui à ce que la révolution de Juillet devait nous donner. Profitons des événements. Ne laissons pas à nos fils le soin de renouveler cette révolution. Je demande un gouvernement provisoire composé de cinq membres. »

Pendant que l'Assemblée presque entière adopte par ses applaudissements ou par sa résignation cette motion, le jeune roi, entre les genoux de sa mère, contemple d'un regard distrait ce mouvement tumultueux de l'Assemblée, et il applaudit de ses petites mains la motion qui le détrône. La duchesse d'Orléans froisse entre ses doigts le papier qui contient les mots notés par M. Crémieux. Elle les fait lire à M. Dupin, qui paraît les approuver.

XIV

M. Odilon Barrot entre et monte d'un pas lent et solennel l'escalier des orateurs, qu'il a tant de fois monté et descendu aux applaudissements de l'opposition. Sa figure est pâle, ses sourcils plissés par l'inquiétude, son œil plus creux et plus plein de doute que jamais. Son front semble couvert du nuage de l'avenir. On le regarde avec respect. On sait que ce qui se passe sur son visage se passe dans son cœur. On peut avoir des doutes sur sa décision, on n'en a point sur sa conscience. Le patriotisme désintéressé est sa religion, la popularité est sa seule faiblesse. Il a flotté toute sa vie entre la république et la monarchie, marchant toujours à l'état populaire, en se retenant toujours au trône. Il faut qu'il choisisse. Cette heure résume et interroge sa vie. Elle lui demande impitoyablement le dernier mot qu'elle a demandé en 1830 à La Fayette à l'hôtel de ville. M. Barrot est le La Fayette des orateurs. La république ou la monarchie sont suspendues à ses lèvres.

« Jamais, dit-il, nous n'avons eu plus besoin de sang-froid et de prudence. Puissiez-vous être tous unis dans un même sentiment, celui de sauver le pays du plus détestable des fléaux, la guerre civile! Les nations ne meurent pas! mais elles peuvent s'affaiblir dans les dissensions intestines, et jamais la France n'eut plus besoin de toute sa grandeur et de toute sa force! Notre devoir est tout tracé. Il a heureusement cette simplicité qui saisit toute une nation. Il s'adresse à ce qu'elle a de plus généreux et de plus intime, son courage et son honneur. La couronne de Juillet repose sur la tête d'un enfant et d'une femme. »

Le centre de l'Assemblée, où siègent les amis de la dynastie, salue de nouveau ces paroles de frénétiques applaudissements. Là où penche la popularité de M. Barrot, ils croient voir pencher le destin. La duchesse elle-même, par un heureux instinct de reconnaissance, se lève et salue la tribune. Chacun de ses gestes imprime un mouvement de curiosité et une expression de tendre intérêt aux attitudes et aux visages. Elle se rassoit.

Le jeune roi se lève au signe de la princesse et salue à son tour ceux qui ont applaudi sa mère. Le duc de Nemours parle à l'oreille de la duchesse. Elle se relève de nouveau avec une timidité plus visible. Elle tient un papier dans sa main. Elle l'agite en le montrant au président. Une voix féminine, claire, vibrante, mais étouffée par l'émotion, sort du groupe qui l'entoure et fait courir avec un frisson un léger tintement sur l'Assemblée. C'est la duchesse qui demande à parler aux représentants de la nation. Qui aurait résisté à cette voix? qui n'aurait senti tomber sur son cœur les larmes dont elle eût été sans doute entrecoupée? C'en était fait de la discussion. Le président ne voit pas ce geste, n'entend pas cette voix, ou affecte de ne pas voir ou de ne pas entendre, pour laisser les esprits à M. Barrot. La duchesse, interdite et effrayée de son audace, se rassoit. La nature vaincue reste muette; que pourra l'éloquence?

M. Barrot reprend : « C'est au nom de la liberté politique dans notre pays, c'est au nom des nécessités de l'ordre surtout, au nom de notre union et de notre accord dans les circonstances si difficiles, que je demande à tout mon pays de se rallier autour de ses représentants, de la révolution de Juillet. Plus il y a de grandeur et de générosité à maintenir et à relever ainsi la pureté et l'innocence, et plus mon pays s'y dévouera avec courage. Quant à moi je serai heureux de consacrer mon existence, tout ce que j'ai de facultés dans ce monde, à faire triompher cette cause, qui est celle de la vraie liberté dans mon pays.

» Est-ce que par hasard on prétendrait remettre en question ce que nous avons décidé par la révolution de

Juillet? Messieurs, la circonstance est difficile, j'en conviens, mais il y a dans ce pays de tels éléments de grandeur, de générosité et de bon sens, que je suis convaincu qu'il suffit de leur faire appel pour que la population de Paris se lève autour de cet étendard. Il y a là tous les moyens d'assurer toute la liberté à laquelle ce pays a le droit de prétendre, de la concilier avec toutes les nécessités de l'ordre qui lui sont si nécessaires, de rallier toutes les forces vives de ce pays et de traverser les grandes épreuves qui lui sont peut-être réservées. Ce devoir est simple, tracé par l'honneur, par les véritables intérêts du pays. Si nous ne savons pas les remplir avec fermeté, persévérance, courage, je ne sais quelles peuvent en être les conséquences. Mais soyez convaincus, comme je le disais en commençant, que celui qui a le courage de prendre la responsabilité d'une guerre civile, au sein de notre noble France, celui-là est coupable au premier chef, celui-là est criminel envers son pays, envers la liberté de la France et du monde entier. Quant à moi, messieurs, je ne puis prendre cette responsabilité. La régence de la duchesse d'Orléans, un ministère pris dans les opinions les plus éprouvées, vont donner plus de gages à la liberté; et puisse un appel au pays, à l'opinion publique dans toute sa liberté, se prononcer alors et se prononcer sans s'égarer jusqu'à des prétentions rivales de la guerre civile, se prononcer au nom des intérêts du pays et de la vraie liberté. Voilà mon avis, voilà mon opinion. Je ne pourrais pas prendre la responsabilité d'une autre situation. »

XV

Ce discours expira dans le silence ou dans les murmures. Le temps avait marché pendant que l'orateur parlait. M. Barrot était déjà dans le passé. Le présent n'était plus à lui. L'avenir lui échappait.

M. de La Rochejaquelein s'élança à la tribune. Fils des héros de la Vendée, M. de La Rochejaquelein acceptait la responsabilité de la cause et de la gloire de son père. Mais, Vendéen par le cœur, il était libéral et presque républicain par l'intelligence. A défaut du roi légitime, décapité ou proscrit par la toute-puissance des événements, il ne reconnaissait pour roi que le peuple. Il faisait appel à l'insurrection de 1830, à la liberté de tous les temps. Son habileté, c'était la franchise; sa tactique parlementaire, c'était l'honneur; son éloquence, c'était le cri soudain et toujours généreux de sa conscience. Au milieu de tant d'orateurs, c'était l'orateur équestre, le gentilhomme de tribune. Sa voix avait les explosions du canon sur le champ de bataille. Sa belle physionomie, sa chevelure touffue et léonine, sa tête haute, sa poitrine en avant, son geste héroïque, imposaient aux yeux. Une certaine jovialité d'accent plaisait en lui au peuple; le peuple lui pardonnait son nom royaliste en faveur de son opposition à la nouvelle royauté.

En le voyant s'élancer à la tribune, on crut qu'il venait revendiquer la couronne pour Henri V. Un murmure révéla cette pensée. M. de La Rochejaquelein l'entendit et le réfuta d'un geste. « Nul plus que moi, dit-il en s'inclinant légèrement devant la duchesse d'Orléans, nul plus que moi ne respecte et ne sent plus profondément ce qu'il y a de beau dans de certaines situations. Je n'en suis pas à ma première épreuve!... Je ne viens pas follement élever ici des prétentions contraires à celles auxquelles monsieur Barrot a fait allusion. Non ; mais je crois que monsieur Barrot n'a pas servi, comme il aurait voulu les servir, les intérêts qu'il aurait voulu sauver. Il appartient peut-être à ceux qui, dans le passé, ont toujours servi les rois, de parler maintenant du pays et de parler du peuple. » Puis, se relevant de toute sa taille et adressant aux députés des centres un geste écrasant de vérité et de défi : « Aujourd'hui, s'écria-t-il de sa voix la plus mugissante, vous n'êtes rien ! plus rien ! »

XVI

Ce mot semblait avoir transporté dans l'Assemblée l'insurrection de la rue. Les centres, soulevés, éclatent en cris et en gestes d'indignation et de révolte. « Quand j'ai dit que vous n'êtes rien, reprend l'impassible orateur, je ne croyais pas soulever tant d'orages. Ce n'est pas moi, député, qui vous dirais que vous n'existez plus comme députés, je dis que la Chambre n'existe plus comme... »

Le peuple se charge d'achever la phrase suspendue de l'orateur. On entend heurter contre la porte de gauche au pied de la tribune. Des cliquetis d'armes, des cris, des interpellations, des gémissements d'hommes étouffés les uns par les autres, retentissent dans les corridors.

La salle et les tribunes se lèvent d'un seul bond. Des hommes les bras tendus, des baïonnettes, des sabres, des barres de fer, des drapeaux déchirés au-dessus de leurs têtes, s'efforcent de pénétrer dans l'hémicycle. C'était la colonne du capitaine Dunoyer, grossie des républicains qu'elle avait recrutés en route. Cette colonne était entrée d'abord aux Tuileries, pêle-mêle avec les masses d'insurgés qui avaient envahi le château par toutes les portes. Elle y avait sauvé les gardes municipaux et les soldats oubliés dans la retraite. Parvenue ensuite dans la salle du Trône, la colonne y avait été précédée par Lagrange, le combattant exalté des insurrections de Lyon et de Paris.

Lagrange tenait à la main l'abdication qu'il avait enlevée, comme nous l'avons vu, au maréchal Gérard, au moment où le vieux guerrier la dépliait devant le peuple pour le désarmer.

Lagrange, monté sur une banquette, lit cette abdication au peuple. Puis, promenant sur son auditoire un regard d'interrogation et un sourire de dédain, il semble demander si cette misérable satisfaction suffit au sang répandu depuis trois jours. « Non! non! s'écrient les vainqueurs, ni royauté, ni règne! — Bravo, amis! s'écrie Lagrange, c'est la république qu'il nous faut! » A ce mot, les applaudissements éclatent; des orateurs prennent le trône même pour tribune; ils s'y succèdent en brandissant leurs armes; ils y proclament l'abolition de la royauté. Le capitaine Dunoyer et les siens détachent un des drapeaux qui décoraient le dais du trône; d'autres les imitent, déchirent les drapeaux, en partagent les lambeaux, en font des trophées, des écharpes, des cocardes. Le capitaine Dunoyer rallie autour du sien l'élite de ses hommes, arrachés par sa voix au spectacle de la dévastation du château. Il reforme sa colonne et crie : « A la Chambre! Poursuivons la royauté dans l'asile où son ombre s'est réfugiée! »

La colonne traverse la Seine, longe le quai d'Orsay aux cris de : « A bas la régence! » Elle se grossit, en marchant, de ces hommes que les courants populaires entraînent comme l'eau débordée entraîne sans choix ce qu'il y a de pur et d'impur sur ses bords. Un garçon boucher, son tablier taché de sang, brandissant un coutelas à la main. Un vieillard, la tête nue et chauve, la barbe blanche et hérissée, armé d'une épée nue antique sortie de quelque musée, dont la garde est formée par un pain de munition traversé par la longue lame : modèle vivant d'atelier de peintre. D'autres vagabonds, signalés aux regards par les lambeaux et par l'étrangeté de leurs costumes et de leurs armes, se placent d'eux-mêmes en tête des gardes nationaux et des combattants, comme autant d'éruptions des soulèvements du volcan du peuple. Des élèves de l'École polytechnique marchent entre ces hommes et la colonne. Elle s'avance au pas de course. Les avant-postes de ligne croisent en vain la baïonnette; les républicains abaissent les armes des soldats, les franchissent, aperçoivent les voitures de la cour qui attendent la duchesse aux portes de la Chambre. Ils craignent que les supplications et les larmes d'une femme ne leur enlèvent la révolution. Ils s'avancent en tumulte jusqu'à la grille qui fait face au pont. Les deux mille hommes en bataille commandés par le général Gourgaud les arrêtent sans les repousser. On les raisonne en vain. On les somme de respecter l'inviolabilité de la représentation. « Eh quoi! répond l'un d'eux, nos pères ont franchi tant de fois le seuil de l'Assemblée nationale et de la Convention, et nous ne franchirions pas une fois le seuil de la corruption des cours? »

XVII

Le général Gourgaud se présente et les harangue. Il s'efforce de temporiser au moins avec eux. « Attendez, leur dit-il, je vais aller moi-même dans la salle, et je vous rendrai compte des événements. »

Pendant la courte absence du général, une partie des républicains gravit et franchit le mur d'enceinte extérieur, les gradins du péristyle, et tente de forcer les ouvertures qui prennent jour sous les colonnes de la façade. « Arrêtez, enfants, s'écrie Gourgaud, qui revient à eux. Monsieur Crémieux est à la tribune. Il combat en ce moment la régence. Monsieur Marie, dont vous connaissez le nom, un défenseur incorruptible de votre cause, va venir vous l'annoncer lui-même. »

On écoute avec respect le nom de Marie. La figure militaire du général, le reflet du nom de Napoléon sur son nom, parlent pour lui. « Nous vous croyons, général, répond le chef de la colonne, le capitaine Dunoyer. Mais les amis du peuple sont rares à la Chambre. La majorité vendue va étouffer leurs voix. Il sera trop tard, et la patrie vous maudira pour avoir arrêté nos pas. » A ces mots, Gourgaud, impuissant à dominer leur élan, cède et se range. La troupe reste neutre. La garde nationale applaudit. M. Marie se présente en vain : sa voix est couverte par le tumulte, ses bras comprimés par la foule. Cette foule écarte, renverse, submerge les sentinelles, les huissiers, les représentants qui tentent de s'opposer au torrent.

Le colonel Dumoulin, ancien officier d'ordonnance de Napoléon, qui unit le fanatisme de ses souvenirs militaires au fanatisme de la république, se jette dans cette tête de colonne, comme pour l'entraîner à un assaut. Il arrache le drapeau du trône des mains d'un des combattants, gravit l'escalier des orateurs, et, posant la hampe du drapeau sur le marbre de la tribune, il semble attendre qu'un orateur le suive pour y proclamer la révolution.

Au pied de la tribune, sous les plis du drapeau, un vieillard à la figure douce et calme s'appuie sur le pommeau d'un long sabre nu, comme une cariatide, image du peuple vainqueur et apaisé.

Le garçon boucher, son couteau à la main, traverse seul l'espace vide entre la tribune et les gradins. Les députés refluent d'horreur, se préservent du contact de ses vêtements ensanglantés. Ils forment un groupe plus épais, sur les bancs supérieurs, autour de la duchesse d'Orléans. La princesse, sans s'intimider, prend des notes au crayon sur ses genoux. Elle cherche sans doute dans son propre cœur les paroles qui sauveront le mieux ses fils. Aucun geste, aucun cri des envahisseurs ne tentait d'imposer leur volonté à la représentation nationale. Ils semblaient être venus en spectateurs plus qu'en maîtres du sort que l'Assemblée leur ferait. Tout paraissait suspendu et comme pétrifié dans l'attente commune.

XVIII

Le bruit se répand dans la tribune des journalistes que la révolution est trompée, qu'aux vainqueurs des Tuileries se sont mêlés, en entrant dans la salle, des hommes amenés et suscités par les partisans de la régence pour égarer ou amortir le dénoûment. Cette rumeur paraît fondée. Un républicain, étonné de cette apathie des premiers groupes introduits dans la Chambre, M. Marrast, s'élance de la tribune des journalistes, où il notait les pas de la révolution. « C'est le faux peuple, s'écrie-t-il en traversant le couloir, je vais appeler le vrai ! »

Pendant qu'un nouveau flot d'invasion populaire s'amoncelle au dehors, au dedans le silence et l'indécision continuent. M. Ledru-Rollin, debout au pied de la tribune à gauche, s'efforce d'en gravir les degrés.

Presque seul républicain dans l'Assemblée, depuis quelques années qu'il y siége, inspirateur de la presse républicaine, orateur des banquets démocratiques, adversaire déclaré des compositions, des réticences, des demi-agitations de la gauche dynastique, poussant l'opposition dans la Chambre jusqu'aux termes où la faction commence; hors de la Chambre, jusqu'aux limites où elle deviendrait sédition, M. Ledru-Rollin, jeune, grand, sanguin de visage, fougueux de voix et de geste, mais conservant le sang-froid réfléchi du politique sous l'emportement apparent de l'orateur, semblait l'homme préparé et attendu par l'événement. Sa parole, fortement empreinte par l'étude des formes de l'éloquence plébéienne, avait l'accent un peu posthume de la Convention. On sentait dans ses discours la lampe de Danton. On voyait que son imagination mobile et riche s'était souvent tournée vers le passé pour y modeler l'avenir, et qu'il regrettait les occasions perdues de luttes, de gloire, de mort historique, dans le drame écoulé de la grande révolution.

Isolé à l'extrémité de la Chambre dans un républicanisme prématuré, M. Ledru-Rollin n'y marquait que par son talent. Ses collègues l'avaient écouté jusqu'à ce jour avec plus de curiosité que de terreur. Il n'était à leurs yeux qu'une apparition révolutionnaire, à leur oreille qu'un écho sonore d'un temps à jamais enseveli et muet. Tout à coup les rôles changeaient. C'étaient ses collègues qui fuyaient dans le passé, c'était l'impossible qui devenait la réalité.

« Au nom du peuple partout en armes, dit-il avec le geste d'un chef qui montre ses soldats derrière lui, au nom du peuple maître de Paris, quoi qu'on fasse, je viens protester contre l'espèce de gouvernement qu'on est venu proposer à cette tribune. Je ne fais pas comme vous une chose nouvelle, car en 1842, lors de la discussion de la loi de régence, seul dans cette enceinte j'ai déclaré que cette loi ne pouvait être faite sans appel au pays... Depuis deux jours nous nous battons pour le droit; eh bien, si vous résistez, si vous prétendez qu'un gouvernement par acclamation, un gouvernement éphémère, qu'emporte la colère révolutionnaire, existe, nous nous battrons encore au nom de la constitution de 1791, qui plane sur le pays, qui plane sur notre histoire!... Pas de régence possible d'une façon usurpatrice!... Je proteste, au nom du peuple, contre cette usurpation. Vous parlez d'ordre, d'effusion de sang? Ah! l'effusion du sang nous touche, car nous l'avons vue d'aussi près que personne. Trois mille hommes sont morts! »

A ces mots, le garçon boucher s'élance, sans doute pour venger ses frères, sur les gradins qui mènent au banc de la duchesse d'Orléans. « Il faut en finir, » dit-il entre ses dents.

M. de Mornay, gendre du maréchal Soult, homme d'opposition, mais généreux et intrépide, retient le boucher par son vêtement. Les députés lui barrent la route et le repoussent avec un soulèvement d'indignation. On écarte cet homme. M. Ledru-Rollin reprend, il parle, il développe et il prolonge trop le même argument. Le sentiment est impatient comme la minute. « Pressez donc la question, lui crie M. Berryer, et concluez à un gouvernement provisoire. »

La royauté légitime et la république s'entendent, sans se concerter, pour supprimer un gouvernement d'acclamation et de surprise qui s'interpose entre leurs espérances et le dénoûment.

M. Ledru-Rollin continue : il cite les abdications de Napoléon et de Charles X, toutes deux trompées. L'Assemblée se refroidit, le temps se perd. « Concluez donc! répète M. Berryer; nous savons l'histoire. » M. Ledru-Rollin conclut enfin en demandant la nomination d'un gouvernement provisoire par le peuple et une Convention.

XIX

Les degrés des deux côtés de la tribune sont assiégés de gardes nationaux, de jeunes hommes des écoles, de combattants et d'orateurs. « Lamartine! Lamartine! s'écrie le peuple et une partie de l'Assemblée. Faites parler Lamartine! » Des députés de tous les bancs de la Chambre se pressent autour de Lamartine; d'autres lui font des signes d'intelligence en lui montrant du doigt la tribune, les uns dans l'intention de l'y voir monter pour achever la révolution, les autres pour la modérer et la régulariser en s'y jetant.

Lamartine, immobile et muet depuis le commencement de la séance, tremblait de parler. Il sentait qu'un mot entraînerait la révolution indécise vers une république pleine de problèmes, ou vers une régence pleine d'anarchie. Un troisième élément d'irrésolution faisait hésiter, non ses convictions, mais son âme : c'était la pitié.

Sollicité plusieurs fois de paraître à la cour de madame

la duchesse d'Orléans, qui aimait les lettres, il s'était sévèrement interdit à lui-même tout rapport avec cette princesse, de peur que la reconnaissance n'engageât un jour sa liberté politique. Mais il admirait de loin cette veuve du duc d'Orléans, étrangère, exilée, refoulée de sa vraie place de mère par une loi jalouse et cruelle. Seule, aux Tuileries, entre un tombeau et un trône, elle n'avait du bonheur que le deuil, de la royauté que la perspective, de la maternité que les soucis. On la disait égale en tout à sa destinée par le génie, par l'âme, par les larmes. Sa physionomie révélait tous ces mystères. Sa beauté contenait sa pensée. Le cœur de Lamartine devait avoir été tenté cent fois de se dévouer à cette poésie vivante, et de lui faire restituer le règne ravi par l'iniquité de la loi. N'était-elle pas reine dans l'imagination? Le moment était venu de réaliser ce rêve. Il n'y avait pour cela qu'à jeter à la tribune le cri qui était au fond de tous les cœurs. Les gestes et les voix qui l'y poussaient faisaient de Lamartine l'arbitre de la fortune. L'impartialité un peu austère qu'il avait montrée jusque-là donnait une autorité entraînante à sa décision. La présence de la duchesse, sa pâleur, son regard suppliant, ses enfants pressés sur son cœur, étaient la moitié de l'éloquence nécessaire pour subjuguer une assemblée d'hommes sensibles. Jamais orateur n'eut derrière lui une pareille cliente et de pareils clients. Il rappelaient ces cortéges de femmes et d'enfants détrônés que les orateurs étalaient, pour l'attendrir, devant le peuple romain. Le peuple français est bien plus malléable aux larmes.

XX

Lamartine n'avait qu'à dire à la princesse et à ses fils : « Levez-vous ! Vous êtes la veuve de ce duc d'Orléans dont le peuple a couronné en vous la mort et le souvenir ! Vous êtes les enfants privés de ce père et adoptés par la nation ! Vous êtes les innocents et les victimes des fautes du trône, les hôtes et les suppliants du peuple ! Vous vous sauvez du trône dans une révolution ! Cette révolution est juste, elle est généreuse, elle est française ! Elle ne combat pas des femmes et des enfants ! Elle n'hérite pas des veuves et des orphelins ! Elle ne dépouille pas ses prisonniers et ses hôtes ! Allez régner ! Elle vous rend par compassion le trône perdu par les fautes dont vous n'êtes que les victimes. Les ministres de votre aïeul ont dilapidé votre héritage. Le peuple vous le rend. Il vous adopte, il sera votre aïeul lui-même. Vous n'aviez qu'un prince pour tuteur, vous aurez une mère et une nation !... »

XXI

La Chambre se serait levée en masse à ces paroles relevées par la vue, par les larmes, par les mots entrecoupés de la duchesse, par l'enfant élevé sur les bras de sa mère et apporté sur la tribune. Lamartine aurait entraîné l'Assemblée et quelques gardes nationaux, présents au palais, à la suite de la princesse sur la plate-forme du péristyle. De là, il aurait montré la veuve et l'enfant au peuple indécis, aux troupes fidèles. Les acclamations étaient certaines. Ce cortége, grossi de torrents de gardes nationaux et de peuple dans sa marche, ramenait la duchesse et ses enfants aux Tuileries. Il proclamait la régence. Quelle péripétie! quel drame! quel dénoûment! quel triomphe du cœur sur la raison, de la nature sur la politique!

XXII

Lamartine avait ces mots sur les lèvres, ce geste dans la main, cet acte dans l'imagination, ces larmes dans les yeux. Il ne céda pas à ces nobles tentations de l'homme d'imagination. Il arracha son cœur de sa poitrine; il le contint sous sa main pour n'écouter que sa raison. Sa raison lui rappelait plus fortement encore ce qu'il venait de dire deux heures auparavant au conseil des républicains.

La régence, au milieu d'une crise qui avait soulevé le peuple, entraîné la garde nationale, dissous l'armée, renversé le trône, expulsé le roi, provoqué le suffrage universel, suspendu le travail, jeté deux cent mille ouvriers affamés de droits et de pain sur le pavé, n'était pas la paix. C'était une trêve courte et agitée. La révolution sanglante n'était pas finie. Elle commençait, terrible, convulsive, insatiable, avec ce faible gouvernement de sentiment et de surprise. Lamartine eût sauvé le jour, perdu l'avenir, soulagé son émotion, ruiné son pays. Il ne se crut pas le droit de satisfaire son cœur aux dépens de son pays, et de perdre des milliers de vies pour jouer un beau rôle d'un moment dans le drame efféminé d'une politique de sentiment. Il lui eût été facile, il lui eût été doux de verser sur la tribune cette larme qu'il avait comme tout le monde dans les yeux; mais cette larme serait devenue un torrent de sang des citoyens. Il la retint. C'est là une des sévérités du cœur qui coûtèrent le plus à sa nature. Ce n'est pas une faute de conscience dont il se repente jamais. Il aurait perdu non-seulement la république, mais les victimes mêmes de la catastrophe, qu'il aurait dévouées en les couronnant.

XXIII

Il monta enfin, ou plutôt on le porta à la tribune. Un profond silence s'établit aussitôt qu'on eut jeté le nom de l'orateur au peuple. Lamartine n'osait lever les yeux sur la princesse, de peur qu'un regard ne fît trébucher sa parole ou défaillir sa pénible résolution.

D'une voix sourde comme l'abîme de la destinée qu'il allait sonder : « Messieurs, dit-il, je partage aussi profondément que qui que ce soit parmi vous le double sentiment qui a remué tout à l'heure cette enceinte, en voyant un des spectacles les plus touchants que puissent présenter les annales humaines, celui d'une princesse, auguste dans son malheur, se couvrant de l'innocence de son fils, et venant se jeter, du sein d'un palais envahi et abandonné, dans le sein de l'asile de la représentation du peuple! »

A ces mots, où les uns préjugent une invocation à la pitié, les autres une faiblesse de patriotisme, un murmure d'applaudissement des centres, de mécontentement du peuple, s'élève et se confond en une légère rumeur. Lamartine s'en aperçoit, et, promenant sur les centres et le peuple un regard où l'on ne peut lire encore sa pensée :

« Je demande, dit-il, qu'on me laisse achever ma phrase, et je prie d'attendre celle qui va la suivre. »

On redouble de silence et d'anxiété.

« Je disais, messieurs, que j'avais partagé avec vous le sentiment qui avait agité tout à l'heure cette enceinte. Et ici, je ne distingue pas entre cette représentation nationale présente en nous et cette représentation du peuple de Paris mêlé à nous sur ces bancs ! C'est le moment de l'égalité, et cette égalité, j'en suis sûr, ne servira qu'à faire reconnaître volontairement en nous par ce peuple le droit de rétablir la concorde et la paix publique !

» — Oui, oui ! s'écrient les groupes de combattants debout à la droite de l'orateur, au pied de la tribune.

» — Mais, messieurs, reprend Lamartine, si je partage cette émotion qu'inspire l'attendrissant spectacle des plus grandes catastrophes humaines; si je partage ce respect auquel l'infortune ajoute encore en nous, quelles que soient nos opinions politiques, je ne partage pas avec moins de vivacité le respect dû à ce peuple, combattant depuis trois jours pour renverser un gouvernement rétrograde et pour rétablir sur une base désormais inébranlable l'empire de l'ordre et l'empire de la liberté. Et pour cela je ne me fais pas à moi-même l'illusion qu'on se faisait tout à l'heure à cette tribune : je ne me figure pas qu'une acclamation momentanée, arrachée par une honorable émotion à une Assemblée attendrie par un sentiment naturel, puisse fonder un gouvernement solide et incontesté pour trente-six millions d'hommes. Je sais que ce qu'une acclamation apporte, une autre acclamation peut l'emporter. Je sais que, quelle que soit la nature de gouvernement qu'il convienne à la sagesse et aux intérêts du pays de se donner pour sortir de la crise où nous sommes, il importe à tout ce peuple, à toutes les classes de la population, à ceux-là surtout qui ont versé quelques gouttes de leur sang dans cette lutte, il leur importe d'avoir cimenté de ce sang, non un gouvernement éphémère, mais un établissement stable, national, populaire, inébranlable enfin !

» — Oui, oui, s'écrient les combattants en agitant leurs drapeaux, en brandissant leurs armes, en montrant les traces du sang et de la poudre sur leurs mains.

» — Eh bien, reprend Lamartine avec une énergie de réflexion plus affermie dans la voix : comment y parvenir ? comment trouver un gouvernement parmi les éléments flottants de ce naufrage, dans cette tempête où nous sommes tous emportés, où une vague populaire vient grossir à chaque minute jusque dans cette enceinte la vague qui nous a submergés? comment trouver cette base inébranlable? comment, messieurs ? En allant jusqu'au fond du peuple et du pays; en allant extraire du droit national ce grand mystère de la souveraineté universelle d'où sortent tout ordre, toute liberté, toute vérité. C'est pour cela que, loin d'avoir recours à ces subterfuges, à ces surprises, à ces émotions du moment, à ces fictions dont un pays, vous le voyez, se repent tôt ou tard, quand ces fictions s'évanouissent, c'est pour cela que je viens appuyer la double motion qui est faite, et que j'aurais faite le premier à cette tribune, la proposition d'abord d'un gouvernement d'urgence, de nécessité, de circonstance, d'un gouvernement qui étanche le sang qui coule, d'un gouvernement qui suspende la guerre civile entre les citoyens ! »

XXIV

A ces mots, comme si la pensée de Lamartine eût été une proclamation de paix acceptée par le peuple, le peuple bat des mains. Par un geste significatif de cette acceptation de la trêve, le vieillard à longue barbe debout au pied de l'orateur remet solennellement son sabre dans le fourreau.

Lamartine reprend : « D'un gouvernement qui éclaircisse le malentendu terrible qui existe depuis quelques années entre les différentes classes des citoyens, et qui, en nous empêchant de nous fondre et de nous reconnaître en un seul peuple, nous empêche de nous aimer et de nous embrasser en une véritable unité.

« Je demande donc que l'on constitue à l'instant, du droit de la paix publique, du droit du sang qui coule, du droit de ce peuple affamé par le glorieux travail qu'il accomplit depuis trois jours, je demande qu'on institue un gouvernement provisoire ! »

Les applaudissements s'étendent sur toute la Chambre, qui comprend qu'aucune autre voie de salut ne reste à la situation.

« Un gouvernement, continue l'orateur, qui ne préjuge rien ni de nos ressentiments, ni de nos désirs, ni de nos colères actuelles sur la nature du gouvernement définitif qu'il plaira à la nation de se donner quand elle aura été interrogée. »

Mille bravos éclatent à cette réserve des droits de la nation. « C'est cela, c'est cela ! s'écrie le peuple lui-même. Nommez, nommez ! nommez les membres de ce gouvernement!

» — Attendez, reprend l'orateur. Ce gouvernement aura pour première mission d'établir la trêve urgente entre les citoyens ; secondement, de convoquer le pays électoral tout entier, et, quand je dis tout entier, j'entends tout ce qui porte dans son titre d'homme, d'être capable d'intelligence et de volonté, son titre de citoyen. Un dernier mot. Les pouvoirs qui se sont succédé depuis cinquante ans !... »

XXV

La dernière phrase de l'orateur est coupée par une salve de coups de feu dont le contre-coup ébranle la tribune et roule dans les corridors. Le peuple présent jette un cri de joie en tendant les mains vers la porte. La Chambre se lève en sursaut. Les portes qui séparent la tribune des couloirs se brisent sous les crosses de fusil ou sous la pression des épaules robustes d'un nouveau renfort d'assaillants.

C'est une avant-garde d'environ trois cents hommes

sortis des Tuileries après le sac du château. Tous échauffés par un combat de trois jours, quelques-uns enivrés par l'odeur de la poudre et par la marche, ils viennent de traverser la place de la Concorde sous les yeux des généraux qui ont fait ouvrir les baïonnettes devant eux. Arrivés aux portes extérieures de l'Assemblée, leurs camarades de l'intérieur les ont introduits sur un signe de M. Marrast. Guidés par des complices qui connaissent les avenues secrètes du palais, ils s'étouffent dans les couloirs et se précipitent en poussant des cris de mort dans les tribunes des spectateurs. Leurs vestes déchirées, leurs chemises ouvertes, leurs bras nus, leurs poings fermés, semblables à des massues de muscles, leurs cheveux hérissés et brûlés par les cartouches, leurs visages exaltés du délire des révolutions, leurs yeux étonnés de l'aspect inconnu pour eux de cette salle où ils plongent d'en haut sur des milliers de têtes, tout dénote en eux des ouvriers du feu qui viennent donner le dernier assaut au dernier réduit de la royauté. Ils enjambent les bancs, ils coudoient, ils écrasent les assistants dans les tribunes, ils élèvent d'une main leurs chapeaux ou leurs bonnets de loutre, ils brandissent une arme de rencontre, pique, baïonnette, sabre, fusil, barre de fer. « *A bas la régence! Vive la république! A la porte les corrompus!* » La voûte tremble de ces cris.

La même irruption éclate et tonne par les larges portes déjà obstruées qui s'ouvrent au pied de la tribune. Le chef de la colonne, le capitaine Dunoyer, agite au-dessus de la tête des orateurs le drapeau tricolore aux franges d'or, trophée du trône renversé aux Tuileries. Les députés consternés pâlissent à ce témoignage de la victoire du peuple.

« Ce drapeau, s'écrie le capitaine Dunoyer, vous atteste qu'il n'y a plus ici d'autre volonté que la nôtre, et au dehors il y a cent mille combattants qui ne subiraient plus de rois ni de régence! » De nombreux députés se glissent de leurs bancs et se retirent un à un par toutes les issues! « Place aux traîtres! honte aux lâches! » vocifère le peuple des tribunes. La duchesse d'Orléans reste presque découverte et abandonnée, pâle et tremblante pour ses enfants. Le peuple ne la voit pas, cachée par un rideau de députés.

XXVI

Lamartine est toujours debout à la tribune, que lui disputent sans cesse de nouveaux assaillants. Le président Sauzet se couvre en signe de détresse et de violation de l'Assemblée. Signe tardif. A ce signe le peuple, irrité, menace le président de la voix et du geste. Un homme s'élance vers lui et lui ôte son chapeau, pour sauver sa vie par ce signe de respect forcé à la victoire.

A ce moment, le bruit sinistre d'une lutte sourde fait lever tous les regards sur une des tribunes de droite; un groupe de combattants s'y précipite comme à la brèche d'une ville prise d'assaut. Leurs armes, leurs gestes, leurs cris d'impatience, y manifestent la dernière et la plus criminelle résolution. D'autres combattants, mêlés à ceux-là, cherchent en vain à les contenir. On voit ondoyer le canon des fusils et l'acier des baïonnettes en sens contraires, comme des épis agités par des vents opposés. « Où est-elle? où est-elle? » crient quelques combattants, plus curieux que malintentionnés, pendant qu'ils indiquent du doigt la place, au centre, où la duchesse d'Orléans et ses enfants sont encore oubliés et comme ensevelis sous un groupe à peine suffisant de députés.

A ces cris, à ces gestes, la princesse est entraînée hors de la salle. Elle tombe avec sa faible suite et ses enfants au milieu du tumulte d'assaillants qui déborde des corridors extérieurs des tribunes. Elle échappe avec peine à l'insulte, à l'étouffement, à la mort, grâce à son sexe, à son voile, qui l'empêche d'être reconnue, et aux bras de quelques députés courageux, parmi lesquels on distingue encore M. de Mornay. Mais, séparée, par l'ondoiement des groupes, de ses deux enfants et du duc de Nemours, elle parvient, seule avec ses défenseurs, à percer la foule d'insurgés et à descendre les escaliers qui ouvrent sur la salle des pas perdus.

Là, de nouvelles vagues de peuple l'enveloppent, la submergent, la font flotter d'un mur à l'autre comme un débris dans une tempête. Ils la jettent enfin, à demi étouffée et presque évanouie, contre une porte vitrée dont les carreaux se brisent sous le choc de ce frêle corps de femme. Revenue à elle, elle ne voit plus ses enfants; elle les appelle, on les lui promet, on court les chercher sous les pieds de la foule. Pendant ce temps-là, on parvient à former un groupe de quelques amis autour de la princesse. On ouvre une des portes vitrées de plain-pied avec le jardin de la présidence de la Chambre. On l'entraîne en sûreté par ce jardin jusque dans le palais du président, pour y attendre son sort et y recueillir ses enfants.

Le comte de Paris, arraché par le tumulte à sa mère et désigné au peuple comme le roi futur, avait été brutalement saisi à la gorge par un homme d'une taille colossale. La main énorme et osseuse de ce frénétique étouffait presque le pauvre enfant, en faisant, dans un jeu sinistre, le geste de l'étrangler. Un garde national qui cherchait l'enfant, témoin de cette odieuse profanation, rabattit, d'un coup de poing vigoureusement asséné, le bras de cet homme sans âme; il lui arracha le jeune prince et le porta tout tremblant et tout souillé sur les pas de sa mère, qui fondit en larmes en l'embrassant.

Mais il manquait à sa mère son autre fils le petit duc de Chartres. Elle l'appelait à grands cris et se collait aux vitres du jardin pour le voir rapporter de plus loin. L'enfant était tombé sous la masse tumultueuse du peuple en passant de la tribune dans les corridors; il était foulé aux pieds de la multitude, dont le bruit ne laissait pas même entendre ses cris étouffés; il fut un moment égaré.

Le duc de Nemours, séparé également de la princesse par la foule, était parvenu à la traverser sans insulte. Il s'était réfugié dans un bureau de la Chambre. On lui prêta des habits pour se travestir et pour sortir sans être reconnu.

XXVII

D'autres hommes venaient d'entrer dans les couloirs. Ils parlaient, ils élevaient dans leurs mains les casques, les bonnets à poil, les sabres encore ensanglantés des gardes municipaux immolés sur la place de la Concorde. Quelques-uns étaient armés de fusils. L'un d'eux, ouvrier en veste à manches noircies par le travail, à la figure égarée, au geste brusque et saccadé comme la démence, se perche sur le rebord de la même tribune d'où les menaces étaient parties contre la princesse. Il ajuste le président. Mille cris s'élèvent pour avertir M. Sauzet. M. Sauzet ne pâlit pas, mais il quitte enfin son fauteuil, pour éviter un prétexte au crime, descend précipitamment les marches et sort de la salle.

Au même instant le jeune ouvrier, ne voyant plus de président au fauteuil, mais apercevant Lamartine seul en vêtement noir au centre de la tribune, au milieu des armes et des drapeaux, croit que c'est un autre président ou un orateur ennemi du peuple ; il l'ajuste lentement, comme un chasseur qui vise à loisir. Le capitaine Dunoyer, placé à la gauche de M. de Lamartine, s'efforce de le couvrir de son corps et lui crie : « Effacez-vous, on tire sur vous.
— Je vois le fusil sur ma poitrine, répond en souriant Lamartine, mais il vise mal, il ne me touchera pas. D'ail-

leurs, qu'importe qu'on me tue? Si je meurs à la tribune en ce moment, je meurs à mon poste. »

De toutes parts les bras se lèvent vers la galerie du second étage, d'où plongent les canons de fusil. « Ne tirez pas, c'est Lamartine! » crie le peuple d'en bas au peuple d'en haut. L'homme armé n'écoute rien. Le sergent de garde nationale du Villard se précipite sur lui et relève le coup. D'autres braves combattants le désarment. Ils l'entraînent, malgré ses cris de rage, hors de la salle où il voulait ensanglanter la tribune et déshonorer la révolution.

XXVIII

Presque tous les députés des centres se sont retirés après le départ du président, après la fuite de la duchesse et après la scène des fusils. Un certain nombre d'hommes intrépides, parmi lesquels on remarque M. de Las-Cases, cœur ferme dans un faible corps, des membres de l'opposition restent confondus sur leurs bancs avec la foule du peuple et les gardes nationaux qui les ont envahis. La tribune elle-même est assiégée et redescendue tour à tour par un assaut d'orateurs étrangers à la Chambre; ils viennent y faire quelques gestes de combat, de victoire, de commandement, y vociférer quelques motions rendues dans un tumulte de clameurs.

Lamartine, demeuré ferme à la tribune pour ne pas la

livrer à l'anarchie des motions, se range seulement de côté et attend que le désordre s'affaisse sous son propre excès. De toutes parts les députés et le peuple lui font des signes d'intelligence pour le retenir sur la brèche et pour le conjurer de n'en redescendre qu'avec un gouvernement proclamé. « Montez au fauteuil! montez au fauteuil! Que Lamartine nous préside! » lui crient mille voix. Il s'y refuse. Il sait que le fauteuil est trop loin du peuple, et qu'il lui faut en ce moment un inspirateur rapproché de son oreille et non un président muet. « Allez, dit-il à quelques jeunes gens actifs, intelligents, intrépides, qui se pressent autour de lui pour communiquer ses inspirations à la foule, allez chercher ce vieillard sur son banc, *c'est Dupont de l'Eure*. C'est le nom le plus imposant de la France libérale et républicaine, c'est le directeur de l'estime publique. Il n'y a plus de force en ce moment que le respect. Ce vieillard courageux aura aux yeux de ce peuple l'inviolabilité de la vénération. Son nom donnera le sceau de l'autorité morale et de la vertu aux actes que nous allons tenter pour rétablir l'ordre. Si sa modestie refuse, faites violence à ses cheveux blancs et entraînez-le malgré lui au fauteuil. C'est l'homme nécessaire; la Providence l'a gardé pour ce jour. »

Les jeunes gens obéissent. Ils portent Dupont de l'Eure au fauteuil. A son aspect les têtes se découvrent, les mains applaudissent. Les visages se recueillent. La révolution a un modérateur, le peuple a une conscience dans son soulèvement, la tribune une voix digne de prononcer ses volontés.

XXIX

Lamartine se dresse sur la pointe des pieds et dit à voix basse à Dupont de l'Eure : « Hâtez-vous de proclamer les noms des membres du gouvernement provisoire que va désigner l'acclamation des députés et du peuple. Pressez le temps avant qu'il nous échappe. » Dupont de l'Eure, la tête inclinée vers Lamartine, fait un signe d'assentiment.

Des voix confuses demandaient à grands cris la nomination du gouvernement provisoire. On apporte à Lamartine plusieurs listes de noms dressées à la hâte par des jeunes gens qui les écrivent au hasard sur leurs genoux. Lamartine y jette un coup d'œil rapide, déchire ceux-ci, élague ceux-là. La confusion et l'impatience se mettent dans les rangs du peuple. Les plus rapprochés de la tribune crient : « Nommez-les! nommez-les! proclamez-vous vous-même! » lui crient les plus véhéments. Lamartine résiste. Il ne veut pas décréditer d'avance le scrutin du peuple en imprimant aux noms désignés l'autorité arbitraire du choix d'un seul homme. Il se borne à souffler tout bas aux scrutateurs les noms qui se présentent le plus naturellement à son esprit et qui lui semblent les plus appropriés à l'œuvre de fusion du peuple dans un noyau commun de pouvoir et d'ordre.

Après de longs efforts de MM. Crémieux, Carnot, Dumoulin, pour obtenir le calme, Dupont de l'Eure proclame les noms des membres du gouvernement provisoire. Ce sont : MM. Dupont de l'Eure, Lamartine, Arago, Marie, Garnier-Pagès, Ledru-Rollin, Crémieux. La proclamation de chacun de ces noms est ratifiée par une salve d'applaudissements. Toutes les nuances d'opinions populaires y trouvaient leur représentation. C'était la trêve nécessaire soudainement personnifiée dans les diversités de nature, d'origine et d'opinion ; l'unité provisoire d'action dans la variété passée et future de tendances ; un gouvernement de fait pour attendre et préparer un gouvernement de droit ; l'explosion d'une révolution avant que le temps en ait séparé et refroidi les éléments contraires.

L'instinct du peuple le sentait. Ses acclamations présageaient la sagesse et la force sous cette apparente confusion de personnes. Dupont de l'Eure, la vertu publique ; Lamartine, la fraternité des classes dans la démocratie ; Arago, la gloire de l'intelligence ; Garnier Pagès, l'estime héréditaire et la reconnaissance du peuple pour un tombeau ; Marie, l'austérité dans la modération ; Ledru-Rollin, la fougue, l'entraînement, et peut-être l'excès de la république ; Crémieux, la parole utile à tout, et la liberté de conscience personnifiée dans le gouvernement.

XXX

A peine ces noms étaient-ils proclamés, que des réclamations commencèrent à s'élever dans la foule. On critiquait celui-ci. On craignait celui-là. On voulait retrancher ou ajouter des noms à la liste. Trois ou quatre voix prononcèrent celui de M. Louis Blanc; quelques mains l'écrivirent. Lamartine le passa sous silence. Il connaissait la puissance de popularité de ce jeune écrivain et il appréciait son talent, mais il redoutait l'esprit de système dans un gouvernement de pacification et de concorde. Les idées absolues, quand elles sont vraies, rendent les gouvernements impraticables; quand elles sont fausses, elles les font échouer. Lamartine ne voulait pas que la république échouât dans une utopie. Il sentit que si l'on prolongeait la discussion, les exigences de la multitude s'accroîtraient à chaque nouveau nom prononcé dans la foule, et que le gouvernement provisoire se décomposerait avant d'être formé.

Il descendit précipitamment de la tribune ; il se perdit dans la masse des combattants, des gardes nationaux et du peuple qui obstruait la salle. On voulait le conduire dans le palais du président de la Chambre pour y installer le gouvernement. « Non, non, dit-il, à l'hôtel de ville ! — A l'hôtel de ville ! » répète la foule. On refoula péniblement la houle du peuple qui inondait les salles et les corridors. On parvint à la porte de la grille ouvrant sur le quai.

Lamartine avait compris d'instinct que si ce gouvernement provisoire s'installait à la Chambre des députés ou au ministère de l'intérieur, ce gouvernement serait peut-être attaqué et anéanti avant la nuit; la guerre civile, éteinte par la proclamation de ce gouvernement, se rallumerait le soir entre deux gouvernements opposés. L'hôtel de ville, quartier général de la révolution, palais du peuple, mont Aventin des séditions, était occupé par les innombrables colonnes du peuple des quartiers environnants et des faubourgs armés. Ces masses, dirigées par les hommes les plus entreprenants et les plus intrépides, ne pouvaient manquer, quand elles apprendraient la défaite des rois, la fuite de la régence, le triomphe de la révolution, de se nommer à elles-mêmes un gouvernement. Les anarchies et les tyrannies sanglantes des communes de Paris sous la première république devaient naturellement s'offrir à la pensée de Lamartine. Il les entrevit à l'instant dans toute leur horreur, augmentées encore des éléments de guerre sociale que les doctrines sourdes de socialisme, de communisme et d'expropriation faisaient fermenter et allaient faire éclater dans ces masses d'ouvriers sans pain, mais non sans fer. Donner une heure à la proclamation d'un gouvernement municipal et socialiste à l'hôtel de ville, c'était laisser s'organiser la guerre civile au milieu de la guerre politique, c'était ouvrir la veine de la France à des flots de sang. Garnier-Pagès, homme qui a toutes les illuminations du cœur, l'avait compris comme Lamartine sans lui avoir jamais parlé. Il s'était hâté de se rendre à l'hôtel de ville et d'y prendre du droit de sa prévoyance le poste de maire de Paris.

Son nom était une magistrature dans ces quartiers; il rappelait au peuple deux popularités en un seul homme.

Garnier-Pagès était le frère du jeune député républicain premier de ce nom, enlevé dans sa fleur par une mort récente. Cet orateur, dont la renommée s'élargissait à chaque discours, était à la tribune ce que Carrel était dans le journalisme, un mouvement vers l'avenir. Son frère avait hérité de sa faveur et de ses principes modérés encore en lui par un caractère plus cordial et plus gracieux. Ses fortes études dans les questions économiques et financières, sa parole qui montait du cœur aux lèvres, sa laborieuse probité qui avait lutté longtemps et honorablement avec la fortune avant de la vaincre, sa voix sympathique, sa physionomie rayonnante de sérénité dans l'ardeur, son geste qui ouvrait son âme aux yeux, rendaient Garnier-Pagès puissant par la première des puissances sur les masses : la bonté. Cette bonté visible n'enlevait rien à la force dans Garnier-Pagès. L'intrépidité était une naïveté de plus dans sa nature; il n'avait pas besoin d'efforts pour se dévouer, c'était l'intrépidité dans l'enfant.

Dupont de l'Eure, Arago, Crémieux, Lamartine, étaient parvenus à se rejoindre à la porte du palais. Pendant qu'ils attendaient au milieu des acclamations du peuple extérieur leurs collègues égarés dans les salles, la tribune laissée déserte derrière eux servait déjà de diversion aux combattants restés dans l'enceinte. Des hommes armés, en costume d'ouvriers, y montaient tour à tour pour y jouer le rôle des orateurs disparus. « Plus de liste civile ! disait un indigent. — Plus de royauté ! disait un vieillard fier de se souvenir d'avoir vécu sans roi dans sa jeunesse aux temps fantastiques de la liberté. — Déchirons les toiles où la royauté règne encore en image ! » s'écriaient des hommes du culte nouveau.

Ils s'élançaient déjà sur la plate-forme du fauteuil du président pour dépecer le tableau du couronnement de 1830, quand un ouvrier, armé d'un fusil double : « Attendez, dit-il, je vais faire justice des rois. » Au même moment il tire ses deux coups de feu dans la toile. Ces balles régicides en effigie percent le cordon rouge qui décorait la poitrine du roi. La dévastation et la mutilation commencent. Un jeune homme, nommé Théodore Six, ouvrier lui-même, monte à la tribune : « Respect aux monuments! Inviolabilité aux propriétés nationales! Décence et ordre dans la victoire! » s'écrie-t-il.

La multitude applaudit. Le peuple de Paris, prodigue de son sang, est économe de dévastations et superstitieux pour les arts. Les œuvres de l'intelligence lui inspirent le respect, comme au peuple d'Athènes ; il semble comprendre que l'intelligence est sa royauté devant l'histoire et devant le temps. La salle est évacuée. Le capitaine Dunoyer et le colonel Dumoulin, restés jusque-là à la tribune avec leurs drapeaux pour y protéger le palais de la représentation nationale, vont reprendre, à côté de Lamartine et de ses collègues, la tête de la colonne qui part pour l'hôtel de ville.

LIVRE DIXIÈME

I

Le peuple, respectueux pour les cheveux blancs, avait été chercher un cabriolet de place traîné par un seul cheval ; il y avait fait monter Dupont de l'Eure et Arago. Garnier-Pagès était à l'hôtel de ville. MM. Marie et Ledru-Rollin étaient retardés et étouffés sous la foule d'hommes qui ondoyait dans l'intérieur du palais. Lamartine marchait seul à pied en tête de l'armée du peuple, entouré de quelques membres de l'Assemblée qui se confiaient à la fortune de la journée, de huit ou dix gardes nationaux ralliés par leur chef, et d'un courant croissant de peuple, hommes, femmes, enfants, battant des mains, brandissant des armes et poussant par moments des cris de victoire et de paix.

M. Crémieux vint bientôt se joindre à lui ; sa colonne

était faible de nombre et d'armes ; elle était composée en tout d'environ six cents hommes, dont deux ou trois cents armés. Une compagnie ou un escadron lancé sur ce cortége confus et sans ordre aurait dispersé facilement ce groupe et enlevé ce gouvernement d'acclamation.

Lamartine et ses collègues ne se le dissimulaient pas ; ils s'étaient dévoués sans regarder derrière eux à toutes les chances de leur dévouement. Ils n'avaient d'autre droit que leur conscience. Le scrutin arbitraire, particulier, borné à un petit nombre d'insurgés au pied d'une tribune envahie, n'était qu'une usurpation, puissante d'intention, vaine d'autorité sous un simulacre d'élection. On pouvait leur contester leur titre au nom de la royauté; on le pouvait au nom du peuple. Derrière eux aux Tuileries, devant eux à l'hôtel de ville, tout était illégal ; leur envahissement du pouvoir suprême était en apparence un double attentat. Ils n'avaient rien à répondre à ceux qui leur auraient demandé leur mandat ; ils n'avaient qu'à montrer la ville en armes, le trône vide, les Chambres expulsées, les édifices en feu, le peuple combattant contre le peuple, le sang sur les pavés, et à dire : « Nous prenons le gouvernement pour suspendre ces désastres, éteindre ce feu, étancher ce sang, sauver ce peuple. Nous le prenons du droit d'un passant qui se jette généreusement, quoique sans titre, entre deux hommes qui s'égorgent ; ce passant n'a pas de droit écrit dans la main, mais il a un devoir éternellement écrit dans son cœur : c'est celui de sauver ses frères. Son droit est le nôtre. Condamnez-nous si vous voulez ; nous ne résisterons pas à la lettre de vos jugements. Nous consentons sciemment à être les victimes de la logique pour être les pacificateurs de ce peuple. »

II

Excepté ce qui venait de se passer aux Tuileries et à la Chambre, on ignorait tout. La duchesse d'Orléans pouvait être aux Champs-Élysées ou sur l'esplanade des Invalides, entourée des princes ses beaux-frères, à la tête d'un des corps d'armée. Les Tuileries et les Champs-Élysées étaient encore couverts de régiments; les forts autour de Paris devaient regorger de munitions, de soldats et d'artillerie; Vincennes était sans doute inexpugnable. Le roi attendait (vraisemblablement) à Saint-Cloud ou à Versailles que les renforts appelés des départements vinssent grossir l'armée de Paris, qui se retirait intacte. On voyait, de l'autre côté de la Seine, filer des bataillons et des escadrons qui regardaient avec pitié ce cortége populaire marchant dans un sens opposé sur l'autre rive.

Les pavés étaient glissants de fange et de sang; çà et là des cadavres d'hommes et de chevaux jonchaient le quai et faisaient détourner la tête de la colonne.

On arriva à la hauteur de la caserne du quai d'Orsay. Les dragons qui l'occupaient avaient fermé la grille. La colère du peuple pouvait se rallumer à l'aspect des soldats qui l'avaient chargé depuis trois jours. Un coup de feu pouvait être le signal d'un massacre pareil à celui des gardes municipaux.

Lamartine pressa le pas et s'approcha de la porte de la caserne; il s'arrêta. Exténué depuis le matin de pensées, de paroles et d'actions, il avait soif. Il feignit plus d'altération encore qu'il n'en éprouvait, et, s'adressant aux dragons pressés devant la grille : « Soldats, dit-il, un verre de vin ! »

Cette demande, répétée à l'instant par le groupe qui l'entourait, fut entendue des dragons; ils apportèrent un verre et une bouteille; on versa le vin. Lamartine, élevant le verre dans sa main avant de boire, sourit, et, faisant allusion aux banquets, préludes et causes de la révolution : « Amis, s'écria-t-il, voilà le banquet! Que peuple et soldats y fraternisent ensemble avec moi ! » Et il but.

A ce geste, à ces mots, les dragons et le peuple crièrent ensemble : « Vive Lamartine! vive le gouvernement provisoire ! » Les mains serrèrent les mains; la paix fut scellée.

III

La colonne se remit en marche et traversa la Seine par le Pont-Neuf. A la hauteur du Pont-Royal, des citoyens enlevèrent M. Crémieux et le forcèrent à monter dans un cabriolet qui suivit la voiture de Dupont de l'Eure. Lamartine continua de marcher seul à pied à la tête de la colonne. Là, une jeune femme, vêtue en soldat et parée de l'uniforme d'un garde municipal égorgé et dépouillé au palais des Tuileries, s'élança du sein d'une masse compacte de combattants le sabre à la main vers Lamartine en criant : « Vive la république ! » Elle veut embrasser l'orateur. Lamartine la repousse. « Les femmes ne combattent pas, dit-il à l'amazone ; elles sont du parti de tous les blessés ; allez les relever et les porter sans distinction aux ambulances. » La jeune femme embrasse un des gardes nationaux et rentre dans la foule aux bravos du peuple.

Au milieu du quai de la Mégisserie, des barricades élevées de distance en distance arrêtent les voitures. Dupont de l'Eure, forcé de descendre, s'avance soutenu par deux combattants. Son nom et son âge, le respect et l'admiration, servirent puissamment à imprimer la décence à la multitude ; la vénération qu'on avait pour ce vieillard rejaillit sur le gouvernement et contribua beaucoup à le faire accepter. A chaque pas on était obligé de soulever Dupont de l'Eure pour franchir les cadavres d'hommes et de chevaux, les tronçons d'armes, les plaques de sang qui jonchaient les abords de la place de l'Hôtel-de-Ville. Des brancards portant des blessés et des morts se frayaient lentement la route vers les hôpitaux élevés sur les épaules de leurs frères d'armes.

V

Au tournant du quai sur la place de Grève, les membres du gouvernement se trouvent noyés dans une mer d'hommes.

La place entière, ainsi que les ponts et le large quai dont elle est bordée, était couverte d'une foule tellement compacte qu'il paraissait impossible de la traverser. Les cris de : « Place au gouvernement ! » se perdaient dans la rumeur immense qui s'élevait de cette multitude. Des coups de fusil éclataient çà et là sur le glas continu du tocsin battant dans les tours de la cathédrale et dans les clochers environnants ; des clameurs prolongées succédaient au retentissement sec des coups de feu ; puis des rugissements, des murmures sourds et inintelligibles sortaient des vomitoires de l'hôtel de ville, mêlés au tintement des vitres brisées sur les pavés et au choc des crosses de fusil dans les mains des combattants.

Les premières foules que le gouvernement essaya de percer regardaient avec des yeux effarés et sourcilleux ces députés inconnus venant au nom d'une Chambre vaincue se précipiter sans armes au milieu du peuple et prendre la direction d'une victoire remportée contre eux. Ils les coudoyaient avec rudesse, leur tournaient le dos avec dédain, et refusaient de leur ouvrir le passage.

Cependant les noms de Dupont de l'Eure et d'Arago, répétés de bouche en bouche, commandèrent une attitude respectueuse aux plus rebelles à tout respect. Ces noms, avec ceux de leurs collègues, coururent promptement de groupe en groupe sur toute la surface de cette mer, et firent peu à peu tourner tous les visages de la multitude vers le côté de la place où le gouvernement cherchait à pénétrer. Mais la curiosité haletante de ce peuple encore chaud du combat et attendant un dénoûment du ciel ou des hommes le précipitait tellement vers les députés qui lui apportaient la victoire et la paix, que Dupont de l'Eure et ses collègues faillirent être étouffés et renversés par le refoulement de cette masse. Il fallut que la colonne qui suivait le gouvernement lui formât un rempart de ses hommes les plus robustes et les plus intrépides. Cette tête de colonne, comme des pionniers qui démolissent l'obstacle, ouvrit lentement un sentier qui se refermait sans cesse à travers ce rempart vivant.

Lamartine, Dupont de l'Eure, Arago, Crémieux, tantôt réunis, tantôt séparés par les mouvements involontaires, convulsifs, irrésistibles de cette houle, s'avancent ainsi obliquement vers le palais sous une voûte de piques, de fusils rouillés, de sabres, de baïonnettes emmanchées à de longs bâtons, de coutelas et de poignards brandis au-dessus d'eux par des bras nus, poudreux, sanglants, tremblants encore de la fièvre de trois jours de combat. Les costumes étaient hideux, les physionomies pâles et exaltées jusqu'au délire. Les lèvres balbutiaient de froid et d'émotion. Les yeux étaient fixes comme dans la démence. C'était la démence de la liberté.

Les bouches ouvertes pour jeter des cris avortaient en sourds râlements. On sentait que ce peuple avait épuisé depuis soixante heures ses forces, son sang, son haleine, sa voix. C'était l'affaissement encore fiévreux d'une nation debout sur sa couche de sang pour voir passer ceux qui lui apportent la coupe de rafraîchissement et la trêve de mort.

V

Après de longs circuits à travers ce peuple, les membres du gouvernement touchent enfin à la grande porte de l'hôtel de ville, surmontée de la statue de bronze de Henri IV. Mais la masse des combattants était si pressée et si frémissante sous la voûte de ces escaliers ; une telle forêt d'acier bruissait et sur les marches et dans la cour intérieure, que les membres du gouvernement ne purent s'y faire jour, malgré la longue lutte qui s'y établit entre les deux torrents contraires de ceux qui entraient et de ceux qui résistaient à leur poids.

Une ondulation invincible les rejeta, avec leur suite de gardes nationaux et de citoyens, vers une porte plus rapprochée du fleuve et les engouffra dans une cour basse encombrée de chevaux abandonnés par leurs cavaliers morts, de blessés et de cadavres les pieds dans le sang. La foule qui remplissait déjà cette cour, celle qui les suivait, les trépignements et les hennissements des chevaux rompant leurs brides et se cabrant d'effroi, les coups de feu partant de la place et des galeries supérieures, l'entassement et le fourmillement de milliers d'hommes sur l'escalier retinrent longtemps les députés séparés les uns des autres et comme ensevelis dans cette fournaise de la révolution. A la fin, après des efforts surhumains des foules qui les submergeaient, les renversaient, les foulaient, les relevaient, les portaient en avant, les reportaient en arrière comme des naufragés sur la barre d'un écueil, ils arrivèrent dans les longs corridors du premier étage qui desservent cet immense palais.

VI

Le torrent d'hommes armés qui le remplissait, pour être plus resserré dans l'intérieur n'en était que plus impétueux. Dans l'impossibilité de se rejoindre et de s'entendre, Dupont de l'Eure, Arago, Ledru-Rollin et leurs collègues entrèrent vainement tour à tour dans des salles et dans des chambres inconnues. Toutes étaient également encombrées de peuple, de blessés expirants sur la paille, d'orateurs montés sur les meubles ou sur les rebords des fenêtres, gesticulant avec fureur, montrant le sang à leurs souliers, et hurlant les motions de combat, d'extermination.

Toute réunion des députés avec leurs collègues, tout silence, tout isolement, toute délibération collective, et par conséquent toute action, étaient impossibles. Le désespoir s'emparait d'eux. Ils ne le trahissaient pas sur leur visage. Ils tremblaient que la nuit arrivât avant qu'ils fussent parvenus à se faire reconnaître et accepter du peuple. Une nuit pareille, avec trois cent mille hommes armés, ivres de poudre, sur les ruines de tout gouvernement, dans une capitale de quinze cent mille hommes; le combat, le meurtre, l'incendie, qui pouvaient s'y perpétuer et s'étendre pendant des heures de sang et de feu, les faisaient frémir. Ils flottaient à la merci de leur lassitude, de leur impuissance et de leurs angoisses. Leur voix s'épuisait à demander le silence, un lieu de refuge contre le tumulte, une table, une plume, une feuille de papier, pour lancer au peuple par les fenêtres un mot de salut, un signe d'autorité.

Aucune parole humaine n'eût pu dominer, du haut du balcon, le mugissement de cent mille voix, le cliquetis d'armes, les plaintes des mourants, les coups de feu prolongés en échos sous les voûtes, dans les escaliers, dans les corridors.

VII

Lamartine se sentit saisi par le bras d'une main vigoureuse. Il se retourna. Un homme en habit noir, d'une figure intelligente, fine et forte, lui dit tout bas : « Je vais vous ouvrir un réduit inoccupé au fond des appartements du préfet de Paris. Placez à l'entrée du corridor étroit qui y mène une forte garde de vos hommes armés ; j'irai ensuite chercher un à un vos collègues dans la foule, je les conduirai à vous, vous pourrez délibérer et agir. »

Cet homme était M. Flottard, employé de la préfecture de Paris. Il connaissait les détours du palais. Il se jetait dans la foule comme dans son élément. Sa haute taille, ses fortes épaules, sa tête fière, calme, joviale, dominant les autres têtes, lui faisaient dompter et fendre la multitude, écarter les baïonnettes de la main comme s'il eût joué avec des épis dans un champ. Le peuple semblait le connaître et lui permettre la familiarité hardie et un peu brusque de ses gestes et de ses commandements. Il y avait du Danton dans ce visage, mais du Danton avant le crime de septembre.

M. Flottard, quelques membres du gouvernement, parvinrent, à l'extrémité d'un corridor, à une petite porte qu'on enfonça. Ils entrèrent dans un cabinet étroit meublé d'une table et de quelques chaises. Ils formèrent une épaisse colonne de volontaires armés dans le corridor, pour en disputer l'entrée. Ils attendirent que leurs autres collègues, appelés par M. Flottard, fussent délivrés et amenés à ce rendez-vous.

Le conseil s'assit autour de la petite table, au fracas des coups de feu dans les fenêtres, au mugissement de la place, au bruit des vitres brisées par les crosses de fusil et des portes enfoncées sous le poids des masses.

VIII

Dupont de l'Eure, Arago, Ledru-Rollin, Marie, Crémieux, Garnier-Pagès, Lamartine, étaient accoudés sur le bois nu de la table étroite du conseil. De minute en minute, des hommes nouveaux, appelés par le danger et le patriotisme, accouraient à l'hôtel de ville, perçaient la foule, disaient leurs noms, étaient introduits dans l'enceinte réservée, et, se tenant debout derrière les membres du gouvernement ou adossés au mur, offraient leur concours en attendant l'emploi de leur courageux dévouement.

C'étaient des députés, des maires de Paris, des colonels de la garde nationale, des citoyens notables dans leur quartier, des journalistes de toutes les opinions libérales. On distinguait parmi eux M. Flocon, rédacteur du journal républicain *la Réforme*, homme de main harassé du combat, mais dans le combat n'ayant voulu conquérir qu'une autre forme de l'ordre; M. Louis Blanc, disparaissant par l'exiguïté de sa taille dans les groupes, mais en ressortant bientôt par le feu sombre de son regard, l'énergie de ses gestes, l'éclat métallique de sa voix, la force de volonté de ses motions; M. Marrast, visage posé et doucement sarcastique, même dans le feu de l'action; M. Bastide, rédacteur du *National*, figure militaire, conservant dans la résolution d'un froid courage le silence et l'immobilité du soldat en faction. Une foule d'autres visages, tous empreints, selon leur caractère, de l'énergie ou de la gravité du moment. Auditoire pensif penché sur le foyer d'une grande décision.

IX

Les attitudes étaient aussi solennelles que l'événement. Chacun se recueillait dans sa conscience, et roulait longtemps sur ses lèvres le mot qu'il allait prononcer.

On commence par s'organiser en conseil de gouvernement, par se distribuer les fonctions, par nommer les ministres. Il n'y eut à cet égard ni délibération ni scrutin, tout se fit de premier mouvement, de concert et d'acclamation. Chacun prit, sans préférence et sans refus, le rôle le mieux indiqué par ses aptitudes au consentement de ses collègues.

Dupont de l'Eure fut président du conseil et du gouvernement provisoire. Ses quatre-vingts ans et ses vertus le nommaient. Se défiant, non de ses forces d'âme, mais de ses forces physiques et de sa voix dans les orages de la place publique, Dupont de l'Eure écrivit sur le bout de la table une délégation de la présidence en faveur de Lamartine. Il aimait Lamartine, qui lui rendait en respect son affection. Dupont de l'Eure autorisait son collègue à le remplacer en cas d'absence ou d'infirmité.

Lamartine reçut le ministère des affaires étrangères. Celui de l'intérieur fut donné à Ledru-Rollin. Bethmont, jeune député de l'opposition constitutionnelle, fut nommé ministre du commerce et de l'agriculture. Cœur pur, âme calme, parole suave, Bethmont était la grâce de la révolution. On ne pouvait craindre un gouvernement dont l'éloquence de Bethmont serait l'organe, dont sa physionomie serait l'expression.

Le ministère de la justice échut à M. Crémieux, orateur, administrateur, actif, infatigable aux discours et à la plume, universel comme l'avocat, conseiller attendri de la duchesse d'Orléans le matin, de la république le soir, toujours présent, populaire partout.

M. Marie fut nommé ministre des travaux publics. C'était une fonction immense, une dictature du travail du peuple, et dans ce moment le régulateur de l'ordre. Mais M. Marie, homme de haute tribune et de haute politique, était trop supérieur par sa nature intellectuelle à ce ministère de détail et de ménage pour s'y courber. Ce ministère ne fut pour lui que le titre de son entrée au conseil, dont il était la solidité.

M. Arago prit le ministère de la marine, du droit de sa science, de son autorité sur les armes savantes, de sa renommée, aussi vaste que le globe où son nom allait flotter.

On cherchait un ministre de la guerre, difficile à trouver le soir d'un jour où tous les généraux avaient combattu contre le peuple. Lamartine proposa le général Subervie, âme républicaine de souvenir et d'ardeur sous des cheveux blancs. On l'envoya chercher. Il accourut. Il se dévoua. Ce choix, blâmé d'abord par l'ignorance, à cause des années du brave soldat, fut heureux. Quand la vieillesse est verte, elle est une jeunesse neuve. Elle ne perd pas une miette du temps, parce qu'elle en sent le prix, pas une occasion de gloire, parce que la gloire échappe avec la vie. Si

Subervie, éloigné plus tard par un préjugé, fût resté ministre de la guerre, le gouvernement eût été plus militairement servi.

M. Goudchaux, banquier estimé pour sa probité et ses lumières, eut les finances. Son nom conservait le crédit, qui fuit les révolutions. Lamartine ne le connaissait pas.

Enfin Carnot fut appelé au ministère de l'instruction publique et des cultes. Carnot, fils du fameux conventionnel de ce nom, avait de son père ce qu'il y a d'incontestable dans les vertus publiques : l'amour des hommes, le culte des vérités, la constance et la modération. Son visage, doux de sérénité, mâle d'expression, bienveillant de regard, attrayant de sourire, rappelait un philosophe de l'école d'Athènes. Son nom révolutionnaire était un gage aux républicains ; sa philosophie religieuse un gage de tolérance et de liberté aux cultes que la république voulait protéger et affranchir par respect pour Dieu.

Après les ministres, le gouvernement provisoire nomma des secrétaires pour enregistrer ses actes, mais surtout pour faire place, dans le pouvoir nouveau, à toutes les forces actives de popularité qui auraient pu se constituer en rivalité de puissance ou d'influence en dehors de lui. M. Marrast était trop célèbre dans la presse républicaine, M. Flocon trop actif dans le journalisme et dans l'action, M. Pagnerre trop important dans la propagande constitutionnelle de Paris, M. Louis Blanc trop entreprenant d'idées et trop cher aux sectes socialistes, pour être impunément exclus d'un gouvernement d'unanimité populaire. Ils furent nommés secrétaires du gouvernement provisoire. Ils eurent voix consultative au premier moment, voix délibérative bientôt.

Leurs noms, placés d'abord au bas des décrets avec ce titre de secrétaires, se rapprochèrent insensiblement des membres du gouvernement provisoire eux-mêmes. Ils s'élevèrent, par empiétement sur la page, jusqu'à un rang qui ne leur appartenait pas d'abord. Personne ne contesta cette usurpation consentie par tous. Sur quel titre légal aurait pu s'appuyer le gouvernement pour écarter ces nouveaux venus? il n'avait pour titre que sa propre usurpation sur l'anarchie et son courage à se jeter entre la guerre civile et le peuple. Les autres en avaient autant. On leur fit place dans l'audace et dans le danger.

M. Pagnerre seul resta infatigablement à la place où sa modestie seule le retint comme secrétaire général du conseil.

M. Barthélemy Saint-Hilaire, savant illustre, parole exercée, âme intrépide, lui fut adjoint. Ces deux hommes, placés sur le second plan du gouvernement, en supportèrent souvent le poids sans en recueillir assez la gloire. MM. Buchez et Recurt, anciens républicains, organisèrent la mairie de Paris sous Garnier-Pagès. Hommes de toutes les heures et de tous les périls, cachés dans les fondations de la république à l'hôtel de ville, ils soutinrent obscurément l'assaut des exigences, des sommations et des misères du peuple de Paris depuis la première heure jusqu'à la dernière.

M. de Courtais, membre de la Chambre des députés, gentilhomme du Bourbonnais, ancien officier de l'armée royale, fut nommé commandant général de la garde nationale de Paris. La faveur dont il jouissait dans l'opposition, son extérieur martial, son geste soldatesque et populaire, rappelèrent à Lamartine ces généraux du peuple qui le contiennent en le rudoyant. Courtais paraissait une de ces natures créées pour la circonstance, entre Santerre et Mandat : rude de gestes comme le premier, populaire comme le second. Lamartine le présenta à ce titre. On n'avait pas le temps de débattre des noms et d'étudier des aptitudes. Courtais fut nommé. Il ne marchanda pas avec le danger. Son rôle pouvait être immense dans une révolution. Il lui donnait la direction militaire de Paris pendant quatre mois d'interrègne. Il faisait ensuite de lui le protecteur républicain d'une Assemblée nationale. Le gouvernement lui destinait ce rôle dans sa pensée. Il n'en comprit que la bravoure et la popularité, pas assez la dictature inflexible contre les masses politiques. Il tomba entre le peuple de Paris et l'Assemblée nationale.

X

Ainsi commençaient à se reconstituer quelques éléments de pouvoir.

A mesure qu'un ministre, un général ou un agent quelconque de l'autorité était nommé, il recevait ses instructions sommaires; il partait animé de l'esprit de conseil, du feu de l'urgence; il groupait autour de lui les premiers venus de la révolution tombés sous sa main; il entraînait à sa suite une poignée de combattants fourmillant dans l'hôtel de ville ou sur la place; il courait à son poste; il balayait peu à peu le ministère des bandes armées et des aventuriers de pouvoir qui s'en étaient emparés d'eux-mêmes ; il installait quelques secrétaires ; il rappelait les employés épars ; il rétablissait un certain appareil et une certaine autorité autour de lui ; il envoyait des ordres ; il informait, par des estafettes incessantes, le gouvernement de l'état des choses dans la ville et dans la banlieue ; il en recevait à l'instant des instructions et des impulsions. Le gouvernement, siégeant sans cesse, coordonnait ses réponses entre elles, pour qu'un ordre ne contredît pas un autre ordre. Les fils de cette vaste trame d'un gouvernement de trente-six millions d'hommes se renouaient rapidement un à un. Les maires de Paris accouraient, perçaient la foule, donnaient les renseignements, en peu de mots, sur les dangers, les besoins, les forces, les vivres de leur quartier. On changeait ceux dont le nom était trop désigné au ressentiment par la faveur du gouvernement tombé. On en nommait d'autres désignés par la clameur publique. On se trompait. On revenait un moment après sur son choix, on rencontrait mieux. On donnait des pouvoirs d'urgence à des centaines de commissaires et sous-commissaires ; ils n'avaient d'autres titres qu'un morceau de papier signé au crayon d'un nom connu du peuple. A celui-ci les Tuileries, que menaçaient la dévastation et la flamme ; à celui-là Versailles, entouré de bandes qui voulaient effacer du sol ce faste de la royauté ; à l'un Neuilly, déjà à demi consumé par le feu ; à l'autre les chemins de fer coupés et leurs ponts incendiés. Ici la circulation des routes à rétablir, pour que cette capitale de quinze cent mille bouches ne manquât pas de vivres le lendemain ; là les barricades à démolir à demi, pour que les approvisionnements pussent passer sans que les obstacles au retour possible des troupes royales contre Paris fussent nivelés. Les affamés de trois jours à nourrir, les blessés à recueillir, les morts à reconnaître et à ensevelir, les soldats à protéger contre le peuple, les casernes à évacuer, les armes et les chevaux à sauver, les monuments publics, hôpitaux, palais, musées, ministères, temples, à préserver de l'insulte ou du pillage; ce peuple de trois cent mille hommes à calmer, à pacifier, à faire refluer dans ses ateliers et dans ses faubourgs; les postes à établir partout, avec les volontaires de la victoire, pour préserver la vie et la propriété des vaincus : tout cela était l'objet d'autant de mesures qu'il surgissait de pensées dans l'esprit du gouvernement, d'autant de commissions données qu'il se présentait de mains pour les recevoir.

Les élèves de l'École polytechnique, cette milice des jours de crise, à qui sa jeunesse donne ascendant sur le peuple, et sa discipline autorité sur les masses; ceux de l'École de Saint-Cyr, officiers sans troupes, dont l'uniforme se fait suivre d'instinct; ceux de l'École normale, dont la gravité impose à la multitude, tous accourus au bruit des coups de feu, et se pressant autour du gouvernement dans des attitudes à la fois disciplinées, martiales et modestes, attendaient ces ordres et les portaient, à travers les piques, les balles et les flammes, sur le théâtre des dévastations. Ils faisaient, avec des poignées de volontaires, d'ouvriers, de peuple, groupés au hasard sous leurs mains, la campagne de l'ordre à rétablir, de la société à sauver. Ils bivouaquaient aux portes des palais, sur les places, à l'embranchement des rues, aux débarcadères des chemins de fer. Ils rétablissaient les rails, ils éteignaient le feu, ils plaçaient des indigents affamés à la garde des meubles précieux et des trésors du riche. Ou eût dit d'une ruche immense d'hommes bourdonnant autour de l'hôtel de ville, et suspendant le combat pour voler au secours de la civilisation commune. Il ne fallait qu'une impulsion réglée à ce mouvement instinctif du peuple qui le pousse au rétablissement de l'ordre par ses vertus. Ce mouvement, les membres du gouvernement et les ministres commençaient à l'imprimer. Il ne fallait qu'un centre à ce peuple, il le trouvait, le fortifiait dans ces citoyens dévoués.

XI

Le gouvernement devait d'abord parler au peuple et aux départements, afin d'instruire la nation des événements et de lui apprendre en même temps quels étaient les hommes qui s'étaient jetés à la tête du mouvement pour le régler, pour le contenir et pour changer la victoire en pacification, la révolution en institution. Lamartine prit la plume et écrivit la proclamation au peuple français :

« Au nom du peuple français,

» Le gouvernement vient de s'enfuir en laissant derrière lui une trace de sang qui lui interdit de revenir jamais sur ses pas. Les membres du gouvernement provisoire n'ont pas hésité un instant à accepter la mission patriotique qui leur était imposée d'urgence. Quand la capitale de la France est en feu, le mandat du gouvernement provisoire est dans le salut public. La France entière le comprendra et lui prêtera concours. Sous le gouvernement populaire, tout citoyen est magistrat.

» Français, donnez au monde l'exemple que Paris va donner à la France, préparez-vous par l'ordre aux fortes institutions que vous allez donner.

» Le gouvernement provisoire veut la république, sauf la ratification du peuple, qui sera immédiatement consulté.

» Il veut l'unité de la nation, formée désormais de toutes les classes de citoyens qui composent la nation. Il veut le gouvernement de la nation par elle-même. La liberté, l'égalité, la fraternité, pour principes; le peuple pour mot d'ordre : voilà le régime démocratique que la France se doit à elle-même, et que nos efforts sauront lui assurer. »

Cette proclamation au peuple fut lancée avec profusion du haut des balcons sur la place. Elle fut suivie, quelques minutes après, d'une proclamation à l'armée. Il fallait à la fois fixer son sort, relever son honneur, et préparer sa réconciliation avec le peuple. Lamartine écrivit :

« Généraux, officiers et soldats,

» Le pouvoir, par ses attentats contre la liberté; le peuple de Paris, par sa victoire, ont amené la chute du gouvernement auquel vous aviez prêté serment. Une fatale collision a ensanglanté la capitale. Le sang de la guerre civile est celui qui répugne le plus à la France. Un gouvernement provisoire a été créé. Il est sorti de l'impérieuse nécessité de préserver la capitale, de rétablir l'ordre, de préparer à la France des institutions populaires analogues à celles sous lesquelles la république française a tant grandi la France et ses armées.

» Il faut rétablir l'unité du peuple et de l'armée un moment altérée.

» Jurez fidélité au peuple, où sont vos pères et vos frères. Jurez amour à ses nouvelles institutions, et tout sera oublié, excepté votre courage et votre discipline.

» La liberté ne vous demandera plus d'autres services que ceux dont vous aurez à vous réjouir devant la patrie et à vous glorifier devant ses ennemis. »

Ces proclamations, jetées au peuple par les fenêtres, furent distribuées en masse à des pacificateurs volontaires; ils coururent les faire imprimer et afficher dans tous les quartiers. Des élèves des écoles militaires et des ouvriers les portèrent aux casernes et les expédièrent aux corps de troupes qui refluaient de Paris.

Déjà les principaux chefs de l'armée, à quelque parti qu'ils appartinssent le matin, se rendaient encore tout poudreux de la bataille à l'hôtel de ville. Ils traversaient péniblement, mais sans insulte, les rangs de ceux qu'ils combattaient le matin. Ils venaient se presser autour du gouvernement provisoire comme autour du seul centre contre l'anarchie et la décomposition. Les membres du gouvernement, sans exiger d'eux d'autres serments que leur patriotisme, les accueillaient en frères. Ils serraient cordialement la main de ces braves officiers et les renvoyaient à leurs divers commandements, sans autre ordre que de rallier leurs soldats au drapeau, de prévenir toute collision entre le peuple et la ligne, et de rétablir la sûreté des communications par de fortes colonnes circulant en dehors des barrières et sur les routes qui aboutissent à Paris. La garnison de Vincennes envoyait sa soumission au gouvernement. Le général Duvivier, républicain de cœur avant la république, mais d'un religieux patriotisme surtout; le général Bedeau; le général Lamoricière, le bras en écharpe et brûlant de fièvre par suite de sa blessure du matin; le général Piré, soldat de la première république, de l'empire et de la monarchie, étincelant du feu et de l'élan militaire sous les années du vieillard; une foule d'autres officiers de tout grade et de toute date, de toute opinion, de tout uniforme, accouraient, les uns au cri du danger de la patrie, les autres à l'enthousiasme que le mot république rallumait dans leur mémoire; ceux-ci à l'espérance d'une nouvelle ère de gloire, ceux-là à l'appel impartial de la France en feu; tous à ce premier mouvement du soldat ou du citoyen français qui précipite ce peuple de lui-même au poste du dévouement des services et du péril.

Les officiers, les soldats de la garde nationale, les députés républicains, monarchistes, légitimistes, sans acception de regrets, de parti, d'espérance, affluaient de minute en minute, montrant leur visage, dévouant leurs cœurs, offrant leurs bras. On eût dit que le trône disparu avait enlevé toutes les barrières entre les esprits, et qu'il n'y avait plus pour tous ces hommes de résolution qu'une opinion : le salut public; qu'un devoir : le sacrifice; qu'un parti : la France. Les cris, les ondulations du peuple, la foule, les coups de feu, la lueur des flammes, la confusion, le tumulte, semblaient alimenter l'enthousiasme. C'était la mêlée de la patrie. On y distinguait entre mille M. de La Rochejaquelein, ce Vendéen de race resté inexorable aux séductions de la monarchie de 1830, fier de se confondre avec les républicains, serrant la main aux combattants, acclamé des ouvriers de la révolution, leur parlant de concorde et d'honneur pour tous dans la liberté, et offrant ainsi par sa mâle et martiale attitude le symbole de la réconciliation des classes et de l'unité de la patrie.

LIVRE ONZIÈME

I

Les faubourgs et les banlieues de Paris se précipitaient d'heure en heure en torrents plus épais sur le centre de la ville, au bruit des événements de la soirée; ils submergeaient les places, les quais, les carrefours, les rues, les ponts, les immenses avenues de la Bastille par le quartier Saint-Antoine. Deux cent mille hommes au moins engorgeaient les rues et les abords de l'hôtel de ville. Les houles et les frémissements de ce peuple vêtu de tous les costumes, hérissé de toutes les armes, venant se briser comme les vagues vivantes sur un môle, lançant ses lames d'hommes sur les marches des perrons, sur la pointe des grilles de bronze, sous les vestibules et dans les escaliers de ce palais qui les revomissaient l'instant d'après avec des cris, des gestes, des explosions, des détonations de douleur, d'horreur ou de joie. Les cadavres apportés aux flambeaux des barricades par des hommes qui fendaient fièrement la multitude en faisant place à leur fardeau; le frémissement recueilli de la foule se découvrant la tête et levant les mains en signe de respect et de vengeance. Les éclats de voix des orateurs de groupe montés sur la plinthe des piliers, sur les parapets du fleuve, sur les tablettes des fenêtres, et cherchant vainement à jeter quelques mots saisissables à ce tumulte qui assourdissait tout, à cet ondoiement qui emportait tout. Les drapeaux rouges ou noirs flottant en lambeaux au bout des baïonnettes. Par-dessus ces milliers de têtes le visage tourné vers les hautes fenêtres du palais, quelques hommes à cheval, porteurs d'ordres ou de messages, cherchant à se faire jour en broyant la foule; le tintement lugubre des cloches dans les clochers lointains où le tocsin n'avait pas encore cessé de battre, comme le pouls après la fièvre continuant encore ses pulsations; la pâleur et la rougeur alternative des visages, l'accent des paroles, le feu des regards, les vieillards, les femmes, les enfants aux fenêtres, aux lucarnes et jusque sur les toits, accompagnant de gestes et de cris d'effroi les scènes de délire, de fureur ou de pitié qui se succédaient sous leurs yeux; la nuit qui tombait avec ses transes; les rumeurs sinistres qui circulaient dans les masses; les récits altérés ou exagérés par la peur; Neuilly en flammes, le Louvre saccagé; les Tuileries et le Palais-Royal allumés déjà par les torches des incendiaires; les troupes royales revenant avec du canon sur le peuple; Paris théâtre demain d'un carnage nouveau; les barricades se relevant comme d'elles-mêmes et crénelées de lampions pour éclairer de loin les agresseurs ; l'ignorance sur le sort de la patrie et de la société qui était entre les mains de quelques hommes désunis peut-être entre eux ; d'autres hommes premiers venus de la victoire campés d'avance dans les étages de l'hôtel de ville, et refusant, disait-on, de reconnaître l'autorité des députés ; deux ou trois gouvernements se disputant l'empire et se précipitant tout à l'heure peut-être des balcons de l'hôtel de ville! tout imprimait à cette heure solennelle un caractère de trouble, de doute, d'anxiété, d'horreur et d'effroi, qui ne se présenta peut-être jamais au même degré dans l'histoire des hommes. Cette anxiété sortait et rentrait tout à la fois de l'hôtel de ville, et venait, à travers les mugissements de la foule, le cliquetis des sabres, les cris du délire, les injonctions de la colère, les gémissements des blessés, peser sur les membres du gouvernement lui-même noyés, ballottés, perdus dans cet océan.

II

A peine leur restait-il assez d'espace pour se concerter rapidement, en se penchant sur la table qui les séparait et en rapprochant leurs visages les uns des autres sous le cercle des têtes, des bras tendus, des baïonnettes, de la foule diverse et tumultueuse debout autour d'eux. Souvent dans l'impossibilité de s'entendre ou séparés violemment les uns des autres par les groupes involontairement jetés entre eux, interpellés, harcelés de demandes urgentes, sommés de donner à la minute une solution, un ordre, une direction de salut public qui ne pouvait attendre, chacun d'eux prenait hardiment sur lui seul la responsabilité de vie et de mort; il saisissait une plume, arrachait une feuille de papier, écrivait sur son genou ou sur son chapeau le décret demandé, le signait et le remettait à l'exécuteur. Des milliers d'ordres de cette nature, signés de Lamartine, de Marie, d'Arago, de Ledru-Rollin, de Flocon, de Louis Blanc, circulaient à travers les barricades. Pendant ces premières heures, c'était la dictature morcelée que prend chaque membre d'un conseil de guerre sur le champ de bataille, dictature que le péril commande, que le dévouement saisit, que la conscience absout.

Plus souvent, à force de supplications et d'efforts désespérés de leurs poitrines et de leurs bras, les membres du gouvernement parvenaient à obtenir un instant de silence, à reconquérir un siége disputé autour du tapis, un peu d'espace entre les spectateurs et eux. Ils délibéraient en peu de mots du regard et du geste plus que de la parole. Chacun d'eux écrivait sommairement d'une main rapide un des décrets convenus. Il le passait à ses collègues qui y apposaient leurs signatures, en échange d'autres décrets à signer qu'on lui passait à lui-même.

Ces décrets réclamés par les cris impatients de ceux qui venaient en signaler l'urgence, amoncelés sur la table, n'attendaient souvent pas la signature de tous pour être enlevés et emportés à l'impression.

Le secrétaire général Pagnerre, admirable de sang-froid, d'ordre, d'activité, suffisait à peine à en prendre note, et à en dresser le rapide et confus procès-verbal. La flamme, le sang, la faim, le danger, n'attendaient pas les lentes formalités d'une administration de calme. C'était le gouvernement de la tempête à l'éclair, la lueur sous le coup électrique et soudain de la nécessité. Demander les conditions de la règle, de la maturité, de la réflexion à la dictature de ces premières nuits et de ces premiers jours, c'est demander la régularité au chaos, l'ordre à la confusion, le siècle à la seconde. Il fallait agir et sauver ou laisser tout s'écrouler et périr. C'était le gouvernement de l'incendie debout au milieu du feu. Les hommes furent dignes de l'instant. Ils ne fléchirent ni sous le péril en perspective, ni sous la responsabilité future à laquelle ils dévouaient d'avance leurs vies et leurs noms; ils consentirent tous à se perdre sans regarder ni derrière eux ni devant eux pour sauver un peuple. La pensée de se ménager une retraite par de lâches prudences ou par d'habiles temporisations n'approcha du cœur d'aucun d'eux. Ils s'offraient sciemment et courageusement en victimes de l'injustice ou de l'ingratitude des nations, si ce salut de tous devait devenir un jour le crime de quelques-uns. Ils pressentaient ces incriminations. Ils connaissaient par l'histoire ce retour des révolutions sur leurs pas. Ils les attendaient sans crainte. Pour être utile à son pays dans de si grands moments, la première condition est de se sacrifier entièrement soi-même. Celui qui veut sauver un naufragé doit commencer par se livrer nu à l'Océan. Ils s'étaient livrés.

III

Ces hommes avaient cependant tous le sentiment réfléchi du sacrifice et du péril. Sans autre force sur cette nation en convulsion que la popularité d'une heure, vent qui change d'autant plus vite qu'il souffle plus fort; sans défense organisée possible contre l'armée de la royauté qui pouvait rentrer avec l'aurore dans Paris, ou l'affamer en huit jours en se concentrant sur ses routes; sans prévision possible de l'effet produit par une révolution si soudaine dans les départements étonnés; sans intelligence avec l'Algérie, d'où une armée de cent mille hommes pouvait ramener des princes vengeurs de la chute de leur père, ces dictateurs d'une nuit devaient être ou engloutis par le volcan même du peuple dans lequel ils s'étaient jetés pour l'éteindre, ou frappés les premiers à la tête de la sédition qu'ils avaient osé régulariser. Victimes des impatiences du peuple ou des justes vengeances de la royauté, ils n'avaient, en examinant de sang-froid leur situation, qu'à choisir entre ces deux alternatives; mais ils n'avaient pas le temps de penser à eux. Ces idées n'effleurèrent qu'une ou deux fois leurs lèvres; elles n'y imprimèrent que le sourire de la résignation qui connaît son sort et qui l'accepte.

Dans un de ces moments désespérés où la foule armée donnait des assauts irrésistibles à l'hôtel de ville, pénétrait jusque dans le dernier asile déjà encombré où ils s'efforçaient de créer une autorité quelconque, quand la foule brisait les portes, renversait les siéges du conseil, étouffait dans ce bruit la délibération ; quand la turbulence devenait telle que la confusion et l'impuissance finale réduisait les membres du gouvernement au silence, à l'immobilité : « Avez-vous bien calculé, disait Lamartine à Arago, de combien de chances nos têtes tiennent moins à nos épaules que ce matin ? — Oui, répondait l'illustre académicien avec le calme et le sourire d'un détachemeut complet de la vie, toutes les mauvaises chances sont pour nous, mais il y en a une pour que nous préservions la nation de sa perte, celle-là nous suffit pour accepter toutes les autres. » Et il secouait de la main ses cheveux blancs devant Lamartine comme pour lui dire : La vie passe vite et importe peu.

Lamartine, se rappelant la séance du 9 thermidor, qu'il venait de décrire dans les *Girondins*, disait aussi à Dupont de l'Eure : « Ceci ressemble beaucoup à la nuit du 9 thermidor, quand la Convention fit marcher Barras contre la commune et étouffer la terreur dans son dernier conseil. Si la royauté et la Chambre des députés ont un Barras, c'en est fait de nous demain ; car nous sommes dans la situation de la commune de Paris, mais nous sommes les conspirateurs de l'ordre et de la pacification. »

IV

Les cheveux blancs d'Arago imposaient au peuple. L'âge et la tête romaine de Dupont de l'Eure commandaient aussi aux yeux une déférence mêlée d'attendrissement. Ce vieillard, vert d'esprit, droit de sens, inflexible à l'émotion, intrépide de regard sous l'affaissement de la fatigue et du temps, était le but de tous les yeux. Ceux qui pénétraient dans la chambre du conseil se le faisaient montrer par ceux qui l'avaient vu; on montait sur les chaises et sur les canapés pour le contempler. Quelquefois cependant la violence des ondulations de la foule était telle que Dupont de l'Eure, lourd d'années et petit de taille, chancelait sur sa chaise et était près d'être étouffé. Dans ces moments de tumulte et de danger pour lui, une femme du peuple, qui ne quittait pas le dos de son siège, jetait des cris, s'adressait au peuple, lui reprochait sa brutalité, lui montrait les larmes aux yeux ce vieillard, le couvrait de son corps en se cramponnant à la table et l'entourait de tous les soins d'une fille ou d'une sœur pour un père ou pour un frère en danger. Cette pauvre femme avait le costume décent mais presque indigent des marchandes qui trafiquent dans les halles des faubourgs de Paris. Agée elle-même, sa physionomie, absorbée dans sa surveillance de Dupont de l'Eure, exprimait la simplicité et la bonté. Elle ne pensait plus à elle-même. L'aspect des pistolets, des fusils, des sabres, ses propres vêtements déchirés et mis en lambeaux par le froissement de la multitude armée, ne l'arrêtaient ni ne l'intimidaient. Tout le monde croyait que c'était une femme de la familiarité de Dupont de l'Eure envoyée là pour soigner sa faiblesse. Elle ne le connaissait pas. Perdue dans la fourmilière d'hommes et de femmes que traversait le cortége du gouvernement à son entrée à l'hôtel de ville, cette femme avait été frappée de l'aspect de ce vieillard soutenu sous les deux bras par ses amis et allant recevoir l'assaut de tout un peuple; elle avait été émue de pitié et de dévouement pour lui; elle avait pensé qu'il fallait un appui féminin à la vieillesse, ou que peut-être l'intercession d'une femme de sa condition le sauverait du poignard d'un séditieux; elle s'était attachée à ses pas; elle était entrée avec lui jusqu'au conseil où elle l'enveloppait de sollicitude. La piété est une passion courageuse et la plus désintéressée des passions.

V

Jusqu'à ce moment tous les actes, toutes les proclamations, tous les ordres du gouvernement provisoire avaient été lancés pour ainsi dire au hasard et au nom de la révolution plutôt qu'au nom d'un gouvernement défini. Ils portaient en tête, tantôt « *Au nom du Peuple français,* » tantôt

Au nom de la Nation. » Les premières communications du gouvernement avec le peuple avaient été reçues sous cette simple formule sans exciter l'attention ni les murmures.

Mais de sourdes rumeurs parcouraient déjà la multitude. Les cris de « Vive la république ! » éclataient avec une significative unanimité parmi les combattants. Les masses des faubourgs marchaient à ce cri sur l'hôtel de ville. A quelques pas du gouvernement, dans des salles principales où la foule siégeait tumultueusement, la république était déjà proclamée. Il était temps pour le conseil lui-même de prendre enfin un parti absolu pour ou contre le changement de forme du gouvernement.

Son titre de gouvernement provisoire disait assez qu'il ne se reconnaissait au fond qu'une autorité d'interrègne ; mais encore fallait-il savoir au nom de quel principe, monarchique ou républicain, cet interrègne serait exercé. La nécessité soulevait et pressait la question. La révolution avait renversé la royauté dans la personne de Louis-Philippe. La régence, dans la personne de M. le duc de Nemours, qui était la seule légalité du moment, avait été traversée sans qu'on s'y arrêtât. Le duc de Nemours lui-même n'avait pas pu protester, si rapides avaient été les deux déchéances. La régence de la duchesse d'Orléans n'était pas légale par l'imprévoyance du roi et de ses ministres; à peine proposée par M. Dupin et par M. Barrot à la Chambre, elle avait été écartée par la demande d'un gouvernement provisoire, sans qu'aucun des ministres de la royauté, sans que M. Thiers lui-même, ministre de l'heure suprême, eût monté à la tribune pour la discuter et la soutenir ; une invasion soudaine l'avait étouffée. Il ne restait debout en droit que la nation ; il ne restait debout en fait que sept hommes parlant et agissant en son nom et en son absence jusqu'à ce qu'elle pût parler et agir elle-même. Ces hommes n'avaient évidemment pas le droit de changer la forme du gouvernement, si un gouvernement avait existé ; mais aucun gouvernement n'existait, excepté le gouvernement du plus téméraire ou du plus dévoué. Dans cette absence totale de lois constitutives, dans ce vide d'autorités, dans ce néant de droits, ces sept hommes, dont le hasard de leur présence ici faisait tout le titre, avaient certainement le devoir de regarder autour d'eux, d'apprécier la situation dans son ensemble et de délibérer. Il leur était loisible aussi d'admettre comme éléments de leurs délibérations leurs propres opinions, leurs tendances personnelles, et de déclarer au pays s'ils allaient gouverner provisoirement au nom de la monarchie écroulée sous leurs pieds, ou au nom de la république levée dans leurs cœurs.

VI

Tel était tout le fait et tout le droit de ce solennel débat dans lequel le danger public, le feu qui brûlait, le sang qui coulait, intervenaient certainement dans la délibération comme de terribles interlocuteurs. Celui qui ne les eût pas entendus eût été un insensé ; celui qui n'eût écouté qu'eux eût été un lâche. On a supposé, on a écrit que la peur intervint dans cette délibération et qu'elle tint la main de plusieurs des signataires de la république. Cela est faux de deux manières : faux quant aux hommes, faux quant aux choses. Un dilemme le prouve. Les hommes qui s'étaient jetés dans ce cratère s'y étaient jetés par un de ces deux motifs : ou parce qu'ils étaient républicains et qu'ils voulaient aider la république, leur pensée personnelle, à sortir irrésistible de cette explosion ; ou bien parce qu'ils étaient des citoyens dévoués, s'offrant en holocauste eux-mêmes au foyer de l'incendie révolutionnaire, pour le resserrer, le contenir et empêcher leur pays et le monde d'en être consumés. Si ces hommes étaient des républicains fanatiques, ce n'était donc pas la peur qui les faisait consentir à la république ; si ces hommes étaient des victimes dévouées, s'offrant pour le salut de tous, ce n'étaient donc pas des caractères timides que la crainte pût intimider.

D'ailleurs il n'y avait aucune crainte de mort présente pour ceux qui auraient refusé de prononcer le mot de république. Il n'y avait qu'à se retirer en sûreté dans sa demeure et à laisser une place enviée par mille autres dans le cercle du gouvernement. La table du conseil, abandonnée par un, plusieurs ou par tous les membres du gouvernement provisoire, aurait été à l'instant envahie par des citoyens qui ne demandaient qu'à les remplacer et à se compromettre ainsi devant le peuple et devant la postérité. Le danger était, au contraire, de rester au gouvernement au milieu d'un tumulte qui pouvait d'une heure à l'autre devenir un massacre. Le danger n'était pas de s'enfuir. L'histoire, à cet égard, en appelle aux cent mille témoins de toute opinion qui assistaient pendant cette soirée et cette nuit terribles aux événements de l'intérieur de l'hôtel de ville. Si les membres du gouvernement provisoire furent coupables en ce moment, ce n'est donc pas dans la peur qu'il faut leur chercher une excuse. Ils ne tremblèrent pas, ils raisonnèrent, ou plutôt les événements raisonnaient pour eux dans la situation qui les pressait. Ils n'avaient que trois partis à prendre : ou ne proclamer aucune forme de gouvernement, ou proclamer la monarchie, ou proclamer la république.

VII

Dire au peuple : « Nous ne proclamons aucun gouvernemen, » c'était évidemment dire à tous les partis soulevés pour ou contre tel ou tel gouvernement : « Continuez à verser votre sang et celui de la France, à recruter vos forces, à aiguiser vos armes, et donnez des assauts continuels à l'ordre provisoire et désarmé que nous établissons pour lui arracher le triomphe de votre faction. »

Ne rien proclamer du tout, c'était donc en fait proclamer l'anarchie, la sédition, la guerre civile en permanence. Mieux valait mille fois que ces hommes fussent restés immobiles et muets dans les rangs des députés, que d'en être sortis au nom du salut public pour la perte de tous.

Proclamer la monarchie devant trois cent mille hommes soulevés pour la combattre, devant la garde nationale désorganisée ou complice, devant l'armée étonnée et dissoute, devant le trône vide, devant le roi absent, devant la régence en fuite, devant les Chambres expulsées par la capitale, c'était évidemment proclamer la division à la face du peuple, ou plutôt c'était déserter le poste du péril et de direction où l'on s'était précipité, et remettre à l'instant le gouvernement de cette tempête, non plus aux hommes modérateurs dont elle reconnaissait par miracle l'autorité, mais aux vents et aux foudres de cette tempête même; c'était livrer la France aux hommes de désordre, d'anarchie et de sang; c'était pousser de ses propres mains la nation au fond de l'abîme des partis extrêmes, sanguinaires, désespérés, au lieu de la retenir, au risque d'être écrasés sur les pentes modérées de la liberté et sous l'empire du suffrage universel, dernier appel à la société sans loi et sans chef.

Proclamer la république provisoire, sauf la ratification du pays, immédiatement convoqué dans son Assemblée nationale, c'était donc la seule chose à la fois révolutionnaire et préservatrice à faire. Car, d'un côté, la république, tentée avec unanimité et modération pendant un espace de temps quelconque, était un progrès immense acquis dans l'ordre des gouvernements rationnels et des intérêts populaires. D'un autre côté, si cette seconde république, conçue comme un contraste heureux et éclatant aux excès et aux crimes de la première, devait être répudiée plus tard par la nation rassemblée, elle donnait, pour le moment du moins, au gouvernement chargé de sauver l'interrègne, l'enthousiasme du peuple, le concours actif de tous les républicains, la satisfaction aux opinions remuantes, l'étonnement de l'Europe; en un mot, l'élan, l'impulsion et la force de traverser, jusqu'au gouvernement définitif, l'abîme sans fond d'une révolution.

VIII

L'instinct est l'éclair du raisonnement. Il écrivait en éclairs d'évidence ces considérations dans l'esprit des hommes les plus modérés du gouvernement. Aussi la délibération fut solennelle, mais courte comme une délibération sur le champ de bataille. Un tour d'opinions et de vote sommaire, demandant à chaque membre du gouvernement provisoire sa conscience et sa pensée, y suffit. Une réflexion concentrant une vie dans une minute et quelques paroles brèves et graves formèrent le résultat unanime. Il y eut bien quelques instants de religieuse hésitation dans le cœur, quelques balbutiements sur les lèvres, quelques pâleurs pensives sur les fronts; quelques coups d'œil d'intelligence s'interrogèrent bien en envisageant la largeur et la profondeur de l'élément républicain, au moment de quitter du pied la rive séculaire de la monarchie pour s'élancer sur la mer agitée et inconnue de la république. Les plus vieux et les plus fermes courages eurent bien quelques gestes et quelques attitudes d'irrésolution momentanée et d'invocation secrète à la providence des peuples ; mais, après avoir regardé attentivement en soi et autour de soi, aucun ne recula dans l'anarchie certaine plutôt que d'avancer hardiment dans les hasards du salut commun. Les uns par parti pris dès longtemps, les autres par satisfaction de leur système triomphant ; ceux-ci par vieilles convictions, ceux-là par raisons courageuses ; plusieurs sans doute par conviction seule de la nécessité, tous enfin par la prévision de l'heure et par l'évidence de l'impossibilité actuelle de toute autre solution, proposèrent, votèrent, ou consentirent le titre de République sur le frontispice du gouvernement de la révolution. Seulement, dès cette heure, il fut dit et entendu que l'immense majorité se refusait inflexiblement à usurper, au nom d'une ville ou d'une faction, sur la nation tout entière, le droit de changer son gouvernement, droit que la violence et la tyrannie seules peuvent ravir au peuple. Contraindre trente-six millions d'hommes à adopter un gouvernement qui leur répugne au nom d'une faction armée ou même de l'unanimité du peuple de Paris, ce n'était plus la loi ni la république, c'était le crime et la servitude. Une révolution d'affranchissement aboutissant à un si monstrueux arbitraire eût été, selon la majorité, l'insolence, le scandale ou la dérision de la liberté. Le gouvernement provisoire en masse se fût laissé couper la main plutôt que de le contre-signer. Il fut convenu qu'on adopterait dans la formule, dans les actes et dans l'interprétation, le sens présenté dans la proclamation rédigée en ces termes par Lamartine : « Le gouvernement provisoire proclame la république, sauf la ratification de la nation par une Assemblée nationale immédiatement convoquée. » Ainsi la guerre civile pouvait être éteinte, la révolution pouvait être accomplie, le peuple pouvait être dirigé par son propre frein, et cependant la nation restait maîtresse absolue, souveraine, de son gouvernement définitif.

Excepté les monarchistes superstitieux ou les républicains sectaires qui placent le droit de leur conviction individuelle ou le triomphe de leur faction au-dessus de tout droit et de tout peuple, tout le monde se déclara satisfait d'une solution à la fois si audacieuse et si légitime. C'était la meilleure solution pour la république elle-même ; car on ne dérobe pas la liberté, on s'en empare en pleine lumière et en pleine nation. Les institutions surprises dans un coup de main de minorité ressemblent au fruit d'un larcin : on en jouit mal et elles durent peu. Les hommes sérieux partisans du gouvernement démocratique, dans le conseil du gouvernement provisoire, voulaient que la république fût un droit et non une escroquerie de la force ou de la ruse d'une faction. Une république imposée ne pouvait être qu'une république violente et persécutrice. Ils la voulaient libre, sincère et constitutionnelle, ou ils n'en voulaient pas. Ils la proposaient à la nation sous leur responsabilité et au nom de l'initiative que leur dictature momentanée leur donnait. Ils en faisaient la forme temporaire du gouvernement qu'ils allaient régir. Ils disaient d'avance à la nation : « Vous pouvez nous désavouer. Nous ne sommes que les plénipotentiaires du peuple de Paris. Nous signons la république sous la réserve de votre ratification. Sans ratification il n'y a point d'acte. » Telles furent les explications, telles furent les paroles, tel fut le sens de la proclamation de la république par la majorité du gouvernement provisoire.

IX

Ce sens, expliqué en toutes lettres au peuple dans la proclamation et dans les mille allocutions de Lamartine et de ses collègues au peuple de l'hôtel de ville, fut le sens continu de toutes les paroles, de toutes les pensées, de tous les actes de cette dictature révolutionnaire. La majorité ne laissa pas prescrire un seul jour contre cette signification de ses actes de gouvernement. On retrouve ce commentaire de ses intentions, non-seulement dans les proclamations qui fondèrent la république sous la réserve de cet appel au peuple, non-seulement dans la convocation immédiate de l'Assemblée nationale, mais dans les innombrables discours que les membres de cette majorité adressèrent ou répondirent pendant leur dictature aux partis modérés qui leur demandaient le suffrage libre, et aux partis extrêmes qui leur demandaient la tyrannie. Les ennemis de la république ont calomnié à cet égard les fondateurs. Ils ont voulu trouver un larcin ou une usurpation dans ses fondements. Ils ne trouveront que trois choses dans les actes de la majorité de ce gouvernement : une dictature, la plus courte possible, acceptée sans autre ambition que celle de servir au nom du péril commun ; une initiative hardie, quoique temporaire, de la république, consciencieusement prise pour tenter la fortune de la liberté, et pour étouffer d'urgence l'anarchie sous l'enthousiasme du peuple ; enfin un inviolable respect de la souveraineté nationale et un appel immédiat et perpétuel au peuple. Voilà la vérité tout entière, voilà le mérite, le crime ou la vertu de ce gouvernement.

X

Aussitôt que la proclamation de la république en ces termes eut été résolue à l'unanimité, on se hâta d'envoyer reprendre à l'imprimerie nationale les décrets du gouvernement qui ne portaient pas jusque-là cette formule en titre. Puisque le gouvernement s'était prononcé, il était urgent d'enlever aux factions extrêmes qui s'agitaient sur la place ce grief exploité contre la pacification du peuple. Un drapeau tricolore fut arboré à une fenêtre, et des centaines de morceaux de papier, sur lesquels étaient inscrits ces mots : « La République est proclamée, » volèrent sur la foule. On les lut ; on se les passa de main en main. Ce mot vola de bouche en bouche ; le doute, les rixes cessèrent. Cent mille hommes élevèrent leurs armes vers le ciel ; un cri unanime remonta de la Grève, des quais, des ponts, des rues adjacentes aux murs de l'hôtel de ville ; il s'étendit et se multiplia de proche en proche jusqu'à la Bastille et jusqu'aux barrières de Paris.

L'explosion de ce sentiment comprimé depuis un demi-siècle sur les lèvres et dans le cœur d'une partie de la génération était faite. Le reste des citoyens l'entendit, ceux-ci avec une terreur secrète, ceux-là avec étonnement, le plus grand nombre avec ce sentiment de joie confuse et pour ainsi dire machinale qui salue les grandes nouveautés; tous sans opposition et sans murmure, comme un dénoûment quelconque faisant tomber les armes des mains des combattants, soulageant les cœurs des citoyens du poids d'anxiété et de douleur qui pesait depuis trois jours sur l'âme de ce peuple. Si la république n'eût été proclamée que par le parti républicain, elle eût inspiré cette humiliation et cette angoisse qu'inspire toujours aux citoyens impartiaux le triomphe d'une faction. Elle eût été repoussée peut-être avant la fin de la nuit par la répugnance de la garde nationale. L'hôtel de ville aurait été certainement déserté en tout cas par tous ceux qui ne tenaient pas à la faction républicaine. On aurait laissé la république sous la responsabilité de ses auteurs. Cette désertion de la garde nationale, de la partie modérée de la population, aurait montré la république dans un isolement qui l'aurait rendue ombrageuse. Mais les noms impartiaux de Dupont de l'Eure, d'Arago, de Lamartine, de Marie, de Crémieux, de Garnier-Pagès, qu'on savait étrangers à toute faction, ennemis de tout excès, inflexibles à toute violence, rassuraient l'esprit de la ville et montraient en perspective, dans la république signée de leurs mains, non les souvenirs sinistres du passé, mais les horizons pleins de prestige, de droits, de sécurité et d'espérance pour l'avenir inconnu dans lequel on entrait de confiance sur la foi de la nécessité.

XI

Une fois la république proclamée, le gouvernement et l'hôtel de ville parurent un moment respirer, comme si un air vital nouveau eût soufflé du ciel sur cette fournaise d'hommes. L'incertitude est le vent des passions populaires comme elle est, dans les peines et dans les travaux de l'existence, la moitié du poids du cœur de l'homme.

Une partie du peuple parut se retirer pour aller emporter et répandre la grande nouvelle dans ses demeures. A l'exception de Lamartine et de Marie, la plupart des membres du gouvernement, qui étaient en même temps ministres, quittèrent successivement l'hôtel de ville et allèrent à leur département. Ledru-Rollin à l'intérieur, Arago à la marine. Les nouveaux ministres étrangers au gouvernement, tels que Goudchaux aux finances, le général Subervie à la guerre, Carnot à l'instruction publique, Bethmont au commerce, s'éloignèrent pour aller rétablir la subordination dans leur administration; quelques-uns revinrent par intervalles pour assister au conseil du gouvernement en permanence.

Ces premières heures de la nuit furent un tumulte plutôt qu'un conseil; il fallait se lever à chaque bruit du dehors, soutenir du poids de ses épaules les portes ébranlées par les coups de crosse de fusil ou par des bras impatients de résistance, se faire jour à travers les armes nues, haranguer, conjurer, subjuguer ces détachements de la multitude, les refouler, moitié par l'éloquence, moitié par la force, toujours par le calme du front, par la cordialité du geste, par l'énergie de l'attitude ; en détacher ainsi une partie pour combattre l'autre ; puis, le tumulte réprimé, rentrer au milieu des acclamations qui assourdissaient l'oreille, des froissements qui brisaient les membres, des embrassements qui étouffaient la respiration ; essuyer sa sueur, et reprendre sa place de sang-froid à la table du conseil, pour rédiger des proclamations et des décrets, jusqu'à ce qu'un nouvel assaut vînt ébranler les voûtes, secouer les portes, refouler les sentinelles, tordre les baïonnettes, et rappeler les citoyens groupés autour du gouvernement et ses membres eux-mêmes aux mêmes luttes et aux mêmes harangues, aux mêmes efforts, aux mêmes dangers.

Lamartine était presque toujours provoqué par son nom ; sa taille élevée et sa voix sonore le rendaient plus apte à ces conflits avec la foule ; il avait ses vêtements en lambeaux, le col nu, les cheveux ruisselants de sueur, souillés de la poussière et de la fumée ; il sortait, il rentrait, plus porté qu'escorté par des groupes de citoyens, de gardes nationaux, d'élèves des écoles, qui s'étaient attachés à ses pas sans qu'il les connût, comme l'état-major du dévouement autour d'un chef sur le champ d'une révolution.

On y remarquait un jeune professeur du Collége de France, Payer, dont Lamartine ne savait pas même le nom, mais dont il admirait l'exaltation froide devant le danger et le recueillement au milieu du tumulte : caractère des hommes de crise. On y reconnaissait aussi un jeune homme à l'œil bleu, à la chevelure blonde, à la voix tonnante, au geste impérieux, à la stature athlétique, dominant, pérorant, rompant, le sabre à la main, les masses de sa poitrine, et qui prit dès le premier jour, dans l'intérieur, au dehors, à pied ou à cheval, un empire magnétique sur la multitude. C'était Château-Renaud.

Un jeune élève de l'École polytechnique, beau, calme, muet, mais toujours debout, comme une statue de la Réflexion dans l'action, figure qui rappelait le Bonaparte silencieux de vendémiaire.

Le docteur Sanson, préposé aux soins des blessés et à l'entassement des cadavres empilés dans les cours et dans les salles basses; Faivre, jeune médecin à la physionomie exaltée par le tourbillon de l'action et par l'idée qu'il croyait en voir jaillir comme la révélation du peuple; Ernest Grégoire, orateur, diplomate et soldat des masses, propre à tout dans ces moments extrêmes où la division des facultés cesse, et où la pensée, la parole et la main l'intrépidité et l'adresse doivent se confondre dans un instinct aussi rapide que les mouvements, aussi multiplié que les faces d'une révolution.

XII

Chaque membre du gouvernement provisoire présent soutenait tour à tour les mêmes assauts, subissait les mêmes fatigues, bravait les mêmes dangers, remportait les mêmes sistance, se faire jour à travers les armes nues, haranguer, conjurer, subjuguer ces détachements de la multitude, les refouler, moitié par l'éloquence, moitié par la force, toujours par le calme du front, par la cordialité du geste, par l'énergie de l'attitude; en détacher ainsi une partie pour combattre l'autre; puis, le tumulte réprimé, rentrer au milieu des acclamations qui assourdissaient l'oreille, des froissements qui brisaient les membres, des embrassements qui étouffaient la respiration; essuyer sa sueur, et reprendre sa place de sang-froid à la table du conseil, pour rédiger des proclamations et des décrets, jusqu'à ce qu'un nouvel assaut vînt ébranler les voûtes, secouer les portes, refouler les sentinelles, tordre les baïonnettes, et rappeler les citoyens groupés autour du gouvernement et ses membres eux-mêmes aux mêmes luttes et aux mêmes harangues, aux mêmes efforts, aux mêmes dangers.

Lamartine était presque toujours provoqué par son nom; sa taille élevée et sa voix sonore le rendaient plus apte à ces conflits avec la foule; il avait ses vêtements en lambeaux, le col nu, les cheveux ruisselants de sueur, souillés de la poussière et de la fumée; il sortait, il rentrait, plus porté qu'escorté par des groupes de citoyens, de gardes nationaux, d'élèves des écoles, qui s'étaient attachés à ses pas sans qu'il les connût, comme l'état-major du dévouement autour d'un chef sur le champ d'une révolution.

On y remarquait un jeune professeur du Collége de France, Payer, dont Lamartine ne savait pas même le nom, mais dont il admirait l'exaltation froide devant le danger et le recueillement au milieu du tumulte: caractère des hommes de crise. On y reconnaissait aussi un jeune homme à l'œil bleu, à la chevelure blonde, à la voix tonnante, au geste impérieux, à la stature athlétique, dominant, pérorant, rompant, le sabre à la main, les masses de sa poitrine, et qui prit dès le premier jour, dans l'intérieur, au dehors, à pied ou à cheval, un empire magnétique sur la multitude. C'était Château-Renaud.

Un jeune élève de l'École polytechnique, beau, calme, muet, mais toujours debout, comme une statue de la Réflexion dans l'action, figure qui rappelait le Bonaparte silencieux de vendémiaire.

Le docteur Sanson, préposé aux soins des blessés et à l'entassement des cadavres empilés dans les cours et dans les salles basses; Faivre, jeune médecin à la physionomie exaltée par le tourbillon de l'action et par l'idée qu'il croyait en voir jaillir comme la révélation du peuple; Ernest Grégoire, orateur, diplomate et soldat des masses, propre à tout dans ces moments extrêmes où la division des facultés cesse, et où la pensée, la parole et la main l'intrépidité et l'adresse doivent se confondre dans un instinct aussi rapide que les mouvements, aussi multiplié que les faces d'une révolution.

XII

Chaque membre du gouvernement provisoire présent soutenait tour à tour les mêmes assauts, subissait les mêmes fatigues, bravait les mêmes dangers, remportait les mêmes triomphes. Marie, impassible et froid, toujours assis ou debout à la même place, rédigeait, la plume à la main, les préambules raisonnés des décrets ou les instructions aux agents de la force publique. Son œil ardent et profond semblait darder sa volonté dans l'âme de la multitude; son geste impératif intimidait l'objection, subjuguait la résistance. Sa tête haute, dédaigneusement tournée vers les agitateurs, imposait même sans parole au tumulte.

Garnier-Pagès, déjà brisé par la souffrance et par les efforts qu'il venait de faire pour conquérir et pour concentrer dans ses mains la mairie de Paris, répandait à flots sur la multitude sa voix, son âme, ses gestes, sa sueur. Ses bras s'ouvraient et se refermaient sur sa poitrine, comme pour embrasser ce peuple. La bonté, l'amour, le courage, illuminaient sa physionomie pâle d'un rayon d'ardeur qui fondait les cœurs les plus exaspérés. Il faisait plus que convaincre, il attendrissait. Lamartine, qui ne connaissait de Garnier-Pagès jusque-là que son nom et son mérite, le contemplait avec admiration. « Ménagez votre vie, économisez vos forces, ne donnez pas toute votre âme à la fois, nous aurons de longs jours à combattre, lui disait-il, ne dépensez pas tout ce courage en une nuit. » Mais Garnier-Pagès ne comptait pas avec lui-même. Expirant, il demandait encore des miracles à la nature. C'était le suicide de l'honnêteté. Il tombe enfin d'anéantissement sur le carreau, pour reposer sa poitrine déchirée et retrouver un peu de voix dans une heure de sommeil. On le couvrit de son manteau; mais la fièvre du bien public le dévorait. Il ne dormit pas et, d'une voix rauque et cassée, il ordonnait, il conseillait, il haranguait encore.

Duclerc, qui paraissait son disciple et son émule, ne

quittait pas Garnier-Pagès. C'était un rédacteur éminent du *National* pour les questions de haute finance et d'économie politique. Jeune, beau, grave, le regard droit, le front plein, la bouche ferme, il parlait peu, il n'agissait qu'à propos. Réfléchi, infatigable, allant au but du premier coup, il précisait tout, éclairait tout, formulait tout. Il avait dans les traits, comme dans l'esprit, plus de commandement que de persuasion. On sentait en lui l'ordre incarné impatient de sortir du désordre. Il semblait épier les premiers symptômes d'un gouvernement reconstitué, pour y prendre sa place naturelle à côté de son maître et de son ami. Lamartine, dans les intervalles de repos, se complaisait à regarder et à voir agir ce jeune homme, ressource dans l'imprévu, règle dans la confusion, décision dans l'embarras, lueur dans le chaos. Tel lui apparaissait Duclerc.

Marrast, quoique moins doué par la nature pour imposer aux masses, homme d'élite plus que de place publique, était imperturbable à son poste de secrétaire du gouvernenement, au bout de la table du conseil. S'il ne parlait pas au peuple, il ne cessait pas de conseiller, de diriger et d'écrire. Sa plume rapide rédigeait du premier coup le résumé de la plus orageuse discussion. Il ajoutait à ce qui avait été dit ce qui aurait dû être dit. Les considérations les plus hautes découlaient sans explosion de son esprit comme la lumière qui ne fait point de bruit tout en se répandant sur l'objet. Cet homme, dont on a voulu prendre la grâce pour de la faiblesse, ne faiblit pas une minute, ni du regard, ni de l'attitude, pendant ces longues convulsions d'une révolution dont un tronçon pouvait à chaque instant l'étouffer dans ses replis. Il voyait le péril, il en souriait d'un sourire triste mais enjoué, s'attendant à tout, résigné à tout, disant au milieu du feu de ces mots spirituels mais profonds qui prouvent que l'âme joue avec le danger. Tel il fut cette première nuit, tel il fut pendant la durée de la dictature.

D'autres hommes, Pagnerre, Barthélemy Saint-Hilaire, Thomas, rédacteur en chef du *National*, Hetzel, Bixio, Buchez, Flottard, Recurt, Bastide, presque tous les hommes de pensée de la presse de Paris, devenus des hommes de main par occasion, se pressaient dans l'étroite enceinte autour du gouvernement, dévoués à ses ordres, prêts au conseil, infatigables à l'œuvre, intrépides au danger. Les figures s'étaient agrandies comme les caractères. La solennité du moment relevait ces visages ordinairement penchés sur la lampe de l'écrivain. Les couleurs ou les rivalités d'opinions qui divisaient le matin encore ces chefs et ces armées de la presse de Paris se confondaient à présent en un commun et brûlant enthousiasme du salut public.

On distinguait au milieu d'eux, à son front chauve chargé de souvenirs révolutionnaires, à l'expression fine et contemplative de ses traits, et à la concision active de ses paroles, un ancien aide de camp de La Fayette qui avait vu avorter la république dans ce même palais en 1830, qui se défiait des tribuns et des peuples, et qui semblait surveiller le foyer de la révolution. C'était Sarrans. On sentait en lui le soldat des anciennes guerres sous la république des nouvelles idées, aujourd'hui également prêt à écrire, à agir, ou à haranguer.

XIII

Cependant la nuit était tombée. Le bourdonnement sourd des quartiers voisins du centre tombait avec elle. Les citoyens, rassurés sur l'existence d'un gouvernement actif et ferme, rappelés dans leurs demeures par l'heure du repos et par le besoin de tranquilliser leurs familles, commençaient à s'écouler. Il ne restait plus sur la place de Grève que les bivouacs, les arrière-gardes de la révolution, les combattants harassés et chancelants de froid et de vin, qui veillaient, la mèche allumée, autour de quatre pièces de canon chargées à mitraille, et la masse tenace, exaltée, fiévreuse, insatiable d'agitation, de motions, qui campait, flottait, tumultuait, dans les cours, dans les escaliers, dans les salles de l'hôtel de ville.

Ces masses se composaient surtout des anciens membres de sociétés secrètes, armée de conspirateurs de toutes les dates depuis 1815; des révolutionnaires sans repos, trompés dans leurs espérances en 1830 par la révolution même qu'ils avaient faite et qui leur avait échappé; enfin, des combattants des trois jours dirigés par les comités du journal *la Réforme*, et qui avaient espéré que le gouvernement appartiendrait exclusivement à ceux à qui appartenait une si grande part du sang et de la victoire.

A ces trois ou quatre mille hommes animés de ressentiments et d'ambitions politiques, se joignaient, mais en petit nombre encore, quelques adeptes socialistes et communistes qui voyaient dans l'explosion de la journée l'aurore d'une mine chargée sous les fondements même de l'ancienne société, et qui croyaient tenir dans leur fusil le gage de leur système et de la rénovation de l'humanité. Le reste se composait de ces forcenés qui n'ont ni système politique dans leur esprit, ni chimère sociale dans le cœur, mais qui n'acceptent une révolution qu'à condition du désordre qu'elle perpétue, du sang qu'elle verse, de la terreur qu'elle inspire. Des écrivains et des démagogues à froid les avaient nourris depuis vingt ans d'admiration féroce pour les grandeurs du crime, les immolations, les massacres de la première terreur : hommes peu nombreux, mais décidés à ne reconnaître une république qu'à l'échafaud, et un gouvernement qu'à la hache qu'il leur prêterait pour décimer les citoyens.

Enfin, le flot de la journée avait jeté et la nuit avait laissé aussi à l'hôtel de ville une partie de cette écume en haillons de la population vicieuse des grandes capitales que les commotions soulèvent et font flotter quelques jours à la surface, jusqu'à ce qu'elle retombe dans ses égouts naturels : hommes toujours entre deux vins ou entre deux sangs, qui flairent le carnage en sortant de la débauche, et qui ne cessent jamais d'assiéger l'oreille du peuple qu'après qu'on leur a jeté un cadavre ou qu'on les a balayés dans les prisons, comme l'opprobre de tous les partis. C'était l'écoulement des bagnes et des cachots.

XIV

Pendant que le gouvernement profitait des premiers moments de calme dans les rues pour multiplier ses ordres, pour régulariser ses rapports avec les différents quartiers, et pour envoyer ses décrets aux départements et aux armées, ces hommes, répudiés du vrai peuple, dans d'autres parties de ce vaste édifice, flottaient, à la voix des orateurs démagogues, entre l'acceptation du nouveau gouvernement et l'installation d'autant de gouvernements qu'ils avaient de chimères, d'ambition, de fureur ou de crimes dans le cœur. Des vociférations immenses s'élevaient par intervalles du fond des cours jusqu'aux oreilles du gouvernement provisoire. Des décharges de coups de fusil étaient les applaudisssements des motions les plus incendiaires. Ici, on parlait d'arborer le drapeau rouge, symbole du sang qui ne devait tarir qu'après que la peur aurait affaissé tous les ennemis du désordre. Là, de déployer le drapeau noir, signe de la misère et de la dégradation de la race prolétaire, ou signe de deuil d'une société souffrante qui ne devait se déclarer en paix qu'après s'être vengée de la bourgeoisie et de la propriété.

Les uns voulaient que le gouvernement fût voté par un scrutin nocturne, que ses membres ne fussent pris que parmi les combattants des barricades; les autres, que les chefs des écoles socialistes les plus effrénées y fussent seuls portés par la voix des ouvriers vainqueurs des différentes sectes. Ceux-ci demandaient que le gouvernement, quel qu'il fût, ne délibérât qu'en présence et sous les baïonnettes de délégués choisis par eux, épurateurs et vengeurs de tous ses actes; ceux-là, que le peuple se déclarât en permanence à l'hôtel de ville et fût à lui-même son propre gouvernement, dans une assemblée incessante où l'on voterait toutes les mesures à l'acclamation.

Le fanatisme, le délire, la fièvre, l'ivresse, jetaient au hasard ces motions sinistres ou absurdes relevées çà et là par des acclamations confuses, puis retombant aussitôt sous le dégoût de la multitude, qui les traitait avec horreur ou mépris à la voix d'un bon citoyen.

XV

Un certain nombre de mécontents appartenaient au parti des combattants de la *Réforme;* ces républicains plus exaltés s'étonnaient que les noms des écrivains ou des hommes d'action de ce parti, qui avaient tout fait pour le triomphe, ne figurassent pas ou ne figurassent que comme secrétaires dans le gouvernement. Ils se refusaient à reconnaître un pouvoir accouru de la Chambre des députés comme pour confisquer la dépouille sans avoir combattu ni conspiré. Ils ne voyaient dans ce gouvernement descendu d'en haut aucun des noms qu'ils avaient l'habitude de respecter dans les liste, ou dans les conciliabules des conjurés contre la royauté. Ils y lisaient des noms suspects à leurs yeux d'origine aristocratique, de pacte avec la monarchie, de communauté d'idées ou d'intérêts avec la classe héréditaire de la société. De tous ces noms auxquels on leur commandait confiance : Dupont de l'Eure, Arago, Lamartine, Crémieux, Garnier-Pagès, Marie, un seul, celui de Ledru-Rollin, leur était familier et sympathique, comme étant le nom d'un orateur qui s'était proclamé républicain avant la république, et qui avait créé ou soufflé dans la *Réforme* le foyer des principes démocratiques les plus brûlants. Mais où était Louis Blanc, le publiciste des dogmes prestigieux de l'association et du salaire? Où était Albert, le combattant de ces dogmes? Où était Flocon, l'homme d'action sans illusion mais sans peur, dont les mains noires de la poudre de tant de combats avaient été jugées dignes de vaincre et n'étaient pas jugées dignes de gouverner?

Telles étaient les plaintes, les griefs, les murmures; telles furent bientôt les agitations qui travaillèrent les masses de combattants vociférant et ondoyant dans les étages inférieurs, sur la place, aux portes et dans les cours du palais.

Une prochaine explosion paraissait imminente. Des hommes dévoués à la fois à l'ordre et au mouvement, chefs de combattants, journalistes accrédités, officiers municipaux, maires de Paris, élèves des écoles, s'efforçaient de la contenir et de la refouler. La multitude s'accumulait, reculait, se dissolvait à leur voix, puis, frémissant de nouveau à la voix d'un autre tribun, reprenait ses désordres et ses élans, se répandait dans les étages supérieurs et dans les corridors, en poussant des imprécations, en brisant les fenêtres, en forçant les portes, demandant à grands cris le gouvernement provisoire, pour le déposer ou le jeter hors du palais. Des prodiges de courage civil et de force physique furent faits, pendant ces heures de confusion et de troubles, pour résister aux bandes éparses d'insurgés, et pour les refouler en bas par la parole ou par l'obstacle que les poitrines du petit nombre de défenseurs du gouvernement provisoire ne cessaient de leur opposer.

Lagrange, qui s'était installé, au nom d'une délégation des combattants, gouverneur de l'hôtel de ville, indécis encore sur la nature du gouvernement qu'il reconnaîtrait et qu'il ferait respecter, errait le sabre à la main, deux pistolets à la ceinture, parmi les flots de cette multitude. Elle reconnaissait en lui l'image de ses longues souffrances, de son triomphe et de son exaltation. Le feu du courage dans les yeux, le désordre de la pensée générale dans sa chevelure, le geste immense, la voix creuse, il haranguait les foules qui se pressaient autour de lui comme autour d'une apparition des cachots; dans toutes ses allocutions, à la fois fougueuses et pacifiantes, il commandait plutôt la temporisation et la trêve du peuple qu'il ne recommandait la déférence au nouveau pouvoir. On voyait qu'hésitant lui-même, et fort d'un autre mandat, il tardait à se subordonner complétement, prêt à faire composer le gouvernement plutôt qu'à lui obéir. Néanmoins, ses discours respiraient, comme ses traits, le sentiment d'ardente charité pour les combattants, de pitié pour les blessés, d'horreur du sang, de réconciliation entre les classes : espèce d'apôtre de paix l'arme à la main. Tel, dans cette nuit, apparaissait, gesticulait et haranguait Lagrange.

Flocon, allant et venant sans cesse de l'action au discours et du discours à l'action, faisait de généreux efforts pour calmer ces soupçons, ces fureurs. Indifférent à la part de gouvernement qui reviendrait à son parti personnel, pourvu que la république triomphât, son stoïque sang-froid dans le tumulte ne laissait jamais ni son coup d'œil, ni sa pensée, ni sa parole dévier du but. Sa voix de fer avait les notes métalliques de la crosse de fusil résonnant sur les dalles. Sa pâleur virile, la concentration de ses traits, le port de sa tête qu'il secouait, ses relations avec les plus intrépides soldats de la révolution qui l'avaient connu au feu, ses vêtements ouverts, déchirés, tachés de fumée de poudre, donnaient un souverain ascendant à ses conseils. Mais, déjà épuisé par trois jours et trois nuits de veille, de combat, de maladie, sa voix ne portait pas aussi loin que sa volonté.

Louis Blanc, suivi d'Albert, circulait et pérorait aussi dans ces groupes. Son nom était alors immensément populaire; il réunissait sur lui le double prestige du parti politique extrême que lui donnaient ses relations avec la *Réforme* et de ses doctrines socialistes sur l'association. Ces théories fanatisaient les ouvriers par des perspectives qu'ils croyaient tenir enfin à la pointe de leurs baïonnettes.

Albert suivait Louis Blanc. Ouvrier lui-même, il était muet derrière son maître; mais sa figure convaincue, son visage pâle, ses gestes saccadés, ses lèvres palpitantes, exprimaient fortement le fanatisme obstiné pour l'inconnu. Sans parler, il était un conducteur de cette électricité morale dont Louis Blanc voulait charger le peuple pour foudroyer les vieilles conditions du travail.

Louis Blanc et ses amis ne prêchaient ni colère ni sang à ce peuple; leurs doctrines et leurs paroles étaient dans leurs bouches des doctrines et des paroles de paix. Louis Blanc s'efforçait, avec une éloquence pleine d'images, mais froide au foyer comme toute éloquence d'idée, de désarmer les bras en éblouissant les imaginations. Il insinuait seulement au peuple de prendre ses gages dans le gouvernement, en y introduisant ses amis; il se désignait lui-même; il montrait Albert. Il était admiré, applaudi plus qu'obéi. Sa petite taille l'engloutissait dans la foule. Le peuple s'étonnait de cette forte voix et de ces grands gestes sortant d'un si faible corps. La multitude, par un irrésistible instinct, confond toujours la force et la grandeur du caractère et des idées avec la stature de l'orateur. Les apôtres peuvent être grêles : les tribuns doivent frapper le regard par la masse, et dominer du front la place publique. Le peuple sensuel mesure les hommes par les yeux.

XVI

Le désordre croissait, l'insurrection s'aggravait.

Plusieurs fois elle était venue frapper aux portes du réduit où le gouvernement provisoire siégeait, menaçant de le précipiter et refusant toute obéissance à ses décrets.

Crémieux d'abord, Marie ensuite, étaient parvenus, à force de fermeté mêlée d'habiles supplications, à faire refluer ces bandes jusque dans les cours du palais. Ils avaient reconquis l'autorité morale au gouvernement. Sept fois depuis la nuit tombante, Lamartine avait quitté la plume pour s'élancer, suivi de quelques fidèles citoyens, dans les corridors, sur les paliers, jusque sur les marches de l'hôtel de ville, pour demander à ces masses désordonnées l'obéissance ou la mort. Chaque fois, accueilli d'abord par des imprécations et des murmures, il avait fini par écarter à droite et à gauche les sabres, les poignards, les baïonnettes, brandis par des mains ivres et égarées, par s'improviser une tribune d'une fenêtre, d'une balustrade, d'une marche des degrés, et par faire incliner les armes, taire les cris, éclater les applaudissements, couler les larmes d'enthousiasme et de raison.

La dernière fois, un mot heureux de sang-froid et d'audace, qui contenait un reproche dans une plaisanterie, l'avait sauvé. Une masse irritée couvrait les marches de l'hôtel de ville; des coups de fusil contre les fenêtres menaçaient d'exterminer les faibles postes des volontaires qui s'opposaient à cette invasion nouvelle dont le palais allait être encombré jusqu'à l'étouffement. Toutes les voix étaient éteintes, tous les bras lassés, toutes les supplications perdues. On vient chercher Lamartine, il sort encore. Il arrive sur le palier du premier étage : là, quelques gardes nationaux, quelques élèves de l'École polytechnique et quelques intrépides citoyens luttaient corps à corps avec les envahisseurs. A son nom, à son aspect, la lutte cesse un instant ; la foule s'ouvre. Lamartine voit les marches du grand escalier couvertes, à droite et à gauche, de combattants qui forment une haie d'acier jusque dans les cours et sur la place. Les uns, amis et respectueux, le couvrant de serrements de mains et de bénédictions le plus grand nombre irrités, ombrageux, au front chargé de doutes, au regard plein de soupçons, aux gestes menaçants, aux demi-mots acerbes. Il feint de ne pas voir ces signes de colère. Il descend jusqu'au niveau de la grande cour intérieure où l'on a déposé des cadavres et où s'agite une forêt de fer sur les têtes de milliers d'hommes armés. Là, un escalier plus large descend à gauche vers la grande porte de Henri IV, qui ouvre sur la place de Grève et où le peuple s'engouffre à moitié. C'est ici que le flot de l'invasion, qui se rencontre avec le flot des défenseurs, produit le plus de confusion, de tumulte et de cris. « Lamartine est un traître! — N'écoutez pas Lamartine! — A bas l'endormeur! — A la lanterne les traîtres! — La tête, la tête de Lamartine! » s'écrient quelques forcenés dont il coudoie les armes en passant. Lamartine s'arrête un moment sur la marche du premier degré, et, regardant d'un œil assuré et avec un sourire légèrement sarcastique mais nullement provocant les vociférateurs : « Ma tête, citoyens! leur dit-il, plût à Dieu que vous l'eussiez tous en ce moment sur vos épaules! vous seriez plus calmes et plus sages, et l'œuvre de votre révolution se ferait mieux! » A ces mots, les imprécations se changent en éclats de rire, les menaces de mort en serrements de mains. Lamartine écarte avec vigueur un des chefs qui s'oppose à ce qu'il aille parler au peuple sur la place : « Nous savons que tu es brave et honnête, lui dit ce jeune homme à la figure délirante, au geste tragique, mais tu n'es pas fait pour te mesurer avec le peuple ! tu endormirais sa victoire ; tu n'es qu'une lyre! va chanter. — Laisse-moi, lui répond Lamartine sans s'irriter de ses apostrophes; le peuple a ma tête en gage; si je le trahis, je me trahis le premier. Tu vas voir si j'ai l'âme d'un poëte ou celle d'un citoyen. » Et, dégageant violemment le collet de son habit des mains qui le retiennent, il descend, il harangue le peuple sur la place, il le ramène à la raison, il l'enlève à l'enthousiasme. Les applaudissements de la place résonnent jusque sous les voûtes du palais. Ces bravos de dix mille voix intimident les insurgés du dedans : ils comprennent que le peuple est pour Lamartine. Lamartine rentre et remonte, applaudi et étouffé d'embrassements par ces mêmes hommes qui demandaient sa tête en descendant.

XVII

Mais pendant que l'agitation s'apaisait d'un côté de l'hôtel de ville, elle fermentait de l'autre. A peine Lamartine était-il rentré dans le cabinet du conseil qu'un nouvel orage éclate, et qu'un assaut plus terrible que les précédents menace d'emporter le gouvernement.

Après avoir ondoyé longtemps çà et là de cours en cours, de place en place, de tribune en tribune, la foule, cherchant un lieu pour délibérer, avait fini par s'accumuler dans l'immense salle Saint-Jean, espèce de forum commun pour les grands rassemblements de la capitale, et dans la salle du conseil, disposée pour les solennelles délibérations.

Là, sur une estrade érigée en tribune, à la clarté des lampes et des lustres allumés comme dans le théâtre d'un drame réel, les orateurs se succédaient et se dépassaient en violence les uns les autres. Ils agitaient la question du choix d'un gouvernement. « Qui sont ces hommes inconnus du peuple qui se glissent du sein d'une Chambre vaincue à la tête du peuple vainqueur? Où sont leurs titres, leurs blessures? Qu'ils nous montrent leurs mains : sont-elles noires de poudre comme les nôtres? sont-elles gercées par le manche des outils de travail comme les vôtres, braves ouvriers? De quel droit font-ils des décrets? Au nom de quel principe, de quel gouvernement les promulguent-ils? Sont-ils républicains? et de quelle espèce de république? Sont-ils des complices masqués de la monarchie introduits par elle dans nos rangs pour amortir nos justes vengeances, et pour nous ramener séduits et enchaînés au joug de leur société marâtre? Renvoyons ces hommes à leur origine ; ils portent d'autres vêtements que les nôtres, ils parlent une autre langue, ils ont d'autres mœurs. L'uniforme du peuple, ce sont ces vestes de travail ou ces haillons de misère. C'est parmi nous que nous devons choisir nos chefs. Allons chasser ceux que la surprise et la perfidie peut-être nous ont donnés. »

D'autres, plus modérés et en plus grand nombre, disaient : « Écoutons-les avant de les juger et de les proscrire; appelons-les ici, et qu'ils s'expliquent sur leurs desseins! »

D'inexprimables tumultes répondaient dedans et hors de la salle à ces motions contraires. L'hôtel de ville semblait menacé d'une explosion.

XVIII

Déjà des bandes détachées de ce centre d'agitation s'étaient élancées sur les escaliers; elles avaient renversé et foulé aux pieds les factionnaires, refoulé les postes, envahi l'étroit corridor qui aboutissait à la double porte du cabinet du gouvernement. D'intrépides citoyens, prodigues de leur vie pour protéger l'ordre, les avaient devancés; ils étaient venus avertir le conseil du péril impossible désormais à conjurer. Mais Garnier-Pagès, Carnot, Crémieux, Marrast, Lamartine, aidés des secrétaires et de quelques citoyens, parmi lesquels figuraient au premier rang l'impassible Bastide et le fougueux Ernest Grégoire, barricadent la porte; ils y adossent les canapés et les meubles, chargés, pour en accroître la résistance, du poids de plusieurs hommes debout sur les chaises et les fauteuils. Tous les assistants buttent leurs épaules contre ce fragile rempart, pour soutenir l'assaut et le poids des assaillants.

A peine ces précautions désespérées étaient-elles prises, qu'on entend le tumulte, les vociférations, le cliquetis des armes, les interpellations, les imprécations, les pas, les élans sourds de la colonne dans le corridor extérieur. Ceux qui le défendent sont écartés ou foulés aux pieds; les crosses de fusil, les pommeaux de sabre, les coups de poing retentissent contre la première porte; les vitres dont elle est surmontée dans sa partie supérieure frémissent, éclatent, tintent sur les dalles, dans le couloir, entre les deux battants. Les craquements du bois révèlent l'indomptable pression de la foule. La première porte cède et vole en éclats; la seconde va être enfoncée de même. Un dialogue sourd et pressé s'établit entre les assaillants et les membres du gouvernement. Marie, Crémieux, Garnier-Pagès, leurs collègues, leurs amis, refusent avec obstination d'obéir aux injonctions des envahisseurs. Une sorte de capitulation s'établit; on retire à demi les meubles. Ernest Grégoire, connu des deux camps, entr'ouvre la porte : il annonce que Lamartine va s'aboucher avec le peuple, qu'il va sortir, le haranguer et le convaincre des intentions du gouvernement.

Au nom de Lamartine, prestigieux alors sur le peuple, les imprécations se changent en acclamations de confiance et d'amour. Lamartine se glisse sur les pas de Grégoire, de Payer, et se livre, à demi étouffé par la foule, au flux et au reflux de cette multitude. Elle s'apaise et suspend de proche en proche ses convulsions devant lui. Sa taille élevée lui permet de la dominer de la tête; son visage serein l'apaise; sa voix, son geste, la font s'ouvrir ou reculer. Un contre-courant s'établit et l'emporte, à travers le dédale obscur et inconnu des corridors et des degrés, jusqu'à l'entrée de la salle des délibérations populaires. Le gouvernement provisoire, ainsi momentanément délivré, referme ses portes, place des postes et des sentinelles, et se fortifie contre de nouveaux assauts, incertain toutefois si Lamartine remontera vainqueur ou restera vaincu dans sa lutte entre les deux peuples et les deux gouvernements.

XIX

La salle regorgeait de foule et de tumulte. Une lueur sinistre, des bouffées de chaleur humaine, émanation de cette fournaise d'hommes, des clameurs tantôt étouffées, antôt stridentes, en sortaient. Il fallut longtemps à Lamartine et au groupe qui l'accompagnait pour y pénétrer.

Il entendait du seuil les voix de quelques orateurs qui l'annonçaient à la multitude. Tantôt ces voix étaient couvertes d'applaudissements, tantôt repoussées par des termes de défiance, de colère et de dédain ! « Oui, oui ! — Non, non ! — Écoutons Lamartine ! — N'écoutons pas Lamartine ! — Vive Lamartine ! — A bas Lamartine ! » Ces cris, accompagnés d'ondulations, de gestes, de trépignements, d'armes élevées par-dessus les têtes, de coups de crosses de fusil frappant le plancher, se combattaient à peu près par égale portion dans l'auditoire.

Pendant ce tumulte, Lamartine se faisait péniblement jour à travers l'entassement de la porte. Il était soulevé en avant par des bras vigoureux jusqu'au pied d'un petit escalier intérieur qui conduisait au sommet d'une estrade, espèce de tribune d'où l'on parlait au peuple. Les ténèbres de la nuit mal dissipées par quelques lueurs au centre de la salle, la vapeur des lampes allumées à ses pieds, qui épaississait l'atmosphère, la fumée des coups de feu tirés tout le jour dans les cours, et pénétrant de là par les fenêtres, l'espèce de brouillard que la transpiration fiévreuse et l'haleine haletante d'un millier d'hommes répandaient dans la salle, l'empêchaient de discerner nettement, et l'ont toujours empêché de se retracer distinctement depuis, cette scène. Il se souvient seulement qu'il dominait une foule frémissante à ses pieds. Les visages, pâlis par l'émotion et noircis par la poudre, étaient éclairés au pied de l'estrade seulement, et tournés avec des expressions diverses de son côté. A l'exception de deux de ces visages, tous lui étaient inconnus. L'un était la figure fortement empreinte de résolution de l'ancien aide de camp de La Fayette, Sarrans, écrivain combattant et orateur à la fois de la liberté. L'autre était celle de Coste, ancien rédacteur du journal *le Temps*, que Lamartine avait connu jadis à Rome. Ce visage apparaissait après dix ans comme un auditeur passionné d'un nouveau forum au bas de ces nouveaux rostres.

Au delà de ces premiers rangs de spectateurs debout, les lueurs s'éteignaient par degrés dans l'ombre, ne laissaient entrevoir sur le plain-pied, au fond, autour, et sur des gradins adossés aux murs de la salle, que des ombres agitées et innombrables qui se mouvaient dans le crépuscule de cette demi-nuit. Seulement les sabres, les canons de fusil, les baïonnettes, réverbérant çà et là les clartés des lampes sur le poli du métal, s'agitaient comme des gerbes de feu sur la tête de la multitude à chaque frémissement de l'auditoire.

Des cris contradictoires, fiévreux, frénétiques, sortaient à chaque motion de ces milliers de bouches. Véritable tempête d'hommes où chaque vent d'idée parcourant la foule arrachait à chaque nouvelle vague un mugissement de voix.

Lamartine, jeté pour ainsi dire sur l'estrade comme sur un cap avancé au milieu de cette houle, la contemplait, incertain si elle allait le soulever ou l'engloutir. Plusieurs orateurs, se pressant autour de lui à droite et à gauche et jusque sur les degrés de cette espèce de tribune, lui disputaient du corps et de la voix la parole ; ils lançaient confusément des allocutions et des interpellations courtes et incendiaires à l'assemblée ; mais Lamartine étant parvenu, de la main et de l'épaule à écarter ces rivaux de paroles, et à paraître enfin isolé et libre devant les yeux du peuple, un silence entrecoupé de murmures, de vociférations, d'apostrophes acerbes, s'établit enfin peu à peu. Il essaya de parler.

XX

« Citoyens, s'écria-t-il de toute la portée d'une voix dont le danger de la patrie doublait l'énergie, me voici prêt à vous répondre. Pourquoi m'avez-vous appelé ?

» — Pour savoir de quel droit vous vous érigiez en gouvernement du peuple et pour connaître si nous avions affaire à des traîtres, à des tyrans, ou à des citoyens dignes de la conscience de la révolution ! répondirent quelques voix du fond de l'auditoire.

» — De quel droit nous nous érigeons en gouvernement? répliqua Lamartine en s'avançant et en se découvrant hardiment aux regards, aux armes, aux murmures, comme un homme qui se livre en se désarmant. Du droit du sang qui coule, de l'incendie qui dévore vos édifices, de la nation sans chef, du peuple sans guides, sans ordre, et demain peut-être sans pain! du droit des plus dévoués et des plus courageux citoyens, puisqu'il faut vous le dire! du droit de ceux qui livrent les premiers leur âme aux soupçons, leur sang à l'échafaud, leur tête à la vengeance des peuples ou des rois pour sauver leur nation! Nous l'enviez-vous, ce droit? vous l'avez tous, prenez-le comme nous! nous ne vous le disputons pas. Vous êtes tous dignes de vous dévouer au salut commun. Nous n'avons de titre que celui que nous prenons dans nos consciences et dans vos dangers. Mais il faut des chefs au peuple tombé d'un gouvernement dans un interrègne! Les voix de ce peuple, vainqueur et tremblant de sa victoire au foyer même du combat, nous ont désignés, nous ont appelés par nos noms; nous avons obéi... Voulez-vous donc prolonger un scrutin terrible et impossible au milieu du sang et du feu? Vous en êtes les maîtres, mais le sang et le feu retomberont sur vous, et la patrie vous maudira!

» — Non, non, non! s'écrièrent des voix déjà touchées et ramenées par cet abandon de tout droit légal et par cette invocation au droit du seul dévouement.

» — Si, si! répondirent d'autres voix plus obstinées. Ils n'ont pas le droit de nous gouverner. Ils ne sont pas du peuple, ils ne sortent pas des barricades. Ils sortent de cette Assemblée vénale où ils ont respiré l'air empesté de la corruption. — Ils ont protesté contre la corruption, disent les

uns.—Ils y ont défendu la cause du peuple, disent les autres,
— Eh bien, qu'ils déclarent au moins quel gouvernement ils prétendent nous donner, s'écrient les plus modérés. Nous avons renversé la monarchie, nous avons conquis la république. Que Lamartine s'explique : veut-il ou non nous donner la république?

A cette interrogation répétée qui part de tous les groupes de la salle, Lamartine sourit d'un demi-sourire qui affecte de renfermer dans ses lèvres une indécision légèrement sceptique, expression de figure qui semble provoquer un auditoire à arracher un dernier secret à l'âme d'un orateur :

« La république? citoyens, dit-il enfin avec le timbre d'une solennelle interrogation, qui est-ce qui a prononcé le mot de république?

» — Tous! tous ! lui répondent des centaines de voix et des milliers de mains agitant leurs armes en signe de volonté et de joie sur leurs têtes.

» — La république! citoyens, reprend avec une gravité plus pensive et presque triste Lamartine. Savez-vous ce que vous demandez? Savez-vous ce que c'est que le gouvernement républicain?

» — Dites-le ! dites-le ! lui répond-on de toutes parts.

» — La république! poursuit Lamartine; savez-vous que c'est le gouvernement de la raison de tous, et vous sentez-vous assez mûrs pour n'avoir d'autres maîtres que vous-mêmes et d'autre gouvernement que votre propre raison?

» — Oui, oui ! dit le peuple.

» — La république ! savez-vous que c'est le gouvernement de la justice, et vous sentez-vous assez justes pour faire droit même à vos ennemis?

» — Oui! oui! oui! redit le peuple avec un accent d'orgueil de lui-même et de conscience dans la voix.

» — La république! reprend Lamartine, savez-vous que c'est le gouvernement de la vertu, et vous sentez-vous assez vertueux, assez magnanimes, assez cléments pour vous immoler aux autres, pour oublier les injures, pour ne pas envier les heureux, pour faire grâce à vos ennemis, pour désarmer vos cœurs de ces arrêts de mort, de ces proscriptions, de ces échafauds qui ont déshonoré ce nom sous la tyrannie populaire qu'on a appelée du faux nom de république il y a un demi-siècle, et pour réconcilier la France avec ce nom aujourd'hui? Interrogez-vous, sondez-vous, et prononcez vous-mêmes votre propre arrêt ou votre propre gloire[1]!...

» — Oui, oui, oui! nous nous sentons capables de toutes ces vertus! s'écrièrent dans un unanime enthousiasme ces voix devenues recueillies et presque religieuses à la voix de l'orateur.

» — Vous le sentez? vous le jurez? vous en attestez ce Dieu qui se manifeste dans les heures comme celle-ci par le cri et par l'instinct des peuples? » reprend Lamartine avec une suspension dans l'accent comme pour attendre la réponse.

Un tonnerre d'affirmation répond à son geste.

« Eh bien, dit-il, c'est vous qui l'avez dit : vous serez république, si vous êtes aussi dignes de la conserver que vous avez été héroïques pour la conquérir! »

La salle, les cours, les voûtes qui descendent sous les

---

[1] Les notes de ce dialogue ont été recueillies sur place et remises textuellement à l'auteur par deux des assistants, MM. Sarrans et Ernest Grégoire.

vestibules tremblent de l'écho prolongé des applaudissements.

« Mais entendons-nous, reprend Lamartine, nous et vous, nous voulons la république; mais nous serions, vous et nous, indignes du nom de républicains, si nous prétendions commencer la liberté par la tyrannie, ou dérober le gouvernement de la liberté, de l'égalité, de la justice, de la religion et de la vertu, comme un larcin, dans une nuit de sédition et de confusion comme celle-ci. Nous n'avons qu'un droit, celui de déclarer notre pensée, notre volonté à nous, peuple de Paris, celui de prendre la glorieuse initiative du gouvernement de liberté amené par les siècles, et de dire au pays et au monde que nous prenons sous notre responsabilité de proclamer la république provisoire comme gouvernement du pays, mais en laissant au pays, à ses trente-six millions d'âmes qui ne sont pas ici, qui ont le même droit que nous de consentir, de préférer ou de répudier telle ou telle forme d'institution, en leur réservant, dis-je, ce qui leur appartient, comme notre préférence nous appartient à nous-mêmes, c'est-à-dire l'expression de leur volonté souveraine dans le suffrage universel, première vérité et seule base de toute république nationale.

» — Oui! oui! c'est juste! c'est juste! répond le peuple, la France n'est pas ici. Paris est la tête, mais Paris doit guider et non opprimer les membres. Vive la république! Vive le gouvernement provisoire! Vive Lamartine! Que le gouvernement provisoire nous sauve! Il est digne de son mandat; en choisir un autre serait diviser le peuple et donner des heures à la tyrannie pour son retour. »

A ces cris, Lamartine descend triomphant de l'estrade au milieu des applaudissements unanimes. Il rétablit l'ordre, les postes, les sentinelles, les canons dans les cours ; il remonte, assuré de la confiance du peuple et de l'unité du gouvernement provisoire.

XXI

Pendant son absence, ses collègues Marie et Garnier-Pagès, assistés de Pagnerre, de Flottard, de Bastide, de Payer, de Barthélemy Saint-Hilaire, de Marrast et d'un groupe de citoyens intrépides et infatigables, avaient continué de pourvoir aux circonstances avec la rigueur d'un gouvernement incontesté et présent partout. De nombreux décrets, délibérés avec la rapidité de la pensée et avec l'absolu de volonté qui déconcerte la résistance, avaient été rendus en quelques heures depuis la réunion du gouvernement. Ce gouvernement se défendait d'une main, il organisait de l'autre. Les ministres avaient été nommés, les généraux désignés. Les ordres volaient sur toutes les routes de la France et des colonies, pour régulariser la révolution et prévenir la guerre civile.

Arago pensait à la flotte. Ministre obéi par la seule autorité de son nom, mûr pour le commandement, inaccessible aux ombrages et aux répugnances de partis, il n'avait pas craint d'affronter les murmures des républicains exclusifs en présentant l'amiral Baudin pour le commandement de la flotte de Toulon. Sans s'informer de ce que cet officier pouvait nourrir dans son cœur de reconnaissance et de regrets pour les princes de la dynastie déchue, il s'était fié au patriotisme du soldat. Le gouvernement avait ratifié sans hésiter ce choix. Par les ordres combinés du ministre de la guerre Subervie et d'Arago, des officiers de marine et des officiers de l'armée couraient déjà vers la Méditerranée et vers Alger, pour aller demander à nos escadres, à nos armées, l'obéissance, et aux princes eux-mêmes qui les commandaient la reconnaissance du gouvernement qui détrônait leur famille.

Instruits par l'histoire et par l'expérience de l'empire irrésistible qu'exerce sur le soldat français la pensée souveraine de l'unité de la patrie, les membres du gouvernement ne doutaient pas que ses ordres ne fussent obéis partout.

Cependant le prince de Joinville, aimé des marins, commandait une escadre en mer. Le duc d'Aumale et le duc de Montpensier commandaient cent mille hommes dans l'Algérie. Le Midi était royaliste. La flotte pouvait se concerter avec l'armée et les princes, et ramener à Toulon une armée de soixante mille hommes en peu de jours. Le roi, dont on ignorait encore les desseins, pouvait se retirer vers Lille, appeler à lui l'armée de Paris, celle du Nord, celle du Rhin, et presser ainsi en peu de jours la capitale et le cœur de la France entre deux guerres civiles.

Le gouvernement envisageait ces éventualités d'un œil ferme, décidé à les prévenir par la rapidité de ses mesures, ou à les vaincre par la prompte organisation des forces républicaines dans Paris. Le succès même ne lui semblait pas douteux. Contre toutes ces hésitations des colonies et des provinces et contre ces retours armés de la royauté, il y avait à Paris assez d'enthousiasme pour soulever la patrie entière sous les pas mêmes de la cour et des troupes. Les changements de gouvernement en France sont des explosions et non des campagnes. Il n'y a jamais deux esprits à la fois dans ce grand peuple. Les révolutions y sont soudaines, les longues guerres civiles impossibles. C'est à la fois la fragilité des gouvernements et le salut de la nation.

Pendant que le petit nombre des membres du gouvernement restés la nuit sur le champ de bataille de l'hôtel de ville complétaient ainsi les mesures prises dans la soirée avec leurs collègues, le ministre de l'intérieur, M. Ledru-Rollin, entouré des combattants des trois jours, parcourait la capitale, ralliant au gouvernement les conjurés du parti républicain. Il les pacifiait par la victoire; il les chargeait d'aller en porter la nouvelle à leurs frères des départements. Il organisait son ministère, nommait à la hâte les premiers commissaires envoyés de Paris pour remplacer les préfets de la monarchie ou pour reconnaître les administrateurs provisoires que les villes s'étaient donnés d'elles-mêmes au premier bruit de la révolution.

Caussidière, Louis Blanc, Albert, Flocon, portant chacun au pouvoir nouveau la part d'influence et la masse de clients que leur donnait leur parti dans les différentes régions du peuple, se groupaient autour du ministre de l'intérieur. Caussidière, jeté à la préfecture de police avec une masse armée et confuse de cinq ou six mille hommes des sections armées, s'y disputait un moment l'autorité révolutionnaire avec Sobrier. L'un et l'autre, le sabre encore à la main, la fumée des combats sur le visage, le feu dans les yeux, le sang sur les vêtements, bivouaquaient avec leurs compagnons de lutte dans les cours et dans les rues adjacentes de la préfecture. Ils tenaient leurs soldats sous les armes; ils gardaient leurs bannières et ne reconnaissaient qu'en hésitant et en murmurant le gouvernement provisoire. Ils se réservaient d'obéir ou de résister à ses ordres. Ils semblaient vouloir se fortifier dans ce poste, et ne point licencier la révolution armée sous leur main. Mais en même temps qu'ils conservaient le noyau des combattants de février autour d'eux, ils employaient avec énergie leur ascendant sur ces prétoriens de la révolution, mieux disciplinés d'avance et plus intrépides que les masses, à éteindre le feu, à désarmer le peuple, à punir les attentats individuels contre les personnes ou les propriétés. Police arbitraire, absolue, irrésistible, faite par ceux-là mêmes contre qui s'exerçait depuis quinze ans la police de la royauté.

Ce camp de la préfecture de police, avec ses feux allumés, ses faisceaux d'armes, ses soldats en haillons déchirés et teints de sang, ses barricades éclairées au sommet par des lampions, ses vedettes, ses gardes avancées, ses escouades entrant et sortant pour des expéditions rapides, dominé par la stature colossale, par le geste saccadé, et par la voix cassée mais mugissante de Caussidière, offrait la véritable image de ce commencement d'ordre sortant avec désordre encore du chaos d'une société démolie.

Quelques membres du gouvernement s'alarmaient du voisinage de ce camp et de la rivalité anarchique du gouvernement de Paris disputé entre le maire de Paris et le nouveau préfet de police. Lamartine ne partagea pas ces inquiétudes. Il se transporta seul au milieu de ce camp des montagnards. Il vit à la physionomie de ces hommes, il comprit à leurs propos, qu'ils étaient à la fois les instruments d'une révolution accomplie et les instruments d'un ordre nouveau à créer. L'énergie soldatesque mais humaine de Caussidière lui plut. Il vit que ce chef de parti avait le cœur aussi généreux qu'il avait la main forte; il comprit que sa finesse n'ôtait rien à sa probité; qu'il était satisfait et orgueilleux de la victoire, mais que cet orgueil même lui faisait un point d'honneur de contenir tout excès. Il résolut de soutenir Caussidière dans cette demi-soumission qui, en lui concédant une sorte de suprématie sur le désordre, l'engagerait plus sûrement à le réprimer.

Caussidière, de son côté, avec cette diplomatie d'instinct plus habile que l'habileté apprise, affecta à la fois dans ses rapports avec le gouvernement provisoire une déférence et une indépendance qui laissaient flotter les choses entre l'obéissance complète et l'insurrection occulte. Ainsi Lamartine se montra dès le premier jour ouvertement disposé à accorder à Caussidière tout ce qu'il demandait en autorité, en hommes, en munitions, en arbitraire, pour se composer une force de haute police de deux ou trois mille combattants d'élite pris dans le feu, afin d'en faire, dans le dénûment général de toute force répressive, les prétoriens momentanés de l'ordre public dans Paris. Peu lui importait que cet ordre fût formé d'éléments désordonnés et portât le nom de Caussidière ou le nom du maire de Paris, pourvu que la révolution ne se déshonorât pas par des crimes, et que le peuple ne goûtât pas ce sang dont il s'altère et ne se rassasie plus au commencement d'une révolution.

XXII

C'est par la même inspiration qu'il proposa à ses collègues une autre mesure qui parut au premier moment une souveraine témérité, et qui fut la souveraine prudence.

Le jour s'éteignait sur cette armée tumultueuse du peuple vaguant au bruit des coups de fusil et des chants de victoire autour de l'hôtel de ville. Ce peuple affamé de liberté commençait à être affamé de pain. Quelques citoyens alarmés vinrent dire l'état de la ville à Lamartine, les inquiétudes du lendemain, les transes de l'avenir. Il se leva de la place où il était occupé à rédiger les proclamations au peuple et à l'armée, et suivit ces citoyens dans une pièce voisine. Une fenêtre ouvrait sur la place de Grève et permettait à l'œil d'apercevoir les embouchures des rues du faubourg du Temple, du faubourg Saint-Antoine, les ponts et les quais qui versent le faubourg Saint-Marceau. C'était un océan d'hommes sous le coup de vent de toutes les passions d'un jour de combat. Il y avait dans cette multitude de quoi recruter dix révolutions.

Lamartine fut frappé du calme et de la physionomie à la fois enthousiaste et religieuse de l'immense majorité du peuple, parmi les hommes faits et les ouvriers d'un âge mûr. Il comprit que ce n'était plus là le peuple de 1793; qu'un esprit d'intelligence et d'ordre avait pénétré ces masses, et que la raison exprimée par la parole trouverait dans l'âme de ces hommes laborieux un écho, dans leur bras une force.

Mais il vit flotter çà et là, au milieu de ces groupes sérieux, une autre masse mobile, turbulente, légère comme l'écume : c'étaient des enfants ou des adolescents de douze à vingt ans, irréfléchis par nature, indisciplinés par leur divagation perpétuelle à travers une capitale, irresponsables de leurs actes par leur âge et par leur mobilité. Armée sans chef et sans cause, toujours prête à prendre pour chef le premier venu, et pour cause le premier désordre.

Il pressentit avec effroi les complications terribles que cette masse de jeunes gens échappés des ateliers, et ne les trouvant plus rouverts, allait jeter de misère, de fougues et de perturbation dans Paris, si la république ne s'en emparait pas dès la première heure, pour les assister de sa solde, les encadrer dans sa force, et les ranger du parti des bons citoyens. Il jugea de l'œil leur nombre de vingt à vingt-cinq mille. Un frisson de terreur anticipée parcourut son front, un éclair de prévoyance et de résolution illumina son esprit. Ces vingt-cinq mille enfants de Paris laissés dans les rangs du peuple soulevé allaient être un élément irrésistible de sédition permanente. La garde nationale, formée d'une seule classe de citoyens aisés et domiciliés, allait être pendant plusieurs mois licenciée de fait ; l'égalité allait s'étendre du droit électoral aux baïonnettes. L'armée, momentanément suspecte au peuple contre lequel elle venait de combattre, ne pouvait rentrer dans Paris sans y rallumer la guerre civile. Il fallait, pour que la capitale la rappelât d'elle-même à une réconciliation honorable et sûre, que la capitale fût elle-même armée dans ses deux cent mille gardes nationaux. Cette absence de l'armée, cette disparition de la garde municipale décimée, cette recomposition forcée de la nouvelle garde nationale, son contrôle, ses élections, son armement, allaient laisser Paris pendant un temps indéterminé à la merci de lui-même. La guerre civile dans les provinces, l'invasion possible sur les frontières, pouvaient exiger des recrutements soudains. Lamartine calcula d'un regard que ces vingt-cinq mille jeunes gens abandonnés au vagabondage et à l'émeute, ou ces vingt-cinq mille jeunes soldats enrôlés sous la discipline et sous la main du gouvernement, feraient une différence réelle de cinquante mille hommes pour la cause de l'ordre contre la cause de l'anarchie. Il rentra. Il présenta en deux mots ces considérations rapides à ses collègues : ils les sentirent sans les discuter ; un signe de tête était tout le vote dans ces urgences. Ces nombreux décrets, signés en trois heures, avaient épuisé la table du conseil. Payer lui procura un lambeau de papier commun déchiré d'une feuille déjà à demi écrite. Lamartine y rédigea le décret qui instituait séance tenante vingt-quatre bataillons de garde mobile et passa le papier à ses collègues. Ils le signèrent. La nuit même les enrôlements furent ouverts.

Cette jeunesse se jeta en foule dans le premier corps de la république, fière de son nom, digne bientôt de son rôle dans la fondation de la liberté.

La force destinée à soutenir et à contenir la révolution fut ainsi extraite de la révolution elle-même : véritable armée d'un peuple militaire enrôlée par l'enthousiasme, recrutée par la misère, disciplinée par son propre esprit, vêtue en partie de haillons, et couvrant la porte et la propriété d'une ville de luxe. La garde mobile devait sauver Paris du désordre pendant quatre mois, et sauver la société du chaos le cinquième mois. Sa création fut le pressentiment du salut de la république aux journées de juin. Elle a subi, depuis, l'ingratitude des citoyens pour lesquels elle a versé son sang.

XXIII

Ainsi, en peu d'heures disputées aux agitations, aux secousses, aux assauts, aux menaces d'une insurrection renaissante, au milieu d'un palais occupé par vingt mille hommes armés, divisés, ballottés, déchirés en pensées contraires, le gouvernement provisoire, utilisant toutes les minutes, sondant tous les abîmes, épiant toutes les lueurs de salut public, ressaisissant tous les fils de la trame de l'autorité anéantie, avait fait reconnaître en lui cette autorité dictatoriale, premier et dernier instinct d'une société dissoute. Il avait défendu dans son droit usurpé, mais usurpé sur l'anarchie, le droit suprême de la nation en péril ; il avait dissous, à force d'audace, les tentatives intestines de substitution d'un autre gouvernement au sien ; il avait déconcerté tous les retours possibles du gouvernement vaincu dans Paris. Il avait fait cesser le feu, il avait fait ouvrir les barricades, il avait éteint l'incendie, rétabli les communications de Paris avec les provinces, informé et étonné les départements par la promptitude de ses résolutions, créé de nouveaux magistrats au peuple, confirmé les anciens, envoyé des agents, reçu l'obéissance des troupes, pourvu aux subsistances de Paris, nommé les ministres, réorganisé la police municipale, dissous la Chambre des députés, suspendu la Chambre des pairs, proclamé sa volonté et celle du peuple de Paris de changer la monarchie en république sous la ratification de la souveraineté du peuple, institué la garde républicaine pour force de police, la garde mobile pour force sociale, nommé les généraux, fait occuper les forts, reçu la soumission de Vincennes, et préservé cet arsenal. Il avait enfin secouru les blessés, garanti les Tuileries en les convertissant pour un moment en hospice du peuple, ordonné l'élargissement des cadres de la garde nationale, enrôlé le peuple, cette force civique, la seule possible alors. Il avait fait respecter les cultes et les propriétés, proclamé la fusion et la concorde des différentes classes sous le nom de fraternité, et changé presque en une nuit paisible et sûre la nuit d'anarchie, de guerre civile, d'incendie, de pillage et de mort que l'écroulement de tous les pouvoirs promettait aux citoyens. Soixante-deux proclamations, délibérations, ordres ou décrets rendus en quelques heures et exécutés par le zèle et le courage des citoyens qui s'étaient faits ses auxiliaires, avaient produit et constaté avant minuit ces résultats.

XXIV

La lassitude du peuple debout depuis vingt-quatre heures, le sang-froid du gouvernement et le dernier effort de Lamartine avaient fini par déblayer l'hôtel de ville et ses alentours des tumultes dont ils étaient assiégés depuis le matin. Les hommes qui voulaient la tyrannie d'un gouvernement de la victoire et de la commune de Paris, vaincus par le bon sens du peuple et par les acclamations qui avaient suivi Lamartine, avaient renoncé, pour cette nuit, à leurs desseins. L'enthousiasme avait tout entraîné, jusqu'aux pensées de résistance. Ils y avaient eux-mêmes participé; ils s'étaient retirés en mêlant leurs applaudissements à leurs murmures. Le rêve d'un gouvernement tumultueux et violent comme l'élément d'où il sortirait leur avait échappé au moment où ils croyaient le saisir comme leur proie. Ils allaient conspirer pendant cette nuit pour l'arracher à force ouverte le lendemain. Ni Lamartine ni les membres du gouvernement restés en petit nombre avec lui à l'hôtel de ville ne soupçonnaient ce retour si prochain et si menaçant des périls qu'ils venaient de conjurer.

XXV

Accablés de fatigue, épuisés de voix, sans autre couche pour reposer leurs corps que le parquet de la salle du conseil, sans autre aliment pour réparer leurs forces qu'un morceau de pain rompu entre eux sur la table du travail, sans autre boisson que quelques gouttes de vin restées du déjeuner d'un huissier du préfet de Paris, et bues dans un tronçon de faïence cassée ramassé dans les débris du palais, ils commençaient enfin à respirer, en contemplant ce qu'ils avaient déjà fait, en oubliant ce qui leur restait à faire.

Les membres du gouvernement s'étaient retirés successivement un à un. Les collaborateurs qui les secondaient de tout leur courage et de tout leur zèle, Buchez, Pagnerre, Barthélemy Saint-Hilaire, Recurt, Flottard, Payer, Bastide, Flocon, et cinquante ou soixante autres citoyens intrépides, étaient debout et pourvoyaient d'inspiration à toutes les nécessités secondaires renaissantes avec toutes les minutes. Mais les grandes choses étaient momentanément accomplies; d'autres couvaient dans les ombres de la nuit. Marie et Lamartine s'entendirent pour se partager les dernières veilles de cette nuit, et pour aller tour à tour rassurer un moment leurs familles avant de revenir prendre le poste où le lendemain leur préparait de nouveaux assauts.

Lamartine sortit ainsi à minuit de l'hôtel de ville sans être reconnu. Il était accompagné de Payer, d'Ernest Grégoire, du docteur Faivre, intrépides compagnons des dangers du jour, qu'il ne connaissait pas quelques heures auparavant. Il les avait vus au feu de la révolution, cela suffisait pour attacher ces citoyens les uns aux autres. Des heures pareilles révèlent les hommes plus que des années de vulgaires fréquentations.

La nuit était orageuse et sombre. Le vent pluvieux chassait les nuées basses dans le ciel, les fumées rampantes des lampions allumés sur la crête des barricades, et faisait gémir sur les toits les girouettes et les bouches de fer des cheminées. A l'entrée de toutes les rues, des factionnaires volontaires du peuple veillaient, le fusil chargé à la main, sans autre consigne que leur zèle spontané à défendre la sécurité de leur quartier. On eût dit qu'ils surveillaient leur propre honneur, de peur que le crime ne déshonorât leur victoire.

De distance en distance, on trouvait de grands feux allumés, autour desquels bivouaquaient, sur un peu de paille, des groupes de combattants endormis. Leurs sentinelles obéissaient comme des soldats disciplinés à des chefs qu'ils avaient choisis d'instinct ou reconnus à l'évidence d'une supériorité morale. Aucun désordre, aucun tumulte, aucune vocifération menaçante, aucune injure, n'attristaient ces attroupements. Ils demandaient avec politesse des renseignements aux citoyens qui les traversaient. Ils s'informaient des nouvelles de l'heure, des résolutions et des décrets du gouvernement. Ils applaudissaient au nom de république; ils juraient de la défendre et de l'honorer par la magnanimité et par le pardon. Ils ne témoignaient ni ressentiments, ni colère, ni soif de vengeance. Leur émotion n'était que l'enthousiasme et l'espérance du bien. La terre devait se confier, le ciel devait sourire aux sentiments de ce peuple pendant une telle nuit.

De temps en temps seulement, et de distance en distance, on entendait de rares détonations et des balles sifflaient de loin en loin dans l'air. C'étaient des postes de combattants qui tiraient au hasard pour avertir les troupes, dont on ignorait les dispositions, que l'armée du peuple était debout, et qu'une surprise était impossible. Lamartine et ses amis haranguèrent partout les postes, les rassurèrent, et en furent accueillis aux cris de : « Vive le gouvernement provisoire ! » Seulement, à mesure que l'on s'éloignait de l'hôtel de ville, les postes devenaient plus rares. Çà et là quelques combattants des trois jours erraient par groupes sans chefs, dans les rues et sur les quais, ivres de feu et de vin ; ils poussaient des cris de victoire, ils frappaient les portes de la crosse de leurs fusils ou de la poignée de leurs sabres, ils faisaient des feux de file ensigne de joie plutôt qu'en signe de mort. A l'extrémité du pont des Tuileries, à l'entrée de la rue du Bac et dans les rues adjacentes du faubourg Saint-Germain, ces feux de peloton se prolongèrent toute la nuit. Lamartine ne parvint qu'à travers ce feu de tirailleurs à la porte de sa maison.

XXVI

Après avoir changé ses vêtements mis en lambeaux par les tumultes de la journée, et pris deux ou trois heures de sommeil, Lamartine repartit à pied à quatre heures du matin pour l'hôtel de ville.

Les heures tardives de la nuit avaient assoupi plus complétement la ville. Les feux s'éteignaient sur les barricades; les factionnaires du peuple dormaient le coude appuyé sur la bouche du canon de leurs fusils. On entendait une certaine rumeur sourde sortant des rues profondes et noires qui entourent la place de Grève. Des groupes de quatre ou cinq hommes armés traversaient çà et là le quai, les rues, les places, d'un pas précipité; ils s'entretenaient à voix basse en marchant, comme des conjurés. Ces hommes étaient en général autrement vêtus que le reste du peuple; des redingotes de couleur sombre, des casquettes de drap noir à passe-poil rouge, des pantalons et des bottes d'une certaine élégance, des barbes touffues sur le menton et sur les lèvres, soigneusement coupées et peignées, des mains délicates et blanches, plus faites pour tenir la plume que l'outil, des regards intelligents, mais soupçonneux et ardents comme le complot, attestaient que ces hommes n'appartenaient pas, par leurs travaux du moins, aux classes prolétaires, mais qu'ils en étaient les meneurs, les agitateurs et les chefs. Lamartine crut apercevoir, à la lueur des feux de bivouac, qu'ils portaient des rubans rouges à leur boutonnière et des cocardes rouges à leur chapeau. Il crut que c'était un simple signe de ralliement arboré pour se reconnaître entre eux pendant les jours de combat qui venaient de s'écouler; il entra sans soupçon à l'hôtel de ville, et releva son collègue Marie, qui alla à son tour voir et rassurer les siens.

Le calme, le silence et le sommeil régnaient à cette heure dans toutes les parties de ce vaste édifice si tumultueux quelques heures auparavant. Ce silence n'était interrompu que par les gémissements et les rêves à haute voix de l'agonie des blessés et des mourants qui jonchaient la salle du Trône. Lamartine reprit son poste dans l'enceinte un peu élargie, à moitié évacuée et mieux protégée du gouvernement provisoire. Il y attendit, en rédigeant des ordres et en préparant des décrets, la renaissance du jour et le retour de quelques-uns de ses collègues.

LIVRE DOUZIÈME

I

Pendant cette détente des choses et des esprits que les heures avancées de la nuit et surtout le crépuscule du matin amènent toujours dans les convulsions même des batailles ou des révolutions, un seul parti avait veillé pour ressaisir avec toutes ses forces, dans la journée suivante, la victoire et la direction que le gouvernement provisoire lui avait enlevées, comme on l'a vu, la veille. Pour bien comprendre ce récit, il faut décomposer avec précision et avec justice les trois partis qui avaient fait la révolution, et qui, la révolution une fois accomplie par la fuite du roi, s'étaient entendus pour proclamer ou pour adopter la république.

Ces trois partis étaient le parti libéral et national d'abord, composé de tous les amis de la liberté et du progrès des institutions pris dans toutes les classes de la population, sans acception de condition sociale ou de fortune.

Le parti socialiste ensuite, composé des partisans, confondus alors en une seule armée, des différentes sectes, écoles ou systèmes qui tendaient à une rénovation plus ou moins radicale de la société par une distribution nouvelle des conditions du travail ou des bases de la propriété.

Le parti révolutionnaire enfin, composé de ceux pour qui les révolutions sont à elles-mêmes leur propre but. Hommes insoucieux de tout amour philosophique du progrès, indifférents aux rêves d'amélioration radicale, se précipitant dans les révolutions pour leurs vertiges, n'ayant dans l'âme ni la moralité dévouée de ceux qui considèrent les gouvernements comme des instruments du bien des peuples, ni dans l'imagination les chimères de ceux qui croient qu'on peut rénover en entier un ordre social sans ensevelir l'homme sous ses débris. Ces révolutionnaires sans foi, sans idée, mais pleins de passions et de tumultes en eux-mêmes, veulent des convulsions à leur image, et ils trouvent dans les convulsions prolongées leur seul idéal. Ils aspirent, pour toute théorie, à des gouvernements révolutionnaires sans foi, sans loi, sans fin, sans paix, sans trêve et sans moralité comme eux.

II

Le premier de ces partis, c'est-à-dire le parti national et libéral jusqu'à la république inclusivement, était au fond celui qui avait le plus contribué à la révolution par son éloignement du pouvoir royal, par l'agitation de ses banquets réformistes, par son opposition personnelle au roi dans les Chambres, enfin par l'abandon de la garde nationale de Paris, ralliée par la réforme au peuple, par l'immobilité de l'armée, et par la prompte adhésion des généraux au nouveau gouvernement. Ce parti, sincèrement grandi en libéralisme depuis trente ans, pénétré des sentiments de sa dignité de citoyen, se sentant capable de se passer de roi et de se gouverner lui-même, était entré de plain-pied dans la république. Il se félicitait d'avoir franchi du premier élan l'anarchie. La popularité, la promptitude et l'énergie du gouvernement provisoire avaient reconstitué en dix-huit heures des éléments d'ordre en se jetant sans hésiter sous les décombres de l'écroulement général. Le parti national ne s'occupait déjà plus, dans ses pensées, que de contenir et de régulariser une révolution acceptée par lui, pourvu qu'elle se contînt et se régularisât elle-même dans le cadre des grands intérêts généraux d'une société. Il était prêt à appuyer de sa force le gouvernement pour accomplir et pour clore à la fois la révolution par une république, mais par une république civilisée.

III

Le second parti, celui des socialistes de toute doctrine, était divisé en écoles rivales. Ces écoles ne s'étaient entendues jusque-là que par la critique plus ou moins radicale de l'ordre social et traditionnel des sociétés. Leurs théories, tendant toutes à la meilleure répartition des bénéfices, des charges, à la suppression de la propriété personnelle, à la communauté des biens, se différenciaient néanmoins par les procédés et par la mesure dans lesquels ce nivellement radical de l'humanité devait s'accomplir. Les uns y tendaient par ce qu'ils appelaient l'organisation du travail, c'est-à-dire l'arbitraire du gouvernement s'établissant au lieu de la libre concurrence entre le capital et le salaire, moyen infaillible de les supprimer tous les deux. Tel était surtout le caractère de l'école de M. Louis Blanc, sorte de communisme industriel et mobilier qui ne dépossédait nominalement ni le propriétaire de sol ni le propriétaire de capital, mais qui, en les dépossédant de leur liberté, les anéantissait réellement dans leur action, et équivalait à une confiscation de tout capital, puisqu'il était la confiscation de tout intérêt.

Ce système, modéré et déguisé dans ses formules, fondé sur un principe réel de justice, d'égalité, de pitié pour les brutalités de la concurrence et pour les iniquités souvent réelles du capital, exposé par son auteur avec une conviction du sophisme communicative pour l'ignorance, et avec un talent de style et de parole qui éblouissait la jeunesse et qui retentissait dans les masses, était de tous ces systèmes celui qui avait le plus de sectaires sérieux. Le mot d'organisation du travail était devenu, grâce à l'obscurité des termes depuis dix ans, le mot de la croisade des prolétaires contre l'état politique et social.

Ce mot incompris par les classes lettrées avait à leurs yeux le charme et le prestige du mystère. C'était le mirage de la philosophie! Aux yeux des classes laborieuses de l'industrie, ce mot voulait dire justice, réparation, espérance et soulagement. Trop peu éclairées pour le sonder jusqu'au fond et pour en découvrir les impossibilités, les déceptions et les misères, ces classes s'y attachaient d'autant plus qu'elles n'y voyaient qu'une amélioration pratique, facile, inoffensive des conditions du travail : amélioration compatible, dans leur pensée, avec la propriété, la richesse et le capital, auxquels elles ne voulaient point attenter par la violence et par la spoliation. Ce système, à une époque et dans des villes où l'industrie accumulait des masses flottantes et souffrantes de travailleurs oisifs ou exténués, devait rallier le plus vite une armée de prolétaires sous son drapeau. Ce parti était l'avant-garde du communisme sous un nom qui trompait tout le monde, même ses propres soldats.

IV

Les autres écoles socialistes étaient celle de Fourier d'abord, née des ruines du saint-simonisme, éclose et morte en 1830. Le fouriérisme, idée plus vaste, plus profonde, plus animée d'une pensée immatérielle, s'était étendu à la mesure d'un apostolat et s'était élevé à la hauteur d'une religion de la société par la foi et par le talent de ses principaux apôtres. Cette secte avait son catéchisme quotidien commenté sous la direction de MM. Considérant, Hennequin, Cantagrel, à Paris, dans le journal *la Démocratie pacifique.* Elle avait ses succursales, ses missions, ses cénacles, ses listes et ses subventions d'adeptes de toutes les classes dans les départements et en Europe. Elle ne se présentait point comme une subversion de la société existante, mais comme une grande expérimentation d'une société régénérée demandant seulement, avec une respectueuse tolérance pour les droits acquis, place dans la discussion pour ses théories, place sur le sol pour ses épreuves. Elle ne voulait point contraindre, elle voulait convaincre. C'était un rêve en action. La communauté qu'elle prêchait sous la forme de ses phalanstères, sorte de monastères industriels et agricoles, supposait des anges pour la pratiquer, des dieux pour la gouverner, des mystères pour l'accomplir. C'étaient ces mystères mêmes, en vain sapés par le raisonnement et en vain insultés par le ridicule, qui semblaient y attacher davantage ses sectateurs. Le mysticisme est le ciment des illusions. Il les rend saintes aux yeux de ceux qui les partagent. L'enthousiasme est incurable quand les enthousiastes se croient inspirés, et quand les inspirés se croient martyrs.

Si le fouriérisme avait dans ses principaux adeptes les prestiges et les superstitions d'une religion, il en avait aussi l'honnêteté et les vertus. Il s'était toujours refusé jusque-là à s'allier avec les partis politiques hostiles au gouvernement établi. Son rôle de philosophie et de religion lui faisait mépriser et détester le rôle de faction. Il recommandait la paix aux nations, l'ordre et la tolérance aux citoyens. Il pratiquait courageusement dans ses actes et dans ses écrits ce qu'il prêchait. C'était une doctrine de bonne foi, de concorde et de paix, une doctrine désarmée comme celle des *quakers* d'Amérique. On pouvait la craindre, la discuter ou la railler, on ne pouvait s'empêcher de l'estimer. Elle pouvait faire des insensés, jamais des scélérats.

V

Au-dessous de cette grande secte, des sectes secondaires et partielles se divisaient sur l'application pratique de la doctrine commune de l'expropriation de l'homme individuel en société. Les uns adoptaient les rêveries incohérentes et confuses des icariens sous la direction de M. Cabet, sorte de Babeuf posthume, mais humain, fanatisant pour une communauté agraire tous les mécontents du travail, tous les proscrits de la richesse, toutes les victimes de l'industrie des villes. Les autres cherchaient à entrevoir quelques mirages de société nouvelle en dehors des instincts primordiaux de l'homme dans les perspectives métaphysiques de M. Pierre Leroux, éclairées d'un rayon de christianisme. Les autres se complaisaient, par vengeance de leur situation, à suivre dans les critiques désespérées un grand sophiste. Ce sophiste avouait son audace : il aspirait à la ruine complète du monde pensant et politique; il se délectait dans les décombres du présent et dans le chaos de l'avenir. C'était la Némésis des vieilles sociétés. Il s'appelait M. Proudhon. Mais sa ruine au moins était savante: tout ce que le sophisme peut avoir de génie, il l'avait. Il jouait avec les mensonges et les vérités comme les enfants grecs avec les osselets.

Les autres enfin, véritables barbares de la civilisation, n'avaient ni doctrine, ni foi, ni religion sociale, ni maîtres, ni illusions, ni sectes. Ils avaient faim et soif de bouleversements.

Un sentiment invétéré de malaise aigri en haine et perverti en vices fermentait depuis longues années dans leur âme. Ce sentiment les poussait à ravager du moins l'institution à laquelle ils attribuaient leurs souffrances, quand ils n'auraient dû les attribuer qu'à l'imperfection inhérente par notre nature des institutions humaines. Ceux-là étaient peu nombreux et cachés dans les sentines de la capitale et des grandes villes industrielles.

Les autres chefs et les autres sectes socialistes que nous

venons d'énumérer étaient loin de ressembler à ces désespérés du désordre. Il y avait en eux, à côté de légitimes et grandes aspirations dans l'amélioration de l'ordre social, des idées fausses, irréalisables dans la forme, subversives de toute justice, de toute famille, de toute richesse, de tout instinct dans l'application ; mais il n'y avait ni immoralité ni perversité volontaires. Ces hommes, passionnés jusqu'au fanatisme, les uns par orgueil pour leur système, les autres par religion pour le progrès des sociétés, croyaient au moins avoir une idée. Une idée, même fausse, à laquelle on croit fortement et à laquelle on se dévoue fanatiquement, porte en soi sa moralité. Cette idée peut être absurde, mais elle n'est pas criminelle ; elle est ce que sont aux peuples les fausses religions : un délire devant le raisonnement, une vertu devant la conscience ; elle veut l'impossible, mais elle ne le veut pas par le crime.

Tel était le véritable caractère dans ce moment des différentes écoles socialistes proclamant la république avec les républicains. Aucune de ces sectes, aucun de ces chefs d'idées n'avait dans la pensée de pousser la république aux bouleversements, aux violences, au sang, pour trouver dans ces ruines et dans ce sang le problème victorieux de leur école. L'histoire ne doit pas calomnier des pensées qui devinrent des factions plus tard, mais qui alors n'étaient que des espérances ; elle doit dire ce qu'elle a vu, à l'honneur, à l'excuse, comme à la condamnation des socialistes.

VI

Un enthousiasme sincère et religieux dans le plus grand nombre avait saisi en ce moment les socialistes des différentes sectes ; il soulevait les maîtres et les disciples au-dessus des mauvaises pensées, des abjectes ambitions, et plus encore des férocités d'esprit qu'on leur a imputées depuis. L'enthousiasme sanctifie momentanément les cœurs ; celui des socialistes, et principalement des adeptes de Fourier et de Raspail, était enflammé jusqu'à l'extase ; le moule du vieux monde leur paraissait s'être miraculeusement brisé tout à coup devant eux. Ils espéraient tous jeter plus librement le monde renouvelé dans un moule plus ou moins conforme à leur pensée. Cette joie faisait éclater leur cœur ; il n'en sortait alors que des effusions de sentiments humains, fraternels, indulgents pour le passé, respectueux pour les droits acquis, réparateurs des iniquités sociales, préservateurs pour le riche, providentiels pour le prolétaire. Ils offraient leur concours, leur influence, leurs veilles, leurs baïonnettes, leur sang aux membres du gouvernement pour les aider à maintenir l'ordre, à humaniser la révolution, à discipliner la république, à défendre les industries, les terres, les propriétés. Ils voulaient une transformation graduée et rationnelle, non un cataclysme. Il ne sortait pas de leurs lèvres, dans ces premières heures d'explosion où l'âme se révèle, un mot de colère, de vengeance, de ressentiment, de division entre les classes; il n'en sortait pas un mot qui ne pût être enregistré à l'honneur du genre humain. Leur physionomie, leurs yeux, leurs larmes, leurs gestes, attestaient la sincérité de leurs paroles; ils ne songeaient certes pas à les démentir le lendemain par leurs actes. Voilà le témoignage : les membres du gouvernement qui leur sont le plus opposés comme théorie le doivent à l'histoire, aux hommes, à Dieu.

VII

Le troisième parti était celui qui conspirait déjà avant qu'elle fût accomplie contre la révolution qu'il avait faite.

Il importe à l'histoire, à la nation et à l'humanité, de bien analyser les éléments de ce parti. Il a perdu la première république en s'y mêlant; il aspirait dès la première nuit à perdre la seconde. Ce parti existe partout comme élément de désordre et de crime : l'écume des peuples; il n'existe qu'en France comme parti théorique et politique : le terrorisme. Voici sa source.

La première Révolution française, philosophie d'abord, combat ensuite entre le passé et l'avenir, eut des luttes terribles à soutenir et à livrer pour conquérir sur l'aristocratie, sur le despotisme et sur l'Église en possession du vieux monde, l'égalité, la liberté, la tolérance, et la portion de vérités applicables que la raison française moderne voulait faire passer dans la législation et dans le gouvernement. Dans cette triple guerre civile des idées, des consciences et des intérêts, qui dura de 1789 à 1796, tous les éléments bons ou mauvais d'une révolution furent soulevés, mêlés, confondus. Les philosophes, les législateurs, les orateurs, les soldats, les tribuns de la révolution combattirent généreusement d'abord chacun avec ses opinions, chacun avec ses armes. Mais les événements bouillonnèrent ; la colère, la violence, la tyrannie, la cruauté, le crime révolutionnaire, prirent leur rôle dans les jours sinistres. Les dictatures de la démagogie, les proscriptions, les confiscations, les échafauds, les supplices, les assassinats en masse enfin, comme ceux de septembre, eurent leurs journées et leur année dans la révolution. Ces éclipses de la justice et de la modération de l'humanité effrayèrent le monde, dépopularisèrent la république, déshonorèrent le peuple ; elles réjouirent certains esprits déréglés et certains cœurs pervers. Danton un jour fatal à son nom, Marat et ses complices toujours, Saint-Just quelquefois, excusèrent le crime ; ils le glorifièrent comme un instrument de l'audace ; ils le vantèrent comme une victoire de la logique sur la pitié, comme un triomphe méritoire de la volonté sur la conscience. Le genre humain les laissa frapper et parler, et l'horreur de l'histoire réfuta leurs sophismes. Quand on analyse aujourd'hui de sang-froid leur théorie du prétendu salut de la république par le crime, on trouve que la république de 93 ne doit rien à ces crimes, si ce n'est la chute du principe, la réprobation des moyens, l'ajournement de la vraie république et le despotisme d'un soldat.

Mais le sophisme plaît aux hommes, tantôt comme une nouveauté de l'esprit, tantôt comme une audace de la conscience, tantôt enfin comme un défi au sens du vulgaire. A peine le sang de la Révolution était-il étanché qu'il se trouva des publicistes et des historiens, les uns pervers, les autres fatalistes, les autres seulement complaisants pour le sophisme, qui reprirent à froid les bouillonnements de Danton et les aphorismes de Saint-Just, pour en faire la théorie des révolutions et le système surhumain de l'histoire. Ils affectèrent une pitié superbe pour les scrupules de l'honnêteté et de l'humanité; ils attribuèrent aux hommes d'État, en temps de révolution, je ne sais quel droit suprême de contraindre, de proscrire, d'immoler leurs ennemis ou leurs rivaux, droit qui les plaçait, selon eux, non-seulement au-dessus de toute justice écrite, mais au-dessus même de l'équité. Ils renversèrent la nature pour donner crédit à leur système historique; ils donnèrent l'apothéose aux bourreaux, le mépris aux victimes. Cette école se multiplia pendant la Restauration et pendant le gouvernement de Louis-Philippe. L'opposition popularisa le sophisme, l'immoralité l'accueillit, l'imitation le propagea, l'arrière-goût du crime, qui se cache au fond de certaines âmes, s'en réjouit. Supprimer le remords ce n'était pas assez, il fallait sanctionner le forfait; on arriva jusqu'à cette hauteur dans l'absurde; des générations d'esprits furent nourries de ces idées. Les natures fausses les répandirent, les natures faibles les subirent, les natures perverses les convertirent en plan de gouvernement et en férocité d'esprit.

VIII

C'est de là qu'était né en France, non le parti républicain, que soulevaient d'horreur de pareilles théories, mais le parti conventionnel et terroriste, qui avait pour mot d'ordre la Convention et pour idéal la Terreur.

Ce parti laissait transpirer ces idées dans ses écrits, dans ses journaux et dans ses discours publics. Il devait les dévoiler et les commenter plus âprement encore dans quelques-uns de ses conciliabules et dans ses associations souterraines. Là, les noms de révolution et de république n'étaient plus, comme dans les conseils des vrais républicains, le synonyme de la liberté, de l'égalité et de la moralité des citoyens sous un gouvernement de raison et de droits unanimes : la révolution et la république signifiaient le triomphe violent d'une partie du peuple sur la nation tout entière, la domination vengeresse d'une seule classe sur les autres classes, la tyrannie d'en bas substituée à la tyrannie d'en haut, l'arbitraire pour loi, le ressentiment pour justice, la hache pour gouvernement.

Ce parti avait pour armée, outre ses adeptes enrégimentés et fanatisés dans quelques sections, toute cette partie ignorante, flottante et dépaysée de la population déclassée des grandes capitales, population qui se soulève aux bouillonnements de la société et qui couvre tout à coup la surface des rues et des places publiques de ses misères, de ses haillons et de ses agitations. C'est le tort de l'ancienne société de laisser sans lumière, sans organisation et sans bien-être, ce résidu souffrant des populations urbaines. Les grands vices germent dans les grandes misères. Tout ce qui croupit se corrompt; le crime est un miasme de l'indigence et de la brutalité. La république est faite pour éclairer, assainir et améliorer ces masses.

Telle était l'armée de ce parti; il avait pour drapeau le drapeau rouge.

Vaincu le soir, dans les dernières convulsions de l'hôtel de ville, par la résolution du gouvernement provisoire, par la coopération énergique de Lamartine et par ses discours, le parti terroriste s'était retiré silencieux, non résigné. Il avait renoncé pour le moment à disputer l'empire au gouvernement installé par la double acclamation de la Chambre des députés et de la place de Grève; il n'avait point de noms à opposer à ces noms populaires de Dupont de l'Eure, d'Arago, de Ledru-Rollin, de Marie, de Crémieux, de Lamartine, les uns illustres par les luttes parlementaires, les autres par les lettres, ceux-ci par la science, ceux-là par le forum, quelques-uns par toutes ces célébrités à la fois, d'autres par la vertu publique, cette illustration de la conscience, première des popularités. Des noms obscurs ou connus seulement des sectionnaires dans l'ombre de leurs sections auraient jeté l'étonnement, l'hésitation, et peut-être l'effroi dans les départements. La république aurait reculé d'incrédulité au premier pas. Il fallait des garants et des parrains à ce gouvernement nouveau pour qu'on crût à sa réalité et pour qu'on se confiât à sa parole.

Le parti terroriste était malgré lui forcé de sentir cette

vérité. Il avait bien l'ambition de s'emparer du pouvoir, il le voulait pour lui seul. Il n'admettait ni paix, ni concorde, ni tolérance pour la garde nationale, la bourgeoisie, les départements, le clergé, la grande ou la petite propriété, tout ce qu'il appelait l'aristocratie. Son régime prémédité n'était qu'un universel ostracisme; mais il avait la conscience de l'horreur qu'il allait inspirer à la France en se produisant au grand jour. Il résolut, en désespoir d'audace, de s'imposer sous l'anonyme à la France en montrant ses forces le lendemain, en exerçant sur la capitale la fascination de la terreur, sur le gouvernement provisoire la pression de ses armes, en intimidant ses membres ou en les précipitant, en introduisant quelques-uns de ses chefs dans le sein du gouvernement, et en forçant enfin la république à prendre dès le premier jour le drapeau rouge en signe d'acceptation de ses pensées et de complicité à sa domination.

Les agents de ce parti s'étaient entendus pendant la nuit et répandus avant le crépuscule dans les conciliabules de conspirateurs, repaires de vices, dans les quartiers de l'indigence et de l'ignorance, pour y soulever et pour y recruter les éléments d'un second flot révolutionnaire qui emportât ce que le premier flot national avait respecté, et qui démolît ce que la modération du peuple avait fondé.

IX

Ils n'avaient que trop bien réussi. La fermentation générale servait leurs desseins. Tous les éléments sains ou corrompus de la population étaient remués jusqu'au fond et confondus dans le bouillonnement des événements. Il était facile de leur imprimer une impulsion nouvelle et de diriger ensuite à son gré une immense sédition, savante et audacieuse dans ses chefs, aveugle et involontaire dans les masses. On pouvait sous prétexte d'achever la révolution entraîner ce peuple à la dépasser et à la détruire. Tel était l'espoir des terroristes.

Il y a toujours deux peuples dans un peuple, ou plutôt, quelle que soit l'égalité dans les droits, il y a toujours inégalité dans les mœurs et dans les instincts. L'homme le plus vertueux porte dans sa nature certains éléments de vice et même certaines possibilités de crime qu'il subjugue et qu'il anéantit en lui par sa vertu. L'humanité est faite comme l'homme; elle n'est que l'homme multiplié par millions. Le crime est un élément de l'humanite; il se retrouve dans une fatale proportion dans toute agglomération de peuple : c'est pour cela qu'il y a des lois et des forces publiques.

C'est cette partie vicieuse, féroce d'instincts et criminelle du peuple, que le parti terroriste appelait en aide à ses théories ce jour-là. Il lui montrait l'abaissement de toutes les classes aisées comme une vengeance, le désordre comme un règne, la société comme une proie, l'expropriation comme une espérance, la suprématie d'une classe sur toutes les autres comme la seule démocratie réelle; la confiscation, la proscription comme ses armes légitimes; une Convention dominée par la démagogie de Paris comme la république, les tribuns pour législateurs, les bourreaux pour licteurs, la hache révolutionnaire pour dernière raison, pour seule conscience du peuple victorieux.

X

Les hommes qui entendaient ainsi la république étaient peu nombreux. C'étaient des conjurés, jeunes pour la plupart, pâlis dans les veilles des sociétés secrètes, exaltés par les conciliabules nocturnes, sans pudeur et sans responsabilité dans ces réunions où tout est fiévreux; empoisonnés dès leur enfance par ces évangiles de la terreur, où Danton et Saint-Just sont déifiés, l'un pour son audace dans le meurtre, l'autre pour son sang-froid dans l'immolation. Des hommes aigris par l'isolement de leurs pensées; d'autres tentés par l'imitation de ces attentats qu'ils trouvent grands parce qu'ils sont rares; d'autres, parodistes du drame de la première révolution, plagiaires de l'échafaud, ambitieux d'un nom dans l'histoire, à quelque prix que la conscience mette la renommée, jaloux des célébrités du crime, hommes que l'immortalité de Marat et de Babeuf empêchait de dormir. On comprenait depuis plusieurs années, à leurs propos et à leurs écrits, que des pensées sinistres transpiraient de leur âme, et que si une révolution venait à leur offrir l'occasion de leur perversité, ils ne s'arrêteraient devant aucun acte, comme ils ne s'arrêteraient devant aucune pensée et devant aucune réprobation de la conscience du genre humain. C'étaient les sophistes de l'échafaud réchauffant à froid des colères éteintes, pour motiver des attentats posthumes, et pour faire des victimes au lieu de faire des citoyens.

Ces hommes ne pouvaient recruter leurs forces que dans le limon le plus profond et le plus méphitique de la population des grandes capitales. Le crime ne fermente que dans ces agglomérations d'oisiveté, de débauches, de misère volontaire et de vices ; l'immoralité, loin du grand jour où la discipline et le travail de la société ne pénètrent pas.

La masse de la population laborieuse et domiciliée à Paris avait fait, en lumière, en civilisation véritable et en vertu pratique, d'immenses progrès depuis cinquante ans. L'égalité l'avait ennoblie, l'industrie l'avait enrichie. Le contact avec les différentes classes qu'on appelait autrefois la bourgeoisie avait poli et adouci ses pensées, sa langue et ses mœurs. L'instruction généralisée, l'économie devenue institution par les caisses d'épargne, les livres multipliés, les journaux, les associations fraternelles ou religieuses, l'aisance qui donne plus de loisir, le loisir qui permet la réflexion, l'avaient heureusement transformée. La communauté d'intérêts bien compris entre ce peuple et la bourgeoisie, avec laquelle il se confondait, avait mis en commun même les idées. L'immense masse de raison publique qui s'était infiltrée par tous les organes dans ce peuple des ouvriers de Paris le prémunissait d'avance contre l'entraînement et la domination des terroristes. Les souvenirs de la terreur, des supplices, des proscriptions, des confiscations, des assignats, des emprunts forcés, des *maxima* de la première république, devenus familiers par la vulgarisation de l'histoire à toutes les classes de la nation, n'inspiraient pas moins d'horreur aux pauvres qu'aux riches. La conscience est quelquefois plus juste dans les masses que dans l'élite des populations, parce que la conscience est presque le seul organe moral qu'elles exercent. Le sophisme n'est qu'à l'usage des savants, la nature ne le connaît pas. Entre le peuple et les excès auxquels on voulait le ramener, il y avait sa conscience et sa mémoire. Un demi-siècle est la moitié d'une vie d'homme, mais c'est un si court intervalle dans la vie d'une nation, que 1848 ne paraissait en réalité que le lendemain de 1793, et qu'en regardant le pavé de ses rues le peuple tremblait de poser le pied sur les traces du sang de sa première révolution.

Les terroristes de 1848 ne pouvaient donc faire appel, pour s'emparer de la seconde république, qu'à deux éléments qu'on trouve toujours dans une ville en ébullition de quinze cent mille âmes : le crime ou l'erreur. Ces deux éléments, ils les avaient en ce moment sous la main.

Le parti des condamnés libérés, abject par ses mœurs, croupissant dans le vice, alléché au crime, sortant des prisons et y rentrant sans cesse, comme dans une fatale intermittence de délit et de châtiment ; les hommes revomis par les bagnes, pervertis par le contact des cachots; ceux qui vivent dans Paris des hasards du jour, des embûches qu'ils tendent, des honteux commerces qu'ils exercent dans une capitale corrompue; ceux que la mauvaise renommée force à cacher leur vie dans la foule; ceux qui, ayant perdu par le désordre, ne voulant pas conquérir par le travail les conditions régulières de l'existence, se constituent en état de haine et de guerre contre toute discipline et toute société; ceux qui, renversant en eux toutes les conditions de la moralité humaine, font du vice une profession et du crime une gloire; ceux enfin qui ont en eux-mêmes le vertige continu du désordre, le souffle sans repos de l'agitation, la volupté du chaos, la soif du sang : tous ces hommes, qu'on rougit de nommer du même nom que le peuple, forment une masse d'environ vingt mille combattants prêts à toute œuvre de ruine, inaperçus dans les temps calmes, sortant de l'ombre et couvrant les rues dans les jours de bouillonnement civil. Un signe de leur chef, un appel nocturne à leurs complices, suffisent pour les rallier en un moment.

Ils étaient ralliés et debout d'avance par le bruit de la fusillade et par l'écroulement d'un gouvernement depuis trois jours. C'étaient des bandes de cette armée qui incendiaient en ce moment à Puteaux, à Neuilly, qui dévastaient et pillaient la demeure du roi et la maison de plaisance de la famille Rothschild, au moment même où cette famille envoyait un subside volontaire immense aux ouvriers blessés ou affamés. C'étaient elles qui saccageaient les Tuileries, préservées avec peine par les vrais combattants. Le peuple les avait énergiquement vomies de son sein, et plusieurs avaient payé de leur vie leur rapacité. Repoussés avec indignation par le peuple de la révolution, ils s'étaient replongés déçus dans leur limon. On n'avait qu'à l'agiter pour les en faire ressortir.

XI

L'autre élément que le parti terroriste avait également à sa disposition, et qu'il pouvait conduire, en le trompant, à l'assaut d'un nouveau pouvoir, c'était non pas, comme nous l'avons vu, les ouvriers séduits, enregimentés, disciplinés sous les différents chefs d'écoles socialistes : ceux-là étaient honnêtement et héroïquement opposés alors à toute violence et à tout désordre; mais ceux qui appartenaient au parti brutal, ignorant et pervers des communistes, c'est-à-dire des démolisseurs, des ravageurs, des barbares de la société. Toutes leurs théories se bornaient à sentir leurs souffrances et à les transformer en jouissances en faisant invasion dans les propriétés, dans les industries, dans les terres, dans les capitaux, dans les commerces, et à s'en distribuer les dépouilles comme une légitime conquête d'une république affamée sur une bourgeoisie dépossédée, sans s'inquiéter du lendemain de la législation d'un tel ravage organisé.

Ces deux éléments, l'un criminel, l'autre aveugle, se réunirent et se coalisèrent naturellement et sans préméditation sous la main de quelques meneurs actifs. Une même pensée les ralliait dans une même impulsion, quoique par des instincts différents, pour renverser dans le gouvernement provisoire la barrière qui venait de s'élever contre leurs excès, ou pour contraindre ce gouvernement à servir d'instrument docile à leur tyrannie. Ils ramassèrent un troisième élément de nombre et de violence dans le peuple indigent des banlieues de Paris et des faubourgs, accouru la veille au bruit du canon, et réuni en masse innombrable, à la clarté des torches, sur l'immense place de la Bastille, ce mont Aventin des révolutions, embranchement des vastes rues qui débouchent de tous les affluents de Paris.

Sur cette place, jusqu'à minuit, des groupes armés s'électrisaient eux-mêmes par leur nombre, par leurs fluctuations, par ces murmures qui sortent de ces grandes masses d'hommes rassemblés, et qui décuplent leurs forces comme les flots d'une mer qui monte accroissent la force des vents. Ces groupes n'avaient aucune intention malfaisante contre la société : au contraire, il étaient descendus armés pour défendre le foyer des citoyens de Paris contre le retour des troupes qui menaçaient, leur disait-on, de la vengeance du roi la capitale.

Mais plus le danger de ce retour de la royauté et de l'armée leur paraissait redoutable, plus la révolution accomplie leur était chère ; plus aussi ils s'alarmaient et s'indignaient des dangers de faiblesse ou de trahison que cette révolution leur paraissait courir. Les nouvelles de la Chambre des députés et de l'hôtel de ville circulaient altérées parmi eux. Ils s'interrogeaient les uns les autres sur la valeur des noms qui composaient le gouvernement. Ces noms passaient ainsi de groupe en groupe, de bouche en bouche, d'orateur en orateur, par un orageux scrutin. Dupont de l'Eure était béni pour sa constance et sa vertu, mais accusé pour ses années. On se refusait à croire qu'à quatre-vingt-deux ans un homme pût avoir, du bord de sa vie politique, la puissance de volonté et de résistance suffisante pour donner à son pays l'aplomb et l'impulsion dont un gouvernement révolutionnaire a besoin. Ce vieillard cependant devait donner un merveilleux démenti au temps.

Le nom d'Arago était salué d'acclamations unanimes. Il portait en lui les deux prestiges qui fascinent un peuple intelligent : la science, sorte de droit divin contre lequel les masses ne contestent pas en France, et le renom d'honnête homme, qui fait incliner tous les fronts.

Ledru-Rollin leur donnait des gages éclatants par le rôle de tribun de la démocratie militante qu'il avait pris dans le parlement, dans les banquets, dans le journal radical *la Réforme*. Son âge, sa fougue révolutionnaire dominée par une intelligence éloquente, sa figure, son attitude, son geste, étaient la personnification d'une démocratie selon leurs yeux et selon leur cœur. Tout cela donnait au nom de Ledru-Rollin une sorte d'inviolabilité. S'ils ne l'acceptaient pas comme un homme d'État, ils le reconnaissaient comme leur persévérant complice en conquêtes révolutionnaires; ils l'admiraient comme leur tribun.

Les noms de Marie et de Crémieux ne leur présentaient que des souvenirs d'opposition, d'intégrité et de talent dans la double arène du barreau et du parlement; ils hésitaient à les trouver suffisamment républicains.

Le nom de Lamartine leur inspirait à la fois plus de faveur et plus d'ombrage. Ils flottaient à son égard

entre l'attrait et la répulsion. Il était libéral, mais il était
terni d'une tache d'aristocratie originelle. Il était de
l'opposition depuis 1830, mais il avait servi la Restauration dans sa jeunesse, et il ne l'avait jamais insultée
depuis sa chute. Il avait professé dans les *Girondins*
une admiration théorique pour l'avénement régulier du
peuple à tous ses droits légitimes, mais il avait répudié,
et à la tribune et dans ses livres, la démagogie de l'organisation du travail. Il avait été impartial et juste pour les
grandes pensées des premiers acteurs de la Révolution,
mais il avait impitoyablement signalé leurs moindres
excès et flétri sans excuses tous leurs crimes. Un tel nom
devait être violemment discuté dans les groupes extrêmes
et soupçonneux du peuple. « Que vient faire cet homme
parmi nous? disaient les uns : nous trahir? — Non,
répondaient les autres ; il a la conscience de l'honneur, il
ne voudrait pas dévouer un nom déjà célèbre au mépris
de la postérité. — Mais il est du sang de nos ennemis ;
Mais il aura des ménagements à garder envers les classes
nobles, riches, propriétaires, bourgeoises comme lui. —
mais il a l'horreur natale de ce que ces aristocrates
appellent l'anarchie. — Mais il a défendu la constitution
représentative et la paix sous le dernier régime. — Il a
le sentiment de la dignité nationale, sans doute, mais il
aura des accommodements avec les cabinets étrangers et
des atermoiements avec les trônes. Ce ne sont pas de tels
hommes qu'il nous faut. Il faut au peuple, en révolution,
des complices, non des modérateurs, des hommes qui
partagent toutes ses passions, et non des hommes qui les
contiennent. Se contenir, pour une révolution, c'est se
trahir ! Défions-nous de pareils maîtres, ne laissons pas

dérober une seconde fois le sang de la révolution à l'hôtel de ville. Souvenons-nous de La Fayette! Craignons que Lamartine ne soit qu'un La Fayette républicain. S'il veut être avec nous, qu'il soit notre otage. Forçons-le à nous servir comme nous le voulons, et non comme il le veut! Ou remplaçons ces noms par des noms sortis de nous, ou adjoignons-leur des hommes qui nous représentent dans leur conseil et qui nous répondent d'eux. Soyons debout nous-mêmes derrière eux, l'arme à la main, et ne leur permettons de délibérer qu'en présence des délégués du peuple, afin que chacun de leurs décrets soit réellement un plébiscite, et que la hache du peuple soit sans cesse visible et suspendue sur les têtes de ceux qui en gouvernant la révolution auraient la pensée de la modérer et la perfidie de la trahir. »

XII

Ces propos, littéralement recueillis dans les groupes de la Bastille, étaient applaudis et votés d'acclamation dans des scrutins tumultueux. Des hommes, plus animés, plus éloquents, plus remarquables que les autres, furent désignés, au nombre de quatorze, pour assister, au nom du peuple, aux délibérations du gouvernement provisoire. Ils vinrent à l'hôtel de ville; ils se décorèrent quelques instants des signes de leur mission; ils voulurent se faire reconnaître dans leurs titres et dans leurs attributions par les membres du gouvernement. Leur voix se perdit au milieu du tumulte de motions diverses qui retentissaient sans cesse autour de la table du conseil. Le gouvernement tout entier s'insurgea contre cette prétention tyrannique d'enlever toute liberté et toute dignité à ses délibérations, en l'obligeant à délibérer sous une autre pression que celle de sa conscience et de son patriotisme. Ces délégués, à la tête desquels était Drevet, homme discret et habile, furent ébranlés eux-mêmes par les murmures de réprobation qui s'élevèrent de toutes parts contre eux du sein des premiers groupes dont le gouvernement était déjà sympathiquement entouré. Arago, Ledru-Rollin, Crémieux, Marie, les haranguèrent.

Lamartine lui-même gagna leur confiance par sa franchise. « Ou ne me prenez pas, ou prenez-moi libre, leur dit-il en leur serrant la main. Le peuple est maître de sa confiance, mais je suis maître de ma conscience. Qu'il me dépose, s'il le veut, mais je ne m'avilirai pas à le flatter ni à le trahir. »

Ces hommes, dont le plus jeune fut étouffé dans la nuit en s'opposant héroïquement à une des invasions du peuple dans l'hôtel de ville, restèrent quelque temps confondus dans la foule des assistants; puis ils reçurent des missions du gouvernement lui-même. Ils furent au nombre de ses auxiliaires les plus dévoués, et rendirent des services utiles à l'ordre et à la république.

XIII

Cependant le jour avait paru. L'armée confuse, composée des trois éléments que nous venons de signaler et que les chefs des partis terroriste et communiste avaient ralliés pendant la nuit, commençait à descendre par petites bandes et à s'agglomérer en masses compactes sur la place et les quais de l'hôtel de ville jusqu'à la Bastille.

Les différents noyaux autour desquels ces groupes, d'abord épars, se rejoignirent, étaient formés de quinze à vingt mille hommes, jeunes mais cependant mûrs, et qui paraissaient investis d'une certaine autorité habituelle ou morale sur les autres. Leur costume était le costume intermédiaire entre la bourgeoisie et le peuple; leur visage était grave, leur teint pâle, leur regard concentré, leur attitude martiale. Résolus, disciplinés, ils semblaient autant de postes avancés pour attendre, avant d'agir, que l'armée à laquelle ils servaient de guides les eût entourés. Un des hommes principaux de chacun de ces noyaux révolutionnaires portait un drapeau rouge fabriqué à la hâte, dans la nuit, avec toutes les pièces d'étoffes de cette couleur qu'on s'était disputées dans les magasins des rues voisines. Les chefs secondaires avaient des brassards et des ceintures rouges. Tous portaient au moins un ruban rouge à la boutonnière de leurs habits.

A mesure que les bandes armées d'armes de toute espèce, fusils, pistolets, sabres, piques, baïonnnettes, poignards, arrivaient sur la place, des hommes apostés déroulaient, déchiraient, distribuaient, jetaient à ces milliers de mains levées des morceaux d'écarlate que les attroupements s'empressaient d'attacher à leurs vestes, à leurs chemises de toile bleue, à leurs chapeaux. En un moment la couleur rouge, comme autant d'étincelles jaillissant de mains en mains et de poitrines en poitrines, courait sur des zones entières du quai, des rues, de la place de Grève, et éblouissait ou consternait les regards des spectateurs placés aux fenêtres de l'hôtel de ville.

Quelques groupes d'ouvriers, non initiés au mouvement et accourant des quartiers lointains pour offrir leurs bras à la république, débouchaient par moments des ponts et des quais, à la suite d'un drapeau tricolore et aux cris de : « Vive le gouvernement provisoire! » Étonnés du changement d'étendard, ils s'enfonçaient lentement dans la foule pour s'approcher du perron. A peine avaient-ils fait quelques pas, qu'ils étaient entourés, pressés, provoqués, quelquefois insultés par les groupes terroristes. On leur faisait honte de ces couleurs qui avaient porté la liberté, le nom et la gloire de la France : on leur présentait un autre étendard, que les uns acceptaient par imitation. Les autres hésitaient et abaissaient leur drapeau tricolore. Quelques groupes le défendaient contre les insultes des bandes rouges. On voyait ces drapeaux, tour à tour abattus ou relevés aux gestes, aux cris de fureur ou d'indignation réciproques, flotter en lambeaux ou disparaître peu à peu sur les têtes de la multitude. Ils disparaissaient aussi des fenêtres et des toits des maisons en face. Ils étaient remplacés par la couleur sinistre de la faction victorieuse. Quelques bandes armées, franchissant les grilles et se hissant au sommet du portail, arboraient le drapeau rouge à la place du drapeau tricolore dans les mains de la statue de Henri IV. Deux ou trois de ces lambeaux d'écarlate étaient agités par des complices ou par des hommes intimidés aux fenêtres de l'angle du palais. On les saluait par des coups de fusils chargés à balles, qui brisaient les vitres en ricochant jusque dans les salles.

Ceux des membres du gouvernement, en petit nombre, qui avaient passé la nuit dans l'hôtel de ville n'avaient pour se défendre que quelques braves citoyens unis à eux par l'instinct du dévouement et par l'attrait du danger pour les cœurs d'élite, quelques élèves calmes, actifs, intrépides, de l'École polytechnique et de l'École de Saint-Cyr, et la masse confuse et inconnue des combattants de la veille, couchés à côté de leurs armes sur le pavé des cours ou sur les marches des escaliers. Mais, malgré les efforts des colonels Rey, Lagrange, et de quelques autres chefs des combattants, qui avaient été désignés ou qui s'étaient installés d'eux-mêmes aux divers commandements du palais du peuple, ces assaillants de la veille, devenus les défenseurs du lendemain, ne pouvaient résister, ni de cœur ni de main, à cette seconde vague de la révolution venant refouler et submerger la première. C'était des deux côtés les mêmes hommes, les mêmes costumes, la même langue, les mêmes cris, des compagnons de barricades de la nuit, se retrouvant, non pour se combattre, mais pour se confondre et pour s'exalter mutuellement le matin. Le faible poste de gardes nationaux, noyé dans cet océan d'hommes armés, n'était plus composé que de deux ou trois courageux citoyens dont les noms mériteteraient la mention de l'histoire. Ils vinrent offrir leurs baïonnettes et demander des ordres. Lamartine leur ordonna de se replier dans l'intérieur, en attendant que les maires de Paris, avertis par Marrast et Marie, parvinssent à rassembler et à diriger quelques détachements au secours du gouvernement assailli.

XIV

A peine ces ordres étaient-ils partis, que les bandes d'hommes sordidement vêtus, recrutées dans les rues indigentes des faubourgs et des banlieues les plus reculées de l'ouest et de l'est de Paris, affluèrent avec de telles irruptions, de tels courants, de tels chants et de tels cris sur la place, que cette multitude, déjà pressée, ondoya sous l'œil comme une mer. Bientôt, se précipitant de tout son poids contre les grilles, elle les força, les franchit, et s'engouffra pêle-mêle par toutes les issues dans l'édifice. Elle le remplit en un instant de foule, de tumulte et de confusion. On ne peut estimer à moins de trente à quarante mille hommes la multitude qui couvrait alors la place, les quais, les embouchures des rues, les jardins, les cours, les escaliers, les corridors, les salles de l'hôtel de ville.

L'entrée de cette masse de peuple, précédée par les principaux chefs qui l'avaient recrutée et qui lui avaient soufflé leur esprit et donné leurs insignes, fut suivie des mugissements et des clameurs d'une marée qui a rompu sa digue.

Les différents tronçons de cette foule se répandirent dans toutes les parties de l'édifice en vociférant, en gesticulant, en brandissant leurs armes. Ils tiraient çà et là des coups de feu, sans autre direction que l'égarement, sans autres intentions que de signaler leurs armes et leur ivresse. Les balles frappaient les plafonds et déchiraient les entablements des fenêtres et des portes. La masse plus nombreuse, mais qui n'avait pu pénétrer, chantait en chœur une *Marseillaise* sans fin. La place entière était une plaine de têtes pâles ou colorées d'émotions, tournées toutes vers la façade du palais, de mains levées et de drapeaux rouges agités sur ces têtes. On imposait par ce signe au gouvernement le symbole et la signification de la république convulsive qu'on voulait lui commander.

Le petit nombre d'élèves des écoles, d'hommes dévoués, de combattants de la veille, déjà un peu disciplinés par la nuit et par la confiance que le gouvernement leur avait témoignée en s'entourant d'eux comme des premiers prétoriens de la république, s'étaient repliés devant cette foule; ils s'étaient réfugiés aux derniers paliers des escaliers, dans les corridors étroits et dans les pièces encombrées de citoyens et de tumulte qui précédaient le siége du gouvernement. Ces postes, invincibles par l'impossibilité même de reculer, à cause de l'encombrement général et de la résistance des portes et des murs, étaient vainement étouffés par les nouvelles colonnes armées qui s'élançaient à l'assaut du gouvernement. Ils opposaient un rempart de corps humains à ces irruptions sans cesse renaissantes, sans cesse refoulées.

On entendait de la petite chambre du conseil mugir la multitude, éclater les rixes, monter les chants, frémir les voix, hurler les vociférations, craquer les portes, tinter en tombant les vitres, retentir les coups de feu. Des dialogues forcenés s'établissaient, à portée de l'oreille, entre les chefs et les orateurs des assaillants et les groupes qui défendaient les accès des appartements réservés. A chaque instant des impulsions plus terribles, heurtant contre l'avant-garde des citoyens qui remplissaient les antichambres ou les couloirs, se communiquaient jusqu'aux portes du conseil, les ébranlaient, et renversaient sur les dalles des corridors des corps foulés aux pieds par ceux qui restaient debout.

« Laissez-nous parler à ce gouvernement d'hommes inconnus ou suspects au peuple! criaient les meneurs et répétaient les vociférateurs fanatisés derrière eux. — Qui sont-ils? — Que font-ils? — Quelle république nous ourdissent-ils? — Est-ce cette république où le riche continue à jouir et le pauvre à souffrir? le fabricant à exploiter l'homme en le condamnant au salaire ou à la famine? le capitaliste à faire lui seul les conditions de son capital ou à l'enfouir? — Est-ce cette république qui, après avoir été conquise par notre sang, se contentera de laver le pavé pour y faire rouler de nouveau les voitures de l'opulence en éclaboussant le peuple en haillons? — Est-ce cette république qui ménagera les vices de la société dans la tête et qui les punira dans les membres? qui n'aura ni juges, ni vengeance, ni échafaud pour les traîtres? qui fera de l'humanité aux dépens de l'humanité? qui pactisera avec les tyrans, les prêtres, les nobles, les bourgeois, les propriétaires, et qui nous rendra sous un autre nom tous les abus, tous les priviléges, toutes les iniquités de la royauté? — Non, non, non! ajoutaient les plus exaspérés. Ces hommes ne sont pas de notre race. Point de confiance dans des hommes qui n'ont pas subi les mêmes privations que nous; qui n'apportent pas les mêmes ressentiments; qui ne parlent pas la même langue; qui ne s'habillent pas des mêmes haillons que nous! Destituons-les, chassons-les, précipitons-les de leur pouvoir usurpé, surpris, dérobé dans une nuit! — Nous voulons faire notre république nous-mêmes, nous voulons que le gouvernement du peuple soit du peuple, composé d'hommes connus et aimés du peuple. — A bas le drapeau de la royauté, qui nous rappelle notre servitude et ses crimes! — Vive le drapeau rouge, symbole de notre affranchissement! »

XV

Ainsi parlaient dans les groupes ces orateurs qui eux-mêmes, pour la plupart, affectaient la misère et les ressentiments du peuple dont ils ne partageaient en effet ni les travaux ni la souffrance. De même que l'antiquité avait des pleureuses gagées pour feindre le deuil et les larmes, le parti terroriste avait ce jour-là ces furieux à froid pour simuler la faim, les misères et les ressentiments du peuple. Cependant derrière eux le vrai peuple se reconnaissait dans ses misères trop réelles et dans ses aspirations confuses d'égalité, de bien-être, et quelquefois d'envie, et, faisant écho des regards, des gestes et du cœur à ces orateurs, il applaudissait à leurs paroles, élevait le drapeau rouge, brandissait ses armes, et se répandait en soupçons et en imprécations contre le gouvernement.

Les républicains calmes et bien intentionnés s'efforçaient d'apaiser ces hommes en leur représentant que, si les membres du nouveau gouvernement avaient voulu se ménager des trahisons contre le peuple et une retraite dans la royauté, ils n'auraient pas la veille proclamé la république; que si leurs noms n'étaient pas, aux yeux de la multitude, des garanties de probité politique suffisante, leurs têtes étaient des gages de fidélité à la révolution au sein de laquelle ils s'étaient librement et courageusement jetés; qu'au gouvernement d'une grave et intelligente nation comme la France, il fallait des hommes versés dans les affaires du dedans ou du dehors; des hommes qui sussent parler, écrire, administrer, commander par éducation et par habitude; que ceux-là étaient sortis la veille de l'acclamation publique pour sauver la patrie et le peuple lui-même; qu'ils s'étaient jetés avec intrépidité les pieds dans le sang pour arrêter le sang; qu'en quelques heures ils avaient beaucoup fait; qu'il fallait leur laisser le temps de faire encore, et les juger ensuite à l'œuvre.

XVI

Ces paroles faisaient impression sur la partie la plus raisonnable de la foule. « Eh bien, disaient des hommes qui sortaient des rangs pour serrer la main aux amis de l'ordre et du gouvernement, vous avez raison, nous ne pouvons pas nous gouverner nous-mêmes, nous n'avons pas l'instruction nécessaire pour connaître les choses et les hommes. A chacun son métier. Ces hommes sont d'honnêtes gens; ils ont été dans l'opposition et du côté du peuple sous le dernier gouvernement! Qu'ils nous gouvernent, nous le voulons bien, mais qu'ils nous gouvernent comme nous l'entendons! dans notre intérêt, sous notre drapeau, en notre présence. Qu'ils nous disent ce qu'ils veulent faire de nous et pour nous, qu'ils arborent nos couleurs, qu'ils s'entourent de nous seuls, qu'ils délibèrent en plein peuple! qu'un certain nombre d'entre nous assiste à tous leurs actes et à toutes leurs pensées, pour nous répondre d'eux et pour leur ôter, non pas seulement la tentation, mais la possibilité de nous tromper! »

Des applaudissements plus frénétiques acclamaient ces dernières motions. Ne pas violer le gouvernement, mais l'entourer, le dominer, l'asservir, lui arracher le changement du drapeau de la révolution, les mesures de 93, les proscriptions, les expropriations, les tribunaux populaires la proclamation des dangers de la patrie, la déclaration de guerre à tous les trônes, ce régime extrême enfin, qui, pour soulever une nation et pour la jeter tout entière aux factieux, a besoin de la guerre aux extrémités et de l'échafaud au centre ; ajoutez à ce programme de la république de 93 la lutte ouverte des prolétaires contre la bourgeoisie, du salaire contre le capital, de l'ouvrier contre le fabricant, du consommateur contre le commerçant : tel était le sens violemment commenté des résolutions, des discours, des vociférations qui s'établissaient parmi les groupes des assaillants.

XVII

Mais cet esprit était loin d'être unanime et sans contradicteurs parmi la foule des bons citoyens qui grossissait d'heure en heure à l'hôtel de ville.

Les terroristes et les communistes inspiraient horreur et effroi aux républicains éclairés et courageux qui s'étaient pressés dès la veille autour d'un centre modérateur du gouvernement. Ceux-là, comme l'immense majorité du peuple de Paris, voyaient dans la république une émancipation humaine et magnanime de toutes les classes, sans oppression pour aucune. Ils y voyaient un perfectionnement de justice, une amélioration équitable, rationnelle, progressive de la société politique, de la société civile et de la société possédant. Ils étaient loin d'y voir une subversion de la propriété, de la famille, des fortunes, un sacrifice d'une ou deux générations à la réalisation d'irréalisables chimères ou d'exécrables fureurs.

Ils s'efforçaient de ramener à ces pensées, à la raison, à la confiance dans le gouvernement, la masse flottante et indécise de ces hommes pauvres et ignorants ramassés dans les faubourgs. Ceux-là avaient arboré le drapeau rouge seulement parce que cette couleur excite les hommes comme les brutes. Ils suivaient les communistes sans les comprendre ; ils vociféraient avec les terroristes sans avoir ni leur soif ni leur impatience de sang. Les bons ouvriers, les républicains, les combattants, les blessés eux-mêmes, parlaient à ces bandes, plus égarées que coupables, avec l'autorité de leur opinion non suspecte, de leur sang versé la veille pour la même cause. Ils parvenaient à semer quelques doutes, quelque indécision parmi eux.

Quelquefois ces hommes, attendris par les objurgations, par les supplications, par la vue du sang de leurs compagnons de la veille, se jetaient dans les bras de leurs interlocuteurs ; ils fondaient en larmes et s'unissaient à eux pour prêcher la patience, la concorde et la modération. Un certain flottement s'apercevait dans les masses comme dans les esprits.

Mais tous les moyens semblaient combinés habilement, soit par le hasard, soit par les instigateurs de la journée, pour neutraliser cette puissance des bons exemples, pour exciter jusqu'au vertige par tous les sens l'irritation du peuple, et pour l'entraîner aux résolutions les plus désespérées : le spectacle de sa propre misère, qui, en lui inspirant pitié sur lui-même, devait le porter à la vengeance contre les classes riches; l'ivresse, augmentée par l'odeur et par les détonations de la poudre autant que par le vin; enfin, la vue du sang, qui en donne si facilement la soif.

Rien ne semblait avoir été ou naturellement ou artificieusement omis pour produire ce triple effet sur les sens de la multitude. Une foule en haillons, sans souliers, sans chapeaux, ou vêtue d'habits en lambeaux qui laissaient voir la nudité des membres, stationnait dans les cours et jonchait de têtes livides et de bras exténués par la misère les marches intermédiaires entre le perron et les cours du palais. Des hommes ivres d'eau-de-vie chancelaient çà et là sur les escaliers; ils balbutiaient des vociférations inarticulées; ils se lançaient la tête en avant sur les attroupements; ils faisaient gesticuler devant eux, avec la brutale et aveugle gaucherie de l'ivresse, des tronçons de sabres qu'on arrachait de leurs mains. Enfin, de minute en minute, des hommes demi-nus, la chemise teinte de sang, fendaient, quatre par quatre, la multitude qui s'ouvrait respectueuse devant eux, et apportaient des corps morts. Les cours, les marches des grands escaliers, la salle Saint-Jean, étaient jonchées de cadavres. Tout le zèle des médecins Thierry et Samson, aidés par les officiers de santé, qui se signalaient par leur intrépide humanité, ne pouvait suffire à déblayer et à empiler ces morts. On ne savait d'où ils sortaient, ni pourquoi on les transportait ainsi au seul point de la ville où il eût fallu les soustraire à la vue du peuple. Il y eut un moment où le docteur Samson, s'approchant de Lamartine, lui dit à l'oreille :
« Les morts nous submergent. Leurs cadavres consternent d'abord, puis passionnent de plus en plus la multitude.

Si on continue à nous en apporter ainsi de toutes les ambulances et de tous les hôpitaux de Paris, je ne sais ce que nous allons devenir. »

XVIII

Mais pendant que les hommes chargés des cadavres de leurs frères tués dans les trois combats les apportaient religieusement et comme un pieux fardeau, on ne sait par quel ordre, à l'hôtel de ville, des bandes d'hommes insensés et d'enfants féroces allaient chercher çà et là des cadavres de chevaux noyés dans les mares de sang. Ils leur passaient des cordes autour du poitrail et les traînaient, avec des rires et des hurlements, sur la place de Grève, puis sous la voûte, au pied de l'escalier du palais. Spectacle hideux, qui ensanglantait les pensées autant que les pieds de cette multitude. A peine un cadavre était-il ainsi déposé, que ces bandes allaient en chercher un autre. La cour intérieure de la préfecture de Paris était obstruée de ces carcasses et inondée de ces plaques de sang.

A l'intérieur, le tumulte croissait toujours. Les violences des factieux rencontraient des résistances morales, des conseils salutaires dans la foule des bons citoyens et dans la magnanimité des combattants parmi lesquels on les avait jetés. Ces hommes simples, entraînés par des signes et par des mots dont ils ne comprenaient qu'à demi le sens anarchique et sanguinaire, s'étonnaient de voir des blessés de la veille, des hommes teints de poudre et en haillons comme eux, leur reprocher leur impatience et leur fureur, et les maudire au nom de la république déchirée par eux le lendemain de sa naissance. Quelques-uns résistaient à ces conseils; d'autres cédaient, s'arrêtaient ou reculaient devant un attentat; tous flottaient au hasard de l'audace au repentir, du crime au remords. Leurs chefs ne parvenaient qu'à force de déclamations, d'ivresse, d'étalage de cadavres et de coups de feu à les lancer en assauts successifs contre le siége du gouvernement.

Marie toujours impassible, Garnier-Pagès toujours dévoué, Crémieux toujours entraînant de gestes et de paroles, y étaient seuls depuis la veille avec Lamartine. Flocon luttait en bas, sur la place, avec une autre sédition de plusieurs milliers d'hommes qui demandaient la reddition de Vincennes et le pillage de cet arsenal. Flocon calmait, au risque de sa vie, cette masse longtemps sourde à ses représentations. Il finissait par la régulariser, ne pouvant la dissoudre. Il marchait à Vincennes, distribuait seulement quelques milliers de fusils, refermait les portes, confirmait les commandants, rétablissait les consignes, et sauvait à la république son arsenal en enlevant à l'anarchie la poudre, les canons, les armes qu'elle aurait tournés contre le peuple lui-même.

XIX

Cependant les chefs et les têtes de colonne des séditieux pénétraient par moments jusque dans les corridors étroits et encombrés où ils s'étouffaient par leurs propres masses. Ils harcelaient les membres du gouvernement, ils ne cessaient de leur adresser les injonctions les plus impérieuses.

« Nous voulons le compte des heures que vous avez déjà perdues ou trop bien employées à endormir et à ajourner la révolution, disaient ces orateurs, l'arme à la main, la sueur sur le front, l'écume sur les lèvres, la menace dans les yeux. Nous voulons le drapeau rouge, signe de victoire pour nous, de terreur pour nos ennemis. Nous voulons qu'un décret le déclare à l'instant le seul drapeau de la république. Nous voulons que la garde nationale soit désarmée et remette ses fusils au peuple. Nous voulons régner à notre tour sur cette bourgeoisie complice de toutes les monarchies qui lui vendent nos sueurs, sur cette bourgeoisie qui exploite les royautés à son profit, mais qui ne sait ni les inspirer ni les défendre! Nous voulons la déclaration de guerre immédiate à tous les trônes et à toutes les aristocraties. Nous voulons la déclaration de la patrie en danger, l'arrestation de tous les ministres passés et présents de la monarchie en fuite, le procès du roi, la restitution de ses biens à la nation, la terreur pour les traîtres, la hache du peuple suspendue sur la tête de ses éternels ennemis. Quelle révolution aux belles paroles voulez-vous nous faire? Il nous faut une révolution aux actes et au sang, une révolution qui ne puisse s'arrêter dans sa marche ni revenir sur ses pas. Êtes-vous les révolutionnaires d'une pareille révolution ? Êtes-vous les républicains d'une pareille république? Non, vous êtes, comme votre complice aux vains discours, des Girondins de cœur, des aristocrates de naissance, des avocats de tribune, des bourgeois d'habitude, des traîtres, peut-être ! Faites place aux vrais révolutionnaires, ou engagez-vous par ces mesures avec eux! Servez-nous comme nous voulons être servis, ou prenez garde à vous! » En parlant ainsi, quelques-uns jetaient leur sabre nu sur la table, comme un gage qu'ils ne relèveraient qu'après avoir été obéis.

Tantôt les murmures, tantôt les applaudissements répondaient de salle en salle à ces discours. Garnier-Pagès, Marie, Crémieux, Lamartine, ne se laissaient ni insulter ni intimider par ces orateurs. Ils les regardaient en face, les bras croisés sur la poitrine, les calmant du geste, les fascinant par l'impassibilité de leur visage et de leur attitude. L'autorité est si nécessaire aux hommes, que sa seule image désarmée imprime un respect involontaire à ceux même qui la bravent. A peine ces orateurs avaient-ils parlé, en s'excitant par la frénésie de leurs gestes et l'âpreté de leur accent, qu'ils semblaient s'épouvanter eux-mêmes de ce qu'ils avaient dit et se faire horreur de leur propre audace. Quelques-uns fondaient en larmes ou tombaient évanouis entre les bras de leurs camarades. Marie leur parlait avec austérité, Crémieux avec verve, Garnier-Pagès avec tendresse. Louis Blanc, qui survint, les aidait de son crédit sur eux. De bons citoyens, des élèves des écoles militaires, des maires de Paris connus du peuple, d'anciens républicains, comme Marrast et Bastide, leur serraient les mains, les admonestaient, s'interposaient entre eux et le gouvernement. Des colloques s'établissaient de proche en proche sur divers points de la salle. Les plus violents, émus ou attendris, finissaient par se laisser entraîner à évacuer le premier étage. Ils revenaient rendre compte à la multitude de ce qu'ils avaient vu, de ce qu'ils avaient dit, de ce qu'on leur avait répondu. Ils refoulaient un moment l'émeute. Elle se reformait ailleurs, à la voix d'autres chefs plus implacables et plus déterminés. Elle s'élançait à de nouveaux assauts qui devaient finir par emporter ou par ensanglanter le dernier et étroit asile qui restât à la résistance.

Le gouvernement, ainsi assiégé, n'aurait pas eu trop de toutes ses forces morales pour imposer à la sédition. Mais la sédition même séparait les membres présents d'une partie de leurs collègues.

Dupont de l'Eure, pour qui la vieillesse attendrissait le respect; Arago, dont la mâle figure et le grand nom se relevaient l'un par l'autre; Ledru-Rollin, nom, visage et paroles sympathiques aux prolétaires, étaient absents : les deux premiers, tombés de lassitude après leurs magnanimes efforts de la veille; le troisième était venu le matin du ministère de l'intérieur pour rejoindre le centre du gouvernement; mais, noyé dans cet océan de peuple qui se pressait et s'étouffait aux entrées de l'édifice, il lui avait été impossible de se faire jour jusqu'à l'étage où siégeait le conseil. Il avait été emprisonné par le tumulte même dans une des salles inférieures, sans communication avec ce qui se passait au-dessus de lui. Il s'était retiré ensuite, pour attendre un plus libre accès et pour constituer au dehors quelques éléments d'ordre. Louis Blanc ne faisait pas encore partie du gouvernement provisoire ; on l'avait admis seulement à titre de secrétaire, de même que Flocon, Albert, Marrast, Pagnerre, pour se fortifier de toutes les popularités de talent, de parole ou de rédaction.

Louis Blanc essayait en ce moment pour la première fois sur les masses la puissance de son nom et de sa parole. Il l'exerçait, il faut le reconnaître, dans une intention d'apaisement et de modération. Moins frappé néanmoins que ses autres collègues du danger de céder le drapeau de la nation et la signification de la république à une partie du peuple ameutée, Louis Blanc croyait que cette concession serait le signal de la concorde, et que cette portion du peuple, satisfaite de sa victoire sur ce point, renoncerait aux pensées violentes et aux mesures d'odieux présage qu'elle ne cessait d'intimer au gouvernement. Favorisé par sa petite taille, il ne cessait de descendre et de remonter du foyer du gouvernement au foyer de l'émeute, en se glissant à travers les rangs des terroristes, tantôt haranguant les groupes les plus animés, qui s'ébranlaient à sa voix, tantôt suppliant ses collègues d'éviter les derniers excès et d'accepter le drapeau rouge, ne fût-ce que temporairement et pour en désarmer le peuple. Des coups de fusil retentissaient par intervalles, et des balles venaient frapper les fenêtres, comme des sommations et des ultimatums de la foule armée et impatiente. Ces vociférations de cinquante mille voix et ces coups de feu sur la place donnaient trop souvent raison et force aux considérations présentées par le jeune tribun. Louis Blanc n'était point complice, il voulait être pacificateur; mais le peuple ne voulait se retirer qu'à des conditions que le gouvernement persistait énergiquement à ne pas accepter.

A ce moment, un tumulte d'un bruit plus sinistre éclata dans les couloirs qui défendaient par leur encombrement même l'accès du siége du gouvernement. Un assaut de peuple fit trembler les voûtes, gémir les parois, céder les portes, tomber les uns sur les autres les élèves des Écoles et les combattants intrépides qui opposaient le poids de leurs corps et le rempart de leurs fusils, horizontalement placés, à ces invasions. Une masse de peuple força les consignes, pénétra en vociférant, en brandissant toutes sortes d'armes, entoura et pressa le gouvernement.

Ces hommes venaient, disaient-ils, apporter les dernières sommations du peuple et remporter au peuple le dernier mot de la révolution. Ils avaient choisi pour orateur un jeune ouvrier mécanicien, Spartacus de cette armée de prolétaires intelligents.

C'était un homme de vingt à vingt-cinq ans, de stature moyenne mais droite, forte, d'un ferme et robuste aplomb sur ses membres. Son visage, noirci par la fumée de la poudre, était pâle d'émotion; ses lèvres tremblaient de colère; ses yeux, enfoncés sous un front proéminent, lançaient du feu : électricité du peuple concentrée dans un regard. Sa physionomie avait à la fois le caractère de la réflexion et de l'égarement, contraste étrange qui se retrouve sur certains visages où une pensée fausse est devenue néanmoins une conviction sincère et une obstination à l'impossible. Il roulait dans sa main gauche un lambeau de ruban ou d'étoffe rouge. Il tenait de la main droite le canon d'une carabine dont il faisait à chaque mot résonner la crosse sur le parquet. Il paraissait à la fois intimidé et résolu. On voyait qu'il se raffermissait lui-même contre toute faiblesse et toute transaction par un parti fortement arrêté d'avance. Il semblait sentir et entendre derrière lui le peuple immense et furieux dont il était l'organe, qui l'écoutait, et qui allait lui demander compte de ses paroles.

Il roulait ses regards dans le vide autour de la salle. Il ne les arrêtait sur aucun visage, de peur de rencontrer un autre regard et d'être involontairement influencé. Il secouait perpétuellement la tête de gauche à droite et de droite à gauche, comme s'il eût réfuté en lui-même des objections qu'on lui aurait faites. C'était le buste de l'obstination, le dernier mot incarné d'une multitude qui sent sa force et qui ne veut plus rien céder à la raison.

Il parlait avec cette éloquence rude, brutale, sans réplique, qui ne discute pas mais qui commande. Sa langue fiévreuse se collait sur ses lèvres sèches. Il avait ces balbutiements terribles qui irritent et qui redoublent dans l'homme inculte la colère de l'émotion contenue par l'impuissance même d'articuler sa fureur. Ses gestes achevaient ses mots. Tout le monde fut debout et silencieux pour l'écouter.

XX

Il parla non en homme, mais en peuple qui veut être obéi et qui ne sait pas attendre. Il mesura les heures et les minutes à la docilité du gouvernement. Il lui commanda des miracles. Il répéta, en les accentuant avec plus d'énergie, toutes les conditions du programme de l'impossible, que les vociférations tumultueuses du peuple enjoignaient d'accepter et de réaliser à l'instant : le renversement de toute sociabilité connue, l'extermination de la propriété, des capitalistes, la spoliation, l'installation immédiate du prolétaire dans la communauté des biens, la proscription des banquiers, des riches, des fabricants, des bourgeois de toute condition supérieure aux salariés; un gouvernement, la hache à la main pour niveler toutes les suprématies de la naissance, de l'aisance, de l'hérédité, du travail même; enfin l'acceptation sans réplique et sans délai du drapeau rouge, pour signifier à la société sa défaite, au peuple sa victoire, à Paris la terreur, à tous les gouvernements étrangers l'invasion. Chacune de ces injonctions était appuyée par l'orateur d'un coup de crosse de fusil sur le plancher, d'une acclamation frénétique de ceux qui étaient derrière lui, d'une salve de coups de feu tirés sur la place.

Les membres du gouvernement et le petit nombre de ministres et d'amis qui les entouraient, Bastide, Barthélemy Saint-Hilaire, Payer, entendaient ces injonctions jusqu'au bout sans interrompre, comme on écoute le délire de peur de l'aggraver en le contredisant. Mais ce délire était en ce moment celui de soixante mille hommes armés et maîtres de tout. Il y eut des moments où le gouvernement désespéra du salut public sous la pression d'un tel tumulte, baissa la tête, se recueillit en lui-même, et résolut de mourir sur la brèche plutôt que d'arborer le signe de détresse et de terreur de la société qu'il couvrait de son corps. Crémieux, Marie, Garnier-Pagès, Marrast, Buchez, Flottard, Louis Blanc lui-même, répondirent aux injonctions de l'orateur du peuple avec l'intrépidité, la dignité, la force et la logique que le contre-coup de pareilles violences suscitait dans des hommes de cœur. D'autres essayèrent de séduire et de capter, par toutes les caresses de langage et de gestes, la rudesse stoïque de cet homme et de ses complices d'emportement. Tout était inutile : ils écartaient les paroles de leurs oreilles, les gestes de leurs yeux. La proclamation du gouvernement révolutionnaire sur l'heure et le drapeau rouge arboré sans réflexion étaient l'unique réponse de ces hommes de fer. Moins l'homme a de lumières, plus il a de volonté. Il en appelle à la violence de tout ce qu'il ne peut emprunter à la raison. La tyrannie est la raison de la brutalité. Quand on ne peut ni convaincre ni être convaincu, on s'obstine. Tel était le peuple ce jour-là, tel on s'efforça de le refaire depuis.

XXI

Lamartine, debout dans l'embrasure d'une fenêtre, regardait consterné, tantôt cette scène, tantôt les têtes du peuple qui ondoyaient sur la place et la fumée des coups de feu flottant sur ces milliers de visages et faisant auréole au drapeau rouge. Il vit les efforts de ses collègues impuissants contre l'obstination de ces envoyés du peuple.

Il s'irrita de ces insolents défis de l'homme armé qui présentait sans cesse sa carabine comme une suprême raison à des hommes désarmés, mais qui savaient regarder la mort en face. Il fendit le groupe qui le séparait de l'orateur. Il s'approcha de cet homme et lui mit la main sur le bras. L'homme frémit et chercha à dégager son bras, comme s'il eût craint la fascination d'un autre être. Il se retourna avec une inquiétude à la fois sauvage et craintive vers ses compagnons, comme pour leur demander à qui il avait affaire.

« C'est Lamartine ! lui dirent quelques hommes de son parti.

» — Lamartine ! s'écria avec défiance l'orateur; que me veut-il ? Je ne veux pas l'écouter. Je veux que le peuple soit obéi sur-le-champ; ou sinon, ajouta-t-il en portant la main à la détente de son arme, des balles, et plus de paroles. Laissez-moi, Lamartine ! poursuivit-il en agitant son bras pour le dégager. Je suis un homme simple : je ne sais pas me défendre par des paroles, je ne sais pas répondre par des idées ; mais je sais vouloir. Je veux ce que le peuple m'a chargé de dire ici. Ne me parlez pas ! ne me trompez pas ! ne m'endormez pas avec vos habiletés de langue ! Voilà une langue qui coupe tout ! une langue de feu ! dit-il en frappant sur le canon de sa carabine ; il n'y en a plus d'autre entre vous et nous. »

Lamartine sourit à cette expression du prolétaire. « Vous parlez bien, lui dit-il, en lui retenant toujours le bras, vous parlez mieux que moi. Le peuple a bien choisi son interprète. Mais il ne suffit pas de bien parler, il faut entendre la langue de la raison, que Dieu a donnée aux hommes de bonne foi et de bonne volonté pour s'expliquer entre eux et pour s'entr'aider au lieu de s'entre-détruire. La parole sincère est la paix entre les hommes ; le silence obstiné est la guerre. Voulez-vous la guerre et le sang ? Nous l'acceptons, nos têtes sont dévouées ; mais alors que la guerre et le sang retombent sur ceux qui n'ont voulu rien entendre !

» — Oui ! oui ! Lamartine a raison ! Écoutez Lamartine ! » crièrent ses camarades.

XXII

Lamartine alors parla à cet homme avec l'accent de sincérité persuasive qu'il avait dans le cœur et que la gravité de la circonstance rendait plus intime et plus religieux. Il lui représenta que les révolutions étaient de grandes batailles où les vainqueurs avaient plus besoin de chefs après la victoire que pendant le combat; que le peuple, quelque sublime qu'il fût dans l'action et quelque respectable qu'il fût dans la pensée de l'homme d'État, n'avait dans le tumulte de la place publique ni le sang-froid, ni la modération, ni la lumière nécessaires pour se sauver lui-même, à lui seul, des dangers de son propre triomphe; que l'action du gouvernement dedans et dehors ne consistait pas à acclamer telle ou telle résolution irréfléchie les armes à la main, au gré de tel ou tel orateur populaire, ni à écrire à la pointe d'une baïonnette des décrets arbitraires, violents, souvent iniques, sur une table d conjurés; qu'il fallait penser, peser, apprécier en liberté, en conscience et en silence, les droits, les intérêts et les volontés d'une nation de près de quarante millions d'hommes, ayant tous les mêmes titres à la justice et à la protection d'un gouvernement; qu'il fallait, en outre, savoir que Paris n'était pas toute la France, ni la France toute l'Europe; que le salut du peuple consistait à équilibrer ces grands intérêts les uns par les autres, et à faire justice à la partie souffrante du peuple sans faire injustice et violence aux autres citoyens et aux autres nations; que le peuple qui n'aurait ni patience ni confiance dans ses chefs pour attendre le bien serait un peuple décapité; qu'il ferait avorter dans le désordre et dans l'anarchie les plus fécondes révolutions! que les chefs qui s'aviliraient eux-mêmes jusqu'à n'être que les instruments des volontés changeantes et des impulsions tumultueuses de la multitude seraient au-dessous de la multitude elle-même; car, sans avoir ses démences, ils en exécuteraient les erreurs ou les fureurs; qu'un tel gouvernement, au signe et à l'heure de la foule, serait également indigne et de la nation et des hommes dévoués qui s'étaient jetés entre elle et l'anarchie; que si le peuple ne voulait que de tels serviteurs, il n'avait qu'à entrer et à les frapper, car ces hommes étaient résolus à tout faire pour le peuple, excepté sa ruine et son déshonneur. Lamartine enfin refusa en quelques mots, au nom du gouvernement, d'arborer le drapeau rouge et de déshonorer ainsi le passé de la révolution et de la France.

XXIII

A mesure que Lamartine parlait, on voyait lutter sur la physionomie sauvage de l'orateur des prolétaires l'intelligence dont elle semblait s'éclairer malgré elle et l'obstination d'une volonté brutale dont elle paraissait s'assombrir. C'était comme un nuage et un rayon passant en se combattant sur une eau courante par un ciel changeant.

A la fin, l'intelligence et l'attendrissement prévalurent. Il laissa glisser sa carabine à terre et se prit à pleurer. On l'entoura, on le fléchit. Ses camarades, plus émus encore que lui, l'entraînèrent dans leurs bras hors de l'enceinte. Ils firent refluer la colonne dont ils étaient la tête et la voix jusque dans les cours, en rendant au peuple par leurs cris, par leurs gestes, les bonnes paroles du gouvernement et les bonnes résolutions qu'eux-mêmes avaient consenties. Un mouvement d'hésitation et de résipiscence se fit dans le palais et aux portes. Le gouvernement respira.

XXIV

Mais à peine les meneurs de la multitude s'aperçurent-ils de l'ébranlement moral communiqué aux masses par le retour de cette colonne sur la place de Grève, qu'ils semèrent de nouveau dans la foule l'impatience et la fureur de leurs desseins trompés. On traita de lâches et de traîtres ceux qui redescendaient sans avoir obtenu le drapeau rouge et le gouvernement prolétaire, l'outil pour sceptre et le glaive à la main. La rumeur monta plus sourde d'abord, puis plus grondante et plus sinistre, de ces flots de peuple jusqu'aux fenêtres du palais. Bientôt ces masses compactes agitant leurs drapeaux se fendirent comme des murailles qui s'écroulent, et l'on vit de nouveaux courants d'hommes armés se former et affluer lentement en s'engouffrant avec de grandes clameurs par toutes les issues et sous toutes les portes de l'édifice. L'encombrement seul les empêchait de s'élancer aux étages supérieurs avec la force d'impulsion qui les précipitait à la conquête du gouvernement.

Cependant les têtes de ces colonnes arrivaient, en s'éclaircissant et en se fondant un peu avec les bons citoyens, jusqu'aux grands paliers des cours et jusqu'au milieu des escaliers. Quelques groupes irrésistibles se faisaient jour même dans les avant-salles des appartements.

A chaque instant des avis de détresse arrivaient par les élèves des écoles militaires, qui bravaient tout. On venait supplier les hommes les plus influents sur le peuple de conjurer les dernières violences en se montrant. Marie, Crémieux, y allèrent avec intrépidité tour à tour; des ministres, tels que Goudchaux, Bethmont, Carnot, se joignirent à eux; des citoyens dévoués se groupèrent pour les couvrir de leurs corps et de leur popularité. Ils obtinrent quelques moments de respect, et rentrèrent épuisés et vaincus par le tumulte.

Cinq fois Lamartine sortit, parla, fit éclater les applaudissements et refluer un peu la multitude, et en faisant agiter devant lui le drapeau tricolore, né de la révolution, disait-il, contemporain de la liberté, consacré par le sang de nos triomphes. Ses vêtements étaient déchirés, sa tête découverte, son front ruisselant de sueur. Les enthousiasmes et les insultes, à proportions à peu près égales, s'élevaient à son approche. On refusait longtemps de l'entendre ; de véhémentes apostrophes clouaient sur ses lèvres ses premiers mots ; puis, à peine avait-il prononcé quelques phrases inspirées par le génie du lieu, de l'heure, de l'extrémité suprême où se trouvait la patrie, que les plus rapprochés de lui passaient de son côté, lui rendaient leurs âmes et leurs armes, faisant écho de leurs cœurs et de leur voix à sa voix. Ils couvraient ses allocutions d'applaudissements qui se prolongeaient par entraînement de salle en salle et de degrés en degrés ; ils finissaient par fondre en larmes en se précipitant dans ses bras. Jamais on ne vit mieux que pendant ces heures ce que contient d'intelligence, d'électricité, de générosité, d'enthousiasme et d'amour ce peuple qui n'a besoin que du contact d'une parole humaine pour vibrer tout entier, même dans la sédition, des plus sublimes sentiments de l'humanité.

XXV

Mais ces victoires de la sympathie et de la parole étaient courtes ; elles se propageaient lentement et imparfaitement dans cette foule bruyante de soixante ou quatre-vingt mille hommes ; elles semblaient s'évaporer avec les derniers retentissements de la voix de l'orateur. Souvent il n'était pas encore retiré, qu'il entendait de nouveaux murmures gronder au pied des escaliers, et que des coups de feu partis des cours faisaient siffler au-dessus de sa tête des balles qui entamaient les pierres de la voûte des escaliers.

Chaque heure du jour, en avançant, amenait de nouveaux renforts des banlieues et des faubourgs au peuple ameuté. Vers midi, la place de Grève, les fenêtres et les toits des maisons qui l'entourent regorgeaient de foule et semblaient tapissés de rouge. Un mouvement plus décisif se fit aux abords et dans les bas-fonds de l'édifice : on criait aux armes! Quelques citoyens intrépides voulaient s'opposer à une invasion plus désespérée du peuple : ils furent renversés sur les escaliers, foulés aux pieds. Le torrent monte et s'engouffre sous les voûtes gothiques qui précèdent l'immense salle de la République, jonchée de mourants. « Lamartine ! Lamartine ! s'écrient de l'extrémité des corridors les citoyens refoulés par le peuple. Lui seul peut tenter d'arrêter le débordement. Le peuple ne veut plus entendre que lui ; qu'il paraisse, ou tout est perdu ! »

Lamartine, anéanti par dix-huit heures d'efforts physiques et étendu sur le parquet, se relève à ces cris, et sortant accompagné de Payer, de Jumelle, de Maréchal, de jeunes et intrépides élèves de Saint-Cir, d'un groupe de généreux enfants de l'École polytechnique et de quelques citoyens qui le couvraient de leurs corps, il franchit les corridors. Il s'avance jusqu'à l'embouchure de l'escalier. Il en descend les degrés, hérissés des deux côtés de sabres, de piques, de poignards, de canons de fusils et de pistolets agités au-dessus de sa tête dans des mains exaltées, quelques-unes ivres. Porté et comme nageant sur les flots mêmes de la sédition, il parvint ainsi jusque sur les degrés qui débouchent sur la place. Il se montra, il parla. Sa figure, que le peuple se montrait avec curiosité, ses gestes, sa physionomie confiante et ouverte, plus encore que ses paroles, souvent éteintes dans le tumulte, arrachèrent une longue acclamation à la multitude. Quelques drapeaux rouges s'abaissèrent, quelques drapeaux tricolores reparurent aux fenêtres.

Il remonta l'escalier, suivi par l'écho de ces applaudissements de la place qui semblaient le fortifier et pour ainsi dire le sacrer contre les balles et contre les poignards des groupes de l'intérieur. « Traître! » s'écrièrent quelques hommes à visage sinistre et en haillons sur l'avant-dernier degré.

Lamartine s'arrêta, ouvrit son habit, découvrit du geste sa poitrine, et, regardant en face les séditieux avec un sourire de pitié : « Traître, nous? dit-il. Frappez si vous le croyez! Mais vous ne le croyez pas, vous qui le dites, car avant de vous trahir, il faudrait nous trahir nous-mêmes! Qui est-ce donc qui risque le plus de vous ou de nous ici? Nous y avons engagé, nous, nos noms, notre mémoire et nos têtes; et vous n'y risquez, vous, que de la boue sur vos souliers; car ce n'est pas votre nom à vous qui a contre-signé la république; et si la république succombe, ce n'est pas sur vous que tombera la vengeance de ses ennemis! » Ces mots et ce geste frappèrent les sens et la raison du peuple. Il s'ouvrit et il applaudit.

En rentrant dans la salle des blessés, Lamartine rencontra une femme encore jeune et éplorée, qui vint à lui et l'appela le sauveur de tous. Son mari, étendu sur un matelas dans un angle de la salle, paraissait expirant de lassitude et de maladie. C'était Floçon, rapporté mourant de Vincennes quelques heures auparavant, après avoir pacifié le faubourg Saint-Antoine et sauvé nos arsenaux. Lamartine lui serra la main et le remercia pour son dévouement et son courage. Cette estime entre le républicain de toute une vie et le républicain d'un jour fut conçue pour ainsi dire sur le champ de bataille.

XXVI

Mais ces triomphes des bons citoyens ne furent que des trêves momentanées. Le désespoir de leur impuissance, l'attente vaine d'un résultat qui les trompait toujours, la honte de se retirer sans avoir rien obtenu, la faim, la soif, le froid, les ondées glaciales, la boue dans laquelle trempaient leurs pieds depuis le matin, soulevaient de quart d'heure en quart d'heure de nouvelles vagues sur ces mers d'hommes. Les chefs voyaient monter le soleil et s'écouler la journée, ils ne voulaient pas qu'il se couchât sur leur défaite. Une horde furieuse d'environ quatre à cinq mille hommes, paraissant sortir des faubourgs les plus reculés et les plus indigents de Paris, mêlés à quelques groupes mieux vêtus et mieux armés, franchit vers deux heures les rampes de toutes les cours de l'hôtel, inonda les salles, força les résistances et s'engouffra avec des cris de mort, des cliquetis d'armes et des coups de feu partis au hasard, jusque dans une espèce de portique élevé au milieu d'un escalier étroit, sur lequel débouchent les couloirs de service qui protégeaient de ce côté l'asile du gouvernement.

Lagrange, les cheveux épars, deux pistolets à la ceinture, le geste exalté, dominant la foule par sa haute taille, le tumulte par sa voix semblable au hurlement des masses, s'agitait en vain au milieu de ses amis de la veille, de ses exagérateurs du lendemain, pour satisfaire et pour contenir à la fois l'élan de cette foule enivrée d'enthousiasme, de victoire, d'impatience, de soupçons, de tumulte et de vin. La voix presque inarticulée de Lagrange excitait autant de frénésie par l'accent, qu'elle voulait en apaiser par l'intention. Ballotté comme un mât de vaisseau de groupe en groupe, il était porté de l'escalier au couloir, de la porte aux fenêtres, jetant d'en haut, à la multitude dans la cour, des bras tendus, des saluts de tête et des allocutions suppliantes emportées par le vent ou éteintes dans le mugissement des étages inférieurs et dans le bruit des coups de feu. Une faible porte, qui pouvait à peine laisser passer deux hommes de front, servait de digue à la foule arrêtée par son propre poids. Lamartine, soulevé par les bras et sur les épaules de quelques bons citoyens, s'y précipita. Il la franchit, précédé seulement de son nom, et se retrouva de nouveau seul en lutte avec les flots les plus tumultueux et les plus écumeux de la sédition.

En vain les hommes les plus rapprochés de lui jetaient-ils son nom à la multitude; en vain l'élevaient-ils par moments sur leurs bras enlacés pour faire contempler sa figure au peuple et pour obtenir le silence au moins de la curiosité : la fluctuation de cette houle, les cris, les chocs, les retentissements de crosses contre les murs, la voix de Lagrange entrecoupant d'allocutions rauques les courts silences de la multitude, rendaient toute attitude et toute parole impossibles. Englouti, étouffé, refoulé contre la porte fermée derrière lui, il ne restait à Lamartine qu'à laisser passer sur son corps l'irruption aveugle et sourde, et le drapeau rouge, qu'on élevait sur sa tête comme le pavillon vainqueur sur le gouvernement rendu.

A la fin, quelques hommes dévoués parvinrent à traîner jusqu'à lui un débris de chaise de paille sur laquelle il monta comme sur une tribune chancelante que soutenaient les mains de ses amis. A son aspect, au calme de sa figure qu'il s'efforçait de rendre d'autant plus impassible qu'il avait plus de passions à refréner, à la patience de ses gestes, aux cris des bons citoyens implorant le silence pour lui, la foule, dont un spectacle nouveau commande toujours l'attention, commença à se grouper en auditoire et à éteindre peu à peu ses rumeurs.

Lamartine commença plusieurs fois à parler; mais à chaque tentative heureuse pour faire dominer son regard, son bras et sa voix sur le tumulte, la voix de Lagrange haranguant de son côté un autre peuple par la fenêtre faisait remonter dans la salle des éclats gutturaux, des lambeaux de discours et ces hurlements de foule qui étouffaient les paroles et l'action de Lamartine, et qui allaient faire triompher la sédition par la confusion. On calma enfin Lagrange, on l'arracha de sa tribune. Il alla porter la persuasion dans d'autres parties de l'édifice, et Lamartine, dont le parti grossissait avec le péril, put enfin se faire entendre de ses amis et de ses ennemis.

XXVII

Il calma d'abord ce peuple par un hymne de paroles sur la victoire si soudaine, si complète, si inespérée même des républicains les plus ambitieux de liberté. Il prit Dieu et les hommes à témoin de l'admirable modération et de la religieuse humanité que la masse de ce peuple avait montrée jusque dans le combat et dans le triomphe. Il fit ressortir cet instinct sublime qui avait jeté la veille ce peuple encore armé, mais déjà obéissant et discipliné, entre les bras de quelques hommes voués à la calomnie, à l'épuisement et à la mort pour le salut de tous.

A ces tableaux, la foule commençait à s'admirer elle-même, à verser des larmes d'attendrissement sur les vertus du peuple ; l'enthousiasme l'éleva bientôt au-dessus de ses soupçons, de sa vengeance et de ses anarchies.

« Voilà ce qu'a vu le soleil d'hier, citoyens! continua Lamartine. Et que verrait le soleil d'aujourd'hui? Il verrait un autre peuple, d'autant plus furieux qu'il a moins d'ennemis à combattre, se défier des mêmes hommes qu'il a élevés hier au-dessus de lui; les contraindre dans leur liberté, les avilir dans leur dignité, les méconnaître dans leur autorité, qui n'est que la vôtre; substituer une révolution de vengeances et de supplices à une révolution d'unanimité et de fraternité, et commander à son gouvernement d'arborér en signe de concorde l'étendard de combat à mort entre les citoyens d'une même patrie! ce drapeau rouge, qu'on a pu élever quelquefois, quand le sang coulait, comme un épouvantail contre des ennemis, qu'on doit abattre aussitôt après le combat en signification de réconciliation et de paix! J'aimerais mieux le drapeau noir, qu'on fait flotter quelquefois dans une ville assiégée, comme un linceul, pour désigner à la bombe les édifices neutres consacrés à l'humanité, et dont le boulet et la bombe même des ennemis doivent s'écarter. Voulez-vous donc que le drapeau de votre république soit plus menaçant et plus sinistre que celui d'une ville bombardée?

» — Non, non, s'écrièrent quelques-uns des spectateurs. Lamartine a raison, mes amis. Ne gardons pas ce drapeau d'effroi pour les citoyens! — Si, si, s'écriaient les autres, c'est le nôtre, c'est celui du peuple, c'est celui avec lequel nous avons vaincu. Pourquoi donc ne garderions-nous pas après la victoire le signe que nous avons teint de notre sang?

» — Citoyens, reprit Lamartine après avoir combattu par toutes les raisons les plus frappantes pour l'imagination du peuple le changement de drapeau, et comme se repliant sur sa conscience personnelle pour dernière raison, intimidant ainsi le peuple qui l'aimait par la menace de sa retraite : citoyens, vous pouvez faire violence au gouvernement; vous pouvez lui commander de changer le drapeau de la nation et le nom de la France, si vous êtes assez mal inspirés et assez obstinés dans votre erreur pour lui imposer une république de parti et un pavillon de terreur. Le gouvernement, je le sais, est aussi décidé que moi-même à mourir plutôt que de se déshonorer en vous obéissant. Quant à moi, jamais ma main ne signera ce décret! je repousserai jusqu'à la mort ce drapeau de sang, et vous devriez le répudier plus que moi! car le drapeau rouge que vous nous rapportez n'a jamais fait que le tour du Champ de Mars, traîné dans le sang du peuple en 91 et en 93, et le drapeau tricolore a fait le tour du monde, avec le nom, la gloire et la liberté de la patrie! »

A ces derniers mots, Lamartine, interrompu par des cris d'enthousiasme presque unanimes, tomba de la chaise qui lui servait de tribune dans les bras tendus de tous côtés vers lui. La cause de la république nouvelle l'emportait sur les sanglants souvenirs qu'on voulait lui substituer.

Un ébranlement général, secondé par les gestes de Lamartine et par l'impulsion des bons citoyens, fit refluer l'attroupement qui remplissait la salle jusque sur le palier du grand escalier, aux cris de : « Vive Lamartine! vive le drapeau tricolore! »

XXVIII

Mais là, cette foule, entraînée par les paroles qu'elle venait d'entendre, rencontra la tête d'une nouvelle colonne qui n'avait pu pénétrer dans l'enceinte ni participer à l'émotion des discours; cette bande montait plus animée et plus implacable que tous les attroupements jusqu'alors contenus ou dissipés. Un choc en sens inverse eut lieu, sous le porche et sur les derniers degrés de la rampe, entre ces deux foules dont chacune voulait entraîner l'autre dans son impulsion, ceux-ci pour le drapeau rouge, ceux-ci pour le drapeau reconquis par les paroles de Lamartine. Des colloques menaçants, des vociférations ardentes, des gestes d'obstination forcenée, des cris d'étouffements, deux ou trois coups de feu partis du pied de l'escalier, des lambeaux de drapeau rouge, des armes nues agitées sur les têtes, faisaient de cette mêlée une des scènes les plus sinistres de la révolution.

Lamartine se précipita entre les deux partis.

« C'est Lamartine! place à Lamartine! écoutez Lamartine! crièrent les citoyens qui l'avaient une première fois entendu.

» — Non, non, non! à bas Lamartine! mort à Lamartine! Point de transaction, point de paroles : le décret! le décret! ou le gouvernement des traîtres à la lanterne! » hurlaient les assaillants.

Ces cris ne firent ni hésiter, ni reculer, ni pâlir Lamartine [1].

On était parvenu à traîner jusque sur le palier, derrière lui, la chaise brisée sur laquelle il était monté tout à l'heure. Il y monte, adossé au chambranle de la grande porte gothique labourée la veille et le matin de balles. A son aspect, la fureur des assaillants, au lieu de s'apaiser, éclate en imprécations, en clameurs, en gesticulations menaçantes. Des canons de fusils, dirigés de loin sur les degrés les plus éloignés de lui, semblaient viser la porte. Un

---

[1] Voir l'histoire de ces journées par une société de combattants, capitaine Dunoyer.

groupe plus rapproché d'une vingtaine d'hommes aux visages abrutis par l'ivresse brandissait des baïonnettes, des sabres nus; en avant d'eux, et touchant presque à ses pieds, huit à dix forcenés, le sabre à la main, se lançaient la tête en avant, comme pour enfoncer des coups d'un bélier le faible groupe qui entourait Lamartine. Parmi les premiers, deux ou trois paraissaient hors de sens. Leurs bras avinés dardaient en aveugles leurs armes nues, que des citoyens courageux embrassaient et relevaient en faisceaux comme des faucheurs relèvent la gerbe. Les pointes agitées des sabres montaient par moments jusqu'à la hauteur de la figure de l'orateur, dont la main fut légèrement effleurée. Le moment était suprême, le triomphe indécis. Un hasard le décida. Lamartine ne pouvait pas être entendu et ne voulait pas descendre. Une hésitation eût tout perdu. Les bons citoyens étaient consternés. Lamartine s'attendait à être renversé et foulé aux pieds de la multitude.

XXIX

A ce moment, un homme se détache d'un groupe sur la droite; il fend la foule; il se hisse sur le socle d'un jambage de la porte, presque à la hauteur de Lamartine et en vue du peuple. C'était un homme d'une taille colossale et doué d'une voix forte comme le rugissement d'une émeute. Son costume seul l'aurait fait regarder d'une multitude : il portait une redingote de toile écrue usée, tachée, déchirée, comme les restes du vêtement d'un mendiant. Un pantalon large, flottant à mi-jambe, laissait à nu ses pieds sans chaussure. Ses longues et larges mains sortaient avec la moitié de ses bras amaigris de ses manches trop courtes. Sa chemise débraillée laissait compter les côtes et les muscles de sa poitrine. Son col était nu, sa tête aussi. Ses cheveux bruns, longs, entremêlés de paille et de poussière, flottaient à droite et à gauche de son visage. Ses yeux étaient bleus, lumineux, humides de tendresse et de bonté. Sa physionomie ouverte respirait l'enthousiasme jusqu'au délire et jusqu'aux larmes, mais l'enthousiasme de l'espérance et de l'amour. Véritable apparition du peuple dans ses moments de grandeur : à la fois misérable, terrible et bon.

Une des balles tirées d'en bas tout à l'heure venait de lui effleurer le sommet du nez, tout près des yeux. Son sang, qu'il étanchait par moments, coulait en deux filets sur ses joues et sur ses lèvres. Il ne semblait pas penser à sa blessure. Il tendait ses deux bras vers Lamartine; il l'invoquait des yeux et du geste; il l'appelait le conseil, la lumière, le frère, le père, le dieu du peuple. « Que je le voie, que je le touche, que je lui baise seulement les mains! s'écriait-il. Écoutez-le ! ajoutait-il en se retournant vers ses camarades; suivez ses conseils, tombez dans ses bras; frappez-moi avant de l'atteindre. Je mourrais mille fois pour conserver ce bon citoyen à mon pays ! »

A ces mots, se précipitant sur Lamartine, cet homme l'embrassait convulsivement, le couvrait de son sang, le tenait longtemps dans ses bras. Lamartine lui tendait la main et la joue, et s'attendrissait sur cette magnanime personnification de la multitude.

XXX

A cette vue, le peuple, étonné et ému, s'attendrit lui-même. L'amour qu'un homme du peuple, un blessé, un prolétaire inondé de sang, un indigent portant sur ses membres nus tous les stigmates, tous les haillons, toutes les misères du prolétariat, témoignait à Lamartine, était aux yeux de la foule un gage visible et irrécusable de la confiance qu'elle pouvait prendre elle-même dans les intentions de ce modérateur inconnu, de la foi qu'elle devait avoir dans les paroles de l'organe du gouvernement. Lamartine, apercevant cette impression et cette hésitation dans les regards et dans les mouvements de la multitude, en profita pour porter les derniers coups au cœur mobile de ce peuple ému. Un long tumulte bruissait à ses pieds entre ceux qui voulaient l'écouter et ceux qui s'obstinaient à ne rien entendre. Toujours assisté du mendiant, qui d'une main étanchait le sang de sa blessure au visage et de l'autre main faisait le signe du silence imposé au peuple :

« Eh quoi! citoyens, leur dit-il, si on vous avait dit, il y a trois jours, que vous auriez renversé le trône, détruit l'oligarchie, obtenu le suffrage universel au nom du titre d'homme, conquis tous les droits du citoyen, fondé enfin la république! cette république, le rêve lointain de ceux même qui sentaient son nom caché dans les derniers replis de leur conscience comme un crime! Et quelle république? Non plus une république comme celle de la Grèce ou de Rome, renfermant des aristocrates et des plébéiens, des maîtres et des esclaves! Non pas une république comme les républiques aristocratiques des temps modernes, renfermant des citoyens et des prolétaires, des grands et des petits devant la loi, un peuple et un patriciat! Mais une république égalitaire, où il n'y a plus ni aristocratrie, ni oligarchie, ni grands, ni petits, ni patriciens, ni plébéiens, ni maîtres, ni ilotes devant la loi; où il n'y a qu'un seul peuple, composé de l'universalité des citoyens, et où le droit et le pouvoir publics ne se composent que du droit et du vote de chaque individu dont la nation est formée, venant se résumer en un seul pouvoir collectif, appelé le gouvernement de la république, et retournant en lois, en institutions populaires, en bienfaits à ce peuple d'où il est émané. Si l'on vous avait dit tout cela il y a trois jours, vous auriez refusé de le croire! Trois jours? auriez-vous dit, il faut trois siècles pour accomplir une œuvre pareille au profit de l'humanité. (Acclamations.) Eh bien, ce que vous avez déclaré impossible est accompli! Voilà notre œuvre, au milieu de ce tumulte, de ces armes, de ces cadavres de vos martyrs; et vous murmurez contre Dieu et contre nous?

» — Non, non, s'écrièrent plusieurs voix.

» — Ah! vous seriez indignes de ces efforts, reprend Lamartine, si vous ne saviez pas les contempler et les reconnaître. Que vous demandons-nous pour achever notre œuvre? sont-ce des années? non; des mois? non; des semaines? non : des jours seulement! Encore deux ou trois jours, et votre victoire sera écrite, acceptée, assurée, organisée de manière à ce qu'aucune tyrannie, excepté la tyrannie de vos propres impatiences, ne puisse l'arracher de vos mains! Et vous nous refuseriez ces jours, ces heures, ce calme, ces minutes! et vous étoufferiez la république née de votre sang dans son berceau!

» — Non, non, non! s'écrièrent de nouveau cent voix. Confiance, confiance! Allons rassurer et éclairer nos frères! Vive le gouvernement provisoire! vive la république! vive Lamartine!

» — Citoyens, poursuit-il de nouveau, je vous ai parlé en citoyen tout à l'heure; eh bien, maintenant écoutez en moi votre ministre des affaires étrangères. Si vous m'enlevez le drapeau tricolore, sachez-le bien, vous m'enlevez la moitié de la force extérieure de la France! car l'Europe ne connaît que le drapeau de ses défaites et de nos victoires : c'est le drapeau de la République et de l'Empire. En voyant le drapeau rouge, elle ne croira voir que le drapeau d'un parti! C'est le drapeau de la France, c'est le drapeau de nos armées victorieuses, c'est le drapeau de nos triomphes qu'il faut relever devant l'Europe. La France et le drapeau tricolore, c'est une même pensée, un même prestige, une même terreur, au besoin, pour nos ennemis.

» O peuple souffrant et patient dans ta misère! reprit-il, peuple qui viens de montrer par l'action de ce brave et indigent prolétaire (en embrassant le mendiant du bras droit) ce qu'il y a de désintéressement de tes propres blessures, de magnanimité et de raison dans ton âme! Ah! oui, embrassons-nous, aimons-nous, fraternisons comme une seule famille de condition à condition, de classe à classe, d'opulence à indigence. Bien ingrat serait un gouvernement que vous fondez qui oublierait que c'est aux plus malheureux qu'il doit sa première sollicitude! Quant à moi, je ne l'oublierai jamais. J'aime l'ordre ; j'y dévoue, comme vous voyez, ma vie. J'exècre l'anarchie, parce qu'elle est le démembrement de la société civilisée. J'abhorre la démagogie, parce qu'elle est la honte du peuple et le scandale de la liberté. Mais, quoique né dans une région sociale plus favorisée, plus heureuse que vous, mes amis! que dis-je? précisément peut-être parce que j'y suis né, parce que j'ai moins travaillé, moins souffert que vous, parce qu'il m'est resté plus de loisir et de réflexion pour contempler vos détresses et pour y compatir de plus loin, j'ai toujours aspiré à un gouvernement plus fraternel, plus pénétré dans ses lois de cette charité qui nous associe en ce moment, dans ces entretiens, dans ces larmes, dans ces embrassements d'amour dont vous me donnez de tels témoignages et dont je me sens inondé par vous... »

XXXI

Au moment où Lamartine allait continuer et ouvrait ses bras pour y appeler les groupes les plus rapprochés de lui, il s'arrêta tout à coup, la parole suspendue sur les lèvres, le geste pétrifié, le regard fixe et comme attaché sur un objet invisible au reste de la multitude.

C'est qu'en effet il voyait confusément depuis quelques

minutes, à travers cette espèce de nuage que l'improvisation jette sur les yeux de l'orateur, s'avancer vers lui une figure fantastique dont il ne pouvait se rendre compte à lui-même et qu'il prenait pour un jeu d'optique ou pour un vertige d'imagination.

C'était un buste de jeune homme, vêtu de bleu, dominant un peu la foule et s'approchant de lui sans marcher, comme ces fantômes qui glissent sur le sol, sans aucun balancement de pas. Plus la figure s'avançait ainsi, plus le regard de Lamartine s'étonnait et plus sa parole semblait hésiter sur ses lèvres. A la fin, il reconnut sur ce buste le visage de Louis Blanc. Ce visage était coloré, mais les yeux ouverts étaient immobiles comme dans un évanouissement passager. C'était, en effet, Louis Blanc, que l'épuisement et la chaleur avaient fait apparemment évanouir dans l'étage inférieur, et qu'un groupe de ses amis apportait silencieusement et lentement à travers la masse du peuple attentif. Au même moment, le blessé qui avait embrassé et sauvé Lamartine tomba épuisé et entraîna en tombant la chaise. Lamartine fut soutenu par les mains de quelques hommes du peuple. Louis Blanc reprit ses sens à l'air des fenêtres.

Ce tumulte interrompit le discours, mais n'en détruisit pas l'effet.

XXXII

Malgré cette diversion, le peuple, sensible aux reproches sur son impatience, et enlevé comme la première fois par le fanatisme de sa propre gloire répudiée par lui avec son drapeau, s'impressionna surtout par cette espèce de confidence qu'un ministre des affaires étrangères lui faisait à haute voix dans l'intérêt de cette patrie que le peuple adore. Il se retourna pour ainsi dire contre lui-même ; il se précipita, en écartant les fusils et en abaissant les sabres de ceux qui étaient plus près, pour embrasser les genoux et toucher les mains de l'orateur. Des larmes roulaient dans tous les yeux. Le mendiant en versait lui-même ; ces larmes se mêlaient sur sa joue à son noble sang. Cet homme avait sauvé le drapeau tricolore et sauvé la république d'un 93 plus que la voix de Lamartine et la fermeté du gouvernement. Après son triomphe, il se perdit confondu dans la foule qui redescendit pour la dernière fois sur la place. Lamartine ne connut pas même son nom et ne le revit jamais depuis. Il lui doit la vie, et la France lui doit son drapeau.

XXXIII

Cependant, une foule de bons citoyens étaient instruits par la rumeur publique des tumultes qui assiégeaient depuis dix-huit heures le gouvernement. On répandait le bruit que le drapeau rouge était arboré ; que le gouvernement était renversé et prisonnier dans les mains des terroristes ; que Lamartine avait été blessé d'un coup de feu ; qu'on avait vu par une fenêtre son visage et ses mains ensanglantés : on ignorait que c'était du sang du généreux prolétaire. La consternation régnait dans les quartiers éloignés, la confusion dans les plus rapprochés.

Mais les plus courageux venaient d'eux-mêmes, sans autre appel que leur propre patriotisme. Ils se mêlaient aux masses qui occupaient la place de Grève; ils y combattaient de proche en proche, par l'attitude et par la parole, les desseins des factieux. Ils adressaient des reproches sévères ou fraternels aux groupes les plus obstinés à conserver le drapeau de la terreur.

C'est à ce moment que les cris de « Vive la république ! » partirent des escaliers, des fenêtres et des cours, et que le reflux de la dernière irruption, sortant, avec le drapeau tricolore relevé, de la grande porte, vint rendre courage aux défenseurs de la pureté de la république et jeter la fluctuation et le désordre dans les rangs disjoints de la sédition.

La place entière s'ébranla par un mouvement confus de retraite aux cris de « Vive la république! Vive le gouvernement provisoire! Vive Lamartine! » mêlés à quelques murmures étouffés de colère et de déception. On vit des bandes désordonnées se retirer en abaissant le drapeau rouge par toutes les embouchures des rues qui aboutissent à la Bastille, ou qui mènent par les quais au faubourg Saint-Marceau et à Bercy. Un chant à cent mille voix s'éleva, comme un hymne au drapeau tricolore, du sein du peuple resté sur la place. C'était la *Marseillaise*. Bientôt la place elle-même se vida presque tout entière. Il ne resta près des grilles que deux ou trois cents gardes nationaux en uniforme et quelques braves citoyens, cachant des armes sous leurs habits, prêts à se dévouer à la cause du gouvernement et de la patrie.

XXXIV

Cependant tout n'était pas fini. Les bandes rouges, en se retirant, avaient fait entendre des menaces et avaient fait avec leurs armes des gestes qui annonçaient pour le lendemain un retour en force de la sédition.

Tandis que Lamartine luttait et triomphait ainsi à l'extérieur face à face avec le peuple, ses collègues, dont il était séparé par la foule, soutenaient avec la même résolution les sommations et les assauts des partisans des mesures violentes, et les confondaient par l'énergie de leur résistance et par la prompte réorganisation de toutes choses.

Garnier-Pagès, maire de Paris, rétablissait l'ordre et la hiérarchie dans l'hôtel de ville, révoquait, confirmait, nommait, rappelait les maires des divers quartiers de Paris. Ledru-Rollin réinstallait l'immense ministère de l'intérieur, qui lui était dévolu ; il s'entendait avec Caussidière pour reformer une police sommaire si nécessaire à une capitale sans gouvernement et pleine d'éléments de désordre et de crimes. Subervie retrouvait le feu et la vigueur de sa jeunesse républicaine pour empêcher le débandement de notre brave armée. Elle était un moment écartée de Paris, mais sa dislocation et son indiscipline auraient pu désarmer la patrie pendant que la révolution l'agitait. Nuit et jour debout, en uniforme, à cheval, au bureau ou au conseil, ce vieillard faisait oublier ses années aux soldats comme il les oubliait lui-même. Plein des souvenirs de la première république, qui ne s'étaient jamais assoupis en lui, Subervie ne trouvait rien d'impossible pour ressusciter ces grands jours de notre patriotisme armé, dont il avait gardé l'enthousiasme.

On se servit du prétexte de ses années pour l'écarter quelques semaines plus tard du ministère. On se trompa. On ne vit que la date de sa naissance ; on ne vit ni son ardeur, ni son activité, ni sa fermeté antique. Subervie était digne de continuer Carnot.

Arago séquestrait sa pensée dans la préservation de l'arme savante qu'on lui avait confiée, la marine. Il luttait, inflexible, contre toute désorganisation du mécanisme des gouvernements. Goudchaux, appelé au premier moment aux finances, sacrifiait au patriotisme des répugnances et des intérêts, et couvrait le crédit de sa probité et de sa science. Crémieux, Marie, Carnot, Bethmont, négligeaient quelques jours, comme Lamartine, leurs ministères, moins importants, pour faire face aux nécessités générales et aux séditions incessantes dans le foyer de l'hôtel de ville, quartier général de la révolution. Marrast, aussi infatigable que ferme, ne quittait ni jour ni nuit la table du conseil. Il rédigeait avec une précision soudaine et lumineuse les préambules raisonnés, pendant que Crémieux et Marie rédigeaient les décrets, Lamartine les proclamations au peuple, à l'armée, à l'Europe.

XXXV

En rentrant dans l'enceinte désormais évacuée par la sédition, Lamartine trouva ses collègues occupés à ces importants détails. Ils respirèrent. Ils jetèrent un regard de sécurité et d'espérance par les fenêtres sur la place vidée de l'hôtel de ville.

Il était quatre heures après midi. Un rayon de soleil, fendant les nuages de février, se réfléchissait sur les pavés humides, dans les flaques d'eau encore mêlée de sang autour de quelques cadavres de chevaux tués dont les boueurs déblayaient les rues. Le drapeau tricolore avait repris sa place au-dessus de la statue de Henri IV, et flottait à toutes les fenêtres des maisons. Tout respirait cette sérénité encore douteuse qui succède aux agitations populaires, et à laquelle on a peine à se fier, même en l'éprouvant. Mais le peuple avait été trop sensible et trop sublime pour que l'espérance ne l'emportât pas sur l'inquiétude dans le cœur des membres du gouvernement. Dupont de l'Eure et Arago étaient revenus, dans l'après-midi, au bruit des périls qui menaçaient leurs collègues. On se réunit dans une petite pièce devenue libre par l'évacuation d'une partie de l'édifice, et l'on tint conseil secret entre les membres du gouvernement présents.

Le silence qui avait succédé au bruit, la sécurité à l'agitation, l'heure, le rayon de soleil, l'émotion qui ouvre le cœur, l'espérance qui aplanit tout, l'admiration pour ce peuple : capable de se refréner et de se désarmer lui-même à la voix de quelques citoyens inconnus, tout était de nature à susciter dans l'âme ces grandes pensées qui jaillissent du cœur et qui sont la souveraine politique, parce qu'elles sont la souveraine nature et la souveraine vérité. L'instinct est le suprême législateur; celui qui l'écrit en loi écrit sous la dictée de Dieu.

Les membres du gouvernement étaient tous sous l'empire de ces impressions. Nul moment ne pouvait être plus favorable pour donner par quelques grandes mesures son caractère à la république. Elle devait répondre à cette magnanimité du peuple par la magnanimité des institutions. Il n'y avait pas en ce moment dans le gouvernement un seul homme assez mal inspiré pour vouloir faire de la république le monopole d'un parti, l'effroi des autres partis, et pour armer ce parti victorieux et tyrannique des proscriptions, des spoliations et des échafauds de la terreur.

Mais le nom de république était déshonoré dans l'esprit des masses par ces souvenirs. Le sang de 1793 déteignait sur la république de 1848. Il fallait, dès le premier jour, laver ces taches, répudier toute parenté entre les deux époques, et briser l'arme des révolutions par la main même des révolutionnaires, de peur que des insensés ou des scélérats qui venaient de tenter de pervertir le peuple ne s'emparassent plus tard de ces armes et ne fissent confondre le nom de république avec la mémoire et avec la terreur des crimes commis en son nom.

XXXVI

Chacun des membres présents au conseil sonda son cœur et son intelligence, pour y trouver l'initiative de quelques grandes réformes ou de quelques grandes améliorations législatives, politiques et sociales. Ces initiatives sont la philosophie des révolutions. Ce sont elles qui rétablissent en un seul jour le niveau entre les idées avancées d'un temps et les faits arriérés d'un gouvernement.

Les uns proposèrent l'abolition instantanée de l'esclavage des noirs, qui souillait la morale même de nos lois et qui menaçait nos colonies d'une perpétuelle explosion.

Les autres, l'abolition des lois de septembre, qui pesaient sur la pensée du poids d'amendes équivalentes à des confiscations.

Ceux-ci, la fraternité proclamée en principe entre les peuples, pour abolir la guerre en abolissant les conquêtes.

Ceux-là, l'abolition du cens électoral, ce matérialisme politique qui plaçait le droit du propriétaire au-dessus du droit de l'homme.

Tous: le principe, non-seulement de l'égalité des droits, mais encore de la charité entre les différentes classes de citoyens, principe appliqué par toutes les institutions d'assistance, de secours, d'association, de bienfaisance, compatibles avec la liberté du capital et avec la sécurité des propriétés, première charité des gouvernements qui veulent conserver la société et protéger la famille.

A mesure que ces grandes vérités démocratiques, rapidement senties plutôt que froidement discutées, étaient converties en décrets, ces décrets passaient en proclamations au peuple sous la main d'un des membres, d'un des ministres, d'un des secrétaires du gouvernement. Une imprimerie portative, établie dans le couloir, à la porte du conseil, recevait les décrets, les imprimait et les répandait par les fenêtres dans la foule et par les courriers dans les départements. C'était l'improvisation d'un siècle à qui la révolution venait de rendre la parole, l'explosion raisonnée de toutes les vérités chrétiennes, philosophiques, démocratiques, qui couvaient depuis un demi-siècle dans l'esprit des initiateurs éclairés ou dans les aspirations confuses de la nation. Mais l'expérience de ce demi-siècle avait mûri la pensée du pays et des hommes qui décrétaient ainsi en son nom. Cette expérience était assise avec Dupont de l'Eure, Arago, Marie, Carnot, autour de la table où ces vérités recevaient à la fois leur réalisation et leur mesure. Chose remarquable! dans une séance aussi inspirée et aussi féconde, il n'y eut ni une témérité ni une exagération dans les actes et dans les paroles de ce gouvernement d'enthousiasme ; pas un des législateurs ne devait avoir à effacer plus tard un des engagements qu'il prenait envers le pays et envers l'avenir. Chacun de ces décrets pouvait rester loi sous la main d'une Assemblée nationale.

XXXVII

Quand la séance fut presque close, et le programme de la république ainsi complétement ébauché, Lamartine prit avec une hésitation inquiète la parole. Une pensée roulait depuis la veille dans son esprit. Il la couvait avant de la produire, craignant de la présenter avant sa maturité. Il ne se défiait pas de l'âme de ses collègues, mais il se défiait de quelques préjugés dans leur esprit. On voyait à son attitude, on entendait à son accent, qu'il appréhendait de compromettre une grande vérité et une grande vertu politiques en les produisant inopinément ; il voulait les présenter d'abord sous la forme d'un doute, pour laisser ajourner cette mesure peut-être au premier aspect, et pour y ramener ensuite par la réflexion.

« Messieurs, dit-il, les révolutions ont aussi un immense progrès à faire, un généreux tribut à apporter enfin à l'humanité. Je suis si convaincu que ce progrès est commandé par Dieu et serait compris et béni des hommes, que, si j'étais seul dictateur et révélateur de cette révolution, je n'hésiterais pas à faire de ce décret le premier décret de la république. Et par ce seul décret je lui conquerrais plus de cœurs libres en France et en Europe que des centaines de lois répressives, d'exil, de proscriptions, de confiscations et de supplices ne lui rattacheront jamais de fidélité forcée. J'abolirais la peine de mort.

» Je l'abolirais pour toute cause, car la société n'en a plus besoin. Son exemple, en frappant de mort le criminel, pervertit plus qu'il n'intimide. Le sang appelle le sang. Le principe de l'inviolabilité de la vie humaine serait mieux défendu quand la société elle-même reconnaîtrait cette inviolabilité de la vie même dans le scélérat. Mais si ce grand progrès dans votre législation criminelle doit être réservé à l'Assemblée nationale, seule maîtresse de ses lois sociales, je l'abolirais du moins immédiatement en politique. Je désarmerais ainsi le peuple d'une arme qu'il a sans cesse, dans toutes les révolutions, tournée contre lui-même ; je rassurerais les imaginations craintives qui redoutent dans la république l'ère de nouvelles proscriptions ; je mettrais le sang humain hors de cause. J'inaugurerais le règne de la démocratie par la plus divine amnistie et par la plus habile témérité de cœur qui ait jamais été proclamée par un peuple vainqueur, les pieds encore dans le sang. Je jetterais hardiment ce défi de générosité aux ennemis de la démocratie, et si jamais la république succombait, elle ne succomberait pas du moins par son propre crime, et elle renaîtrait bientôt de l'admiration qu'elle aurait inspirée au monde. »

XXXVIII

Lamartine vit, par la physionomie de ses collègues, que cette proposition, en étonnant les esprits par son audace, sourirait néanmoins à tous les cœurs : tous déclarèrent qu'elle était dans leurs sentiments. On y fit des objections d'heures et de légistes; elle fut moins écartée qu'ajournée à de secondes réflexions.

Lamartine se contenta d'avoir agité les âmes; il avait entrevu le fond des pensées; il se confiait au lendemain; il n'insista pas : le lendemain devait lui rapporter le travail intérieur d'une vérité dans des esprits droits et dans des cœurs généreux.

LIVRE TREIZIÈME

I

La trêve semblait devoir durer toute la nuit; la séance finit avec le jour. Néanmoins, les esprits étaient préoccupés de la journée du lendemain et du retour agressif annoncé par les bandes terroristes et communistes. A défaut de force régulière, dont ceux qui composaient le gouvernement étaient entièrement dépourvus, chacun d'eux fit appel à son énergie personnelle et aux bons citoyens de son quartier. On les conjura d'entourer, avant le jour, l'hôtel de ville d'un rempart de poitrines ou de baïonnettes qui intimidât les factieux s'ils tentaient un dernier assaut. La journée devait être décisive.

Lamartine quitta le siége du gouvernement, et employa une partie de la nuit à rallier ses amis autour de lui et à les disperser dans la ville, pour recruter de maison en maison les hommes courageux disposés à venir volontairement, et un à un, sauver le drapeau et la pureté de la république. Il fit avertir surtout la jeunesse : Saint-Cyr, l'École polytechnique, l'École normale, les élèves de droit et de médecine. Il savait l'ascendant de cette jeunesse sur le peuple, qui respecte en eux la fleur de ses générations. Ses messagers, revenus chez Lamartine avant le jour, lui rapportèrent le dévouement unanime et héroïque de ces jeunes gens. Ils s'étaient tous levés pour aller de porte en porte avertir leurs camarades. Il n'y en avait pas un qui n'eût donné sa vie pour empêcher que la république fût profanée au berceau par les démagogues. Les femmes excitaient leurs maris, les mères leurs fils, les sœurs leurs frères. Elles auraient combattu elles-mêmes si leur sexe leur eût permis les armes. Elles combattaient du moins du cœur pour le salut et pour l'innocence de la révolution. C'est un des caractères particuliers de cette fondation de la république, que la jeunesse lettrée ou militaire y fut dès la première heure et sans cesse aussi intrépide de modération que d'élan. Elle eut à la fois et unanimement la passion de la démocratie philosophique et l'horreur de la démagogie sanguinaire. Elle fut jeune de cœur et vieille de sagesse en même temps. Lamartine observa ce phénomène dès les premiers jours, au milieu de ces jeunes volontaires de l'ordre dont il était entouré; il en conçut un bon augure pour la république : la modération devait triompher. Là où est le cœur de la jeunesse, là est l'esprit de l'avenir.

II

Cinq ou six mille citoyens armés se trouvèrent, le lendemain avant le jour, réunis, par la seule impulsion du salut public, devant les grilles et aux principales issues de l'hôtel de ville. Quand les bandes éparses du drapeau rouge arrivèrent, elles rencontrèrent une résistance qui déconcerta leurs projets. La place de Grève se couvrit bientôt d'une multitude dont l'aspect impassible, la physionomie à la fois émue et ferme, attestaient les pensées graves d'un peuple qui assiste à sa propre régénération, au lieu des pensées ivres et sanguinaires d'une foule qui prélude à la sédition. Les membres du gouvernement étaient tous à leur poste, à l'exception du ministre de l'intérieur, chargé de la sûreté de Paris, et qui ne vint que plus tard dans la soirée. Chaque fois que Dupont de l'Eure, Arago, Marie, Crémieux, étaient entrevus à une des fenêtres, cent mille têtes se découvraient. Des cris, des gestes, des battements de mains les rappelaient aux regards et aux enthousiasmes du peuple. Les groupes, moins nombreux et moins compactes, qui portaient des drapeaux rouges paraissaient isolés au milieu de cette foule. De moments en moments on voyait ces drapeaux, découragés, s'abattre sous la répulsion des masses. Le vrai peuple reprenait la place que la démagogie avait voulu lui disputer.

III

Les membres du gouvernement et les ministres reprirent, avec un concours plus caractérisé des bons citoyens, leurs travaux de réorganisation universelle.

On délibéra, dans un conseil secret, sur l'attitude qu'on donnerait à la république envers le roi, sa famille, ses ministres et les princes qui commandaient en Algérie. Quelques hommes autour du gouvernement, croyant à des résistances à l'intérieur au nom de la royauté, poussaient le gouvernement aux mesures, non de rigueur, mais de prudence envers les fugitifs. Chercher les ministres qui étaient encore cachés dans Paris et que des visites domiciliaires pouvaient faire aisément découvrir; poursuivre le roi et la reine, errants sur les routes qui mènent en Angleterre, et qu'il était facile de fermer à leur fuite; atteindre la duchesse d'Orléans et ses fils, dont les traces étaient suivies et dont l'asile était soupçonné des membres mêmes du gouvernement; retenir ces deux générations royales comme des otages de la république, confisquer leurs immenses propriétés, resserrer leurs personnes; faire le procès à ces ministres contre lesquels la vengeance passionnée du moment faisait rejaillir le sang versé dans Paris : tels étaient les conseils que quelques politiques de routine révolutionnaire faisaient souffler du dehors aux dictateurs.

Ces conseils se brisèrent tout de suite contre le bon sens et la générosité unanime du gouvernement. S'emparer des ministres? c'était, d'une part, peser sur le malheur et convertir les fautes en crimes; c'était, de l'autre, préparer, comme en 1830, à la république et au gouvernement les embarras d'un procès douteux, où il eût été aussi dangereux de condamner que d'absoudre. Poursuivre le roi et sa famille? c'était les ramener à Paris, au milieu d'un peuple doux et juste aujourd'hui, irrité, vindicatif demain; c'était peut-être, dans un avenir inconnu, ramener une proie à la terreur et des victimes à un odieux échafaud. Retenir la duchesse d'Orléans et ses enfants? c'était emprisonner l'infortune et punir l'innocence. Confisquer les propriétés personnelles de la maison royale? c'était confondre le roi et l'homme, le domaine public et le domaine privé; c'était attenter au principe de la propriété dans la plus haute fortune de l'empire, au moment même où le gouvernement et la société voulaient défendre dans la propriété la base des familles et l'existence de l'avenir des générations. La politique, la morale, comme le sentiment, commandaient au gouvernement de prémunir la république contre ces dangers, ces sévices et ces rigueurs politiques. Il écarta avec indignation toute pensée et tout acte de récrimination nationale. La révolution à laquelle il s'associait pour la sauver et la grandir ne devait pas être une honteuse rechute du peuple dans les hontes et dans les crimes de toutes les révolutions précédentes. Elle devait être une victoire, et non une vengeance; un progrès dans le sentiment comme dans la raison publique, et non une vile satisfaction donnée aux instincts jaloux ou cruels des partis.

Quelques-uns même auraient désiré qu'on allât plus loin

dans le défi qu'on portait à la fois aux persécuteurs et aux courtisans des dynasties disparues. On parlait de la possibilité prochaine et sans péril de rapatrier toutes ces dynasties, leur interdisant seulement les fonctions de président de la république pendant un certain nombre d'années.

« La véritable dynastie, disait Lamartine, c'est le suffrage universel. Le peuple ne se laissera jamais découronner de sa souveraineté pour la rendre à une famille. Les nations une fois sur le trône n'abdiquent pas. Accoutumons-les à se croire inviolables en face de ceux qu'elles ont détrônés. »

IV

Ces conseils, trop avancés en apparence pour le lendemain d'une révolution, furent seulement un objet d'entretien. Mais on convertit en résolutions secrètes les mesures de salut pour les ministres et de générosité nationale pour les membres de la dynastie déchue. Afin de faire mieux accepter ces résolutions de l'opinion publique, et de rassurer le peuple tout en préservant la vie et la liberté du roi, on proclama l'abolition de la royauté sous toutes les races royales qui se disputaient la couronne depuis cinquante ans.

Lamartine se chargea, sous sa responsabilité personnelle et à ses risques et périls devant le peuple, de laisser évader les ministres si on venait à les saisir dans leur retraite. Il se chargea aussi de faire suivre la trace du roi, de la reine, des princesses, de leurs enfants; d'envoyer des commissaires, accrédités par lui, pour protéger au besoin leur sortie du territoire français, pour leur porter les sommes indispensables à leur existence, et pour les entourer jusqu'aux frontières, non-seulement de sécurité, mais de ces respects qui honorent le peuple qui les rend, autant qu'ils consolent les victimes des catastrophes humaines.

Le ministre des finances fut autorisé à lui remettre, à titre de fonds secrets, sur sa demande, une somme de trois cent mille francs pour cette sauvegarde des personnes royales. Il en prit cinquante mille seulement, qu'il fit verser au crédit des affaires étrangères, afin de les remettre aux commissaires à leur départ. Cette précaution fut inutile. Aucune somme ne fut dépensée. On verra plus loin ce qui prévint l'usage que le gouvernement avait autorisé.

V

Le conseil écrivait pour ainsi dire, dans cette séance, ses décrets sous la dictée du sentiment national et aux applaudissements de la place publique. Le jour avançait, mais le peuple, affluant avec le jour en masse innombrable, ne se lassait pas d'assister à l'action du gouvernement. Un chœur de voix immense sous les fenêtres, sur les quais, sur les ponts, entrait avec ses hymnes, ses acclamations et ses murmures jusque dans la salle des délibérations. Mais il en respectait en ce moment le mystère et la liberté.

Les visages des membres du gouvernement rayonnaient enfin de sérénité. La pensée que Lamartine avait déposée la veille dans leur cœur devait remonter dans une pareille heure à leurs lèvres. La joie est magnanime dans les masses. Cette pensée surnageait dans les yeux de tous, Louis Blanc la reprit :

« Messieurs, dit-il, j'ai été vivement frappé hier de l'idée de monsieur de Lamartine, idée qui m'avait paru au premier aspect trop avancée pour la situation, mais que la générosité du peuple a mûrie en vingt-quatre heures, et qu'il est peut-être capable de comprendre et d'accepter aujourd'hui. C'est l'idée de désarmer enfin les idées et les peuples de cette peine de mort qui contriste les cœurs, qui envenime les opinions, qui ensanglante les conquêtes et les vertus même des révolutions. Je demande que nous délibérions de nouveau sur cette proposition de monsieur de Lamartine, et que nous fassions à l'humanité ce don de joyeux avénement à la démocratie ! »

Lamartine remercia du cœur et du regard son jeune collègue; il saisit la main qui lui était tendue pour reprendre sa propre pensée. La délibération fut un court échange d'assentiments et de félicitations réciproques. Le cœur étouffait les objections timides de l'esprit. La grandeur de cet acte, où sept hommes, arrivés les pieds dans le sang de la guerre civile l'avant-veille, osaient proposer à ce peuple de le désarmer à jamais du glaive et de l'échafaud, agrandissait les pensées et le courage de tous. Une inspiration surhumaine était visible dans l'attitude de ceux qui délibéraient. Les yeux avaient l'humidité, les lèvres avaient le balbutiement, les mains avaient l'agitation de la fièvre en faisant courir les plumes sur le papier. Chacun cherchait une rédaction digne de la pensée à présenter au peuple. Celle de Lamartine, corrigée et améliorée par une phrase de Louis Blanc, fut adoptée. Les membres présents se levèrent, après l'avoir entendue, par un mouvement électrique d'enthousiasme. Dupont de l'Eure, Lamartine, Arago, Marie, Crémieux, Pagnerre, se précipitèrent dans les bras les uns des autres comme des hommes qui viennent de sauver l'humanité d'un naufrage de sang. Ils revêtirent les ceintures tricolores, seule marque de leur fonction souveraine, et se préparèrent à aller présenter à la ratification du peuple le décret téméraire qu'ils avaient osé porter en son nom. Lamartine fut chargé de cet appel au cœur de la multitude.

VI

Les voix de ceux qui remplissaient l'hôtel de ville annoncèrent au dehors que le gouvernement provisoire allait descendre. Un cortége confus se forma autour d'eux. Ils franchirent, sous une voûte d'armes pacifiques et de drapeaux flottants, les degrés, et parurent sur le perron du palais.

Dupont de l'Eure, affaissé par la lassitude, relevé par le

courage, donnait d'un côté le bras à Lamartine, de l'autre à Louis Blanc. La foule fit un religieux silence.

Lamartine s'avança jusqu'à la grille, s'éleva sur une estrade auprès des canons, et jeta, de toute la portée de la voix humaine, quelques phrases de félicitations et de bon augure sur ces milliers de têtes nivelées devant lui. Les fronts étaient nus. Le soleil y tombait. Les regards et les lèvres entr'ouvertes semblaient aspirer les paroles avant de les avoir entendues. Les plus rapprochés de l'orateur les transmettaient aux plus éloignés. Lamartine parlait lentement, comme le matelot sur la mer, pour donner le temps aux sons de parcourir ces vagues humaines.

Il commença par attendrir et par sanctifier pour ainsi dire la multitude, afin de la préparer par un accent et par un sentiment religieux au décret qu'il voulait lui faire acclamer. Quand il vit le recueillement sur les visages, l'émotion dans les yeux, l'acclamation sur les lèvres, il lut le décret.

Une légère hésitation d'étonnement se manifesta dans quelques groupes. Un murmure pouvait tout perdre. Il n'éclata pas. A chaque phrase du préambule et du décret, le peuple, pressentant sa propre grandeur dans la grandeur de la pensée du gouvernement, interrompait la lecture par des battements de mains et par des bénédictions qui se répandaient comme un frisson sur la mer. Le décret fut reçu comme un évangile d'humanité. Le gouvernement rentra obéi et adoré dans le vestibule.

Le reste de la journée fut à la joie. « Quand cette révolution n'aurait eu que ce jour, s'écria Dupont de l'Eure, et quand mes dernières années n'auraient que cette heure, je ne regretterais rien des quatre-vingts ans de labeur que Dieu m'a donnés ! »

VII

En sortant de l'hôtel de ville pour aller prendre les mesures convenues relatives à la famille royale, Lamartine fut reconnu de quelques hommes du peuple à l'entrée du quai. A l'instant, la place couverte de foule s'ébranla pour lui faire cortége. Ses gestes et ses paroles pour congédier ce cortége furent impuissants. Une longue colonne de citoyens de toutes les classes, et surtout d'ouvriers, l'accompagna de ses bénédictions et de ses chants jusqu'à la hauteur des Tuileries. Arrivé à la grille de ce palais, la multitude qui formait la tête du cortége voulut l'y faire entrer, comme pour prendre possession de sa royauté populaire par l'installation du nouveau gouvernement dans la demeure des rois. Lamartine s'y refusa avec énergie.

« Les citoyens, dit-il, en qui le peuple place momentanément son pouvoir ne doivent avoir d'autre palais que leur maison. »

Il congédia une partie de son cortége, l'autre partie le conduisit par le pont et par la rue du Bac jusqu'à sa demeure. La foule se rangea respectueusement devant sa porte. Lamartine la harangua sur le seuil.

« Vous avez montré aujourd'hui à Dieu et aux hommes, leur dit-il, qu'il n'y a rien qu'on ne puisse obtenir d'un tel peuple en s'adressant à ses vertus. Ce jour sera inscrit dans votre histoire au niveau des plus grandes journées de votre grandeur nationale; car la gloire que vous y avez conquise n'appellera pas sur vous les malédictions des victimes ou les ressentiments des peuples, mais les bénédictions de la postérité. Vous avez arraché le drapeau de la terreur des mains de la seconde république! Vous avez aboli l'échafaud! C'est assez pour deux jours! Allez rassurer vos femmes et vos enfants dans leurs demeures, et dites-leur que vous avez bien mérité non-seulement de l'histoire, mais du cœur humain et de Dieu. »

VIII

La nuit venue, Lamartine sortit seul et à pied, enveloppé de son manteau, évitant d'être reconnu. Il se rendit chez M. de Montalivet, ami et confident du roi. Lamartine ne doutait pas que M. de Montalivet ne connût les desseins, la route ou l'asile de la famille royale. Il donna à l'ancien ministre l'assurance que le gouvernement craignait plus de saisir les fugitifs, qu'ils ne pouvaient redouter eux-mêmes d'être arrêtés. Il lui confia les intentions protectrices de ses collègues, les sommes mises à sa disposition pour faciliter la sortie du territoire et pour offrir le premier pain de l'exil à ceux qui avaient régné la veille sur la France. Il le conjura de se livrer à sa discrétion et à la magnanimité du gouvernement, décidé à épargner au prix de sa popularité un crime, un remords, une honte à la république.

M. de Montalivet fut touché de cette loyauté et de cette grandeur d'âme d'un gouvernement qui interprétait si bien l'âme d'un grand peuple. Il ne savait rien encore, si ce n'est la direction de la fuite du roi.

Ce prince, en quittant Paris, escorté jusque-là par un régiment de cuirassiers, s'était arrêté quelques minutes à Saint-Cloud. Persuadé que son abdication avait étouffé la révolution et que son petit-fils régnait déjà à sa place, il avait écrit à M. de Montalivet de lui faire parvenir, à son château d'Eu, les papiers et les objets que la précipitation de son départ l'avait empêché d'emporter des Tuileries. De là, il avait continué sa route pour le château d'Eu, retraite qu'il avait préparée à sa vieillesse, asile qu'il avait destiné à sa veuve, tombe qu'il avait élevée à sa cendre et aux cendres des enfants qui l'avaient précédé dans la mort.

L'affection inquiète de M. de Montalivet n'avait pu lui en apprendre davantage sur le sort du roi dont il était l'ami. Il savait seulement que le roi, après un court séjour à Eu, en était reparti, par des chemins détournés, dans une voiture sans suite et sous un déguisement quelconque, et qu'il errait ou sur les côtes ou sur les flots de la Manche. Il promit à Lamartine de lui communiquer les renseignements qui lui parviendraient.

Lamartine rentra dans sa demeure, fit préparer une voiture de voyage, et pria les commissaires, qu'il avait avertis, de se tenir prêts à partir au premier signal pour aller faire aux exilés du trône le cortége de sûreté et de respect que le gouvernement leur destinait. Un des commissaires que Lamartine avait chargés de cette délicate et pieuse mission était le petit-fils de La Fayette. Lamartine pensait que, dans le cas où le roi aurait été reconnu et arrêté à Rouen, au Havre ou dans quelque autre ville du littoral, le nom de La Fayette, cher à la Révolution et gage de respect pour le roi lui-même, couvrirait la famille royale, et assurerait l'exécution des mesures d'inviolabilité des personnes et de décence prises pour son libre départ. Les deux autres commissaires désignés étaient M. de Champeaux et M. Dargaud, amis particuliers de Lamartine, hommes d'intelligence et de courage, tous les deux dévoués de cœur à leur mission, et initiés aux intentions de cette sauvegarde au malheur.

IX

Le lendemain était le jour destiné par le gouvernement à la proclamation ou plutôt à l'acclamation de la république sur la place de la Bastille. Si c'était pour le peuple un vain cérémonial, c'était pour le gouvernement une double mesure politique. Il voulait d'abord constater par une solennité authentique la défaite des partisans du drapeau rouge et de la république violente. Il voulait ensuite passer en revue la garde nationale de Paris et s'assurer des forces civiques que les bons citoyens pourraient au besoin lui prêter contre les factieux. C'était un problème que l'esprit moral de la garde nationale de Paris depuis l'écroulement du gouvernement. Composée en immense majorité

de la bourgeoisie, se sentirait-elle vaincue avec le trône?
Abandonnerait-elle le pavé aux seuls combattants armés
des trois jours? ou se rallierait-elle à la république comme
elle s'était ralliée à la Révolution pendant la lutte? et se
confondrait-elle dans un même élan d'ordre et de liberté
avec l'unanimité du peuple? Le gouvernement voulait le
savoir; il voulait surtout le montrer, pour imposer aux
agitateurs par la concorde et par la masse de la manifestation.

X

La proclamation et le défilé sous la colonne de Juillet
avaient été fixés, la veille, pour deux heures après midi.
Pendant que les différentes légions prenaient place sur les
boulevards, que le peuple inondait la rue Saint-Antoine et
les quartiers qui déversent leurs courants sur la Bastille,
et que le cortége du gouvernement se formait sur la place,
une nouvelle sédition, mais sédition d'idées plutôt que
sédition de colère, grondait sous les fenêtres et dans les
salles de l'hôtel de ville.

Les terroristes, les communistes, les démagogues,
vaincus l'avant-veille, semblaient avoir renoncé pour le
moment à de nouveaux assauts. L'énergie des bons
citoyens, la sagesse de la masse du peuple, les avaient
refoulés dans l'ombre et dans l'inaction. Ils n'avaient
gardé du drapeau répudié que des cocardes et des rubans

rouges qu'ils affectaient de porter encore sur leur coiffure ou à leurs habits.

Mais il y a dans Paris un nombre considérable d'artistes et d'artisans, appartenant aux professions où la main est le plus rapprochée de l'intelligence : typographes, graveurs, mécaniciens, ébénistes, serruriers, charpentiers et autres, formant ensemble une masse d'environ cinquante mille hommes. Ces artistes, artisans, ouvriers, sont en général nés ou domiciliés, établis, mariés à Paris. Ils reçoivent des salaires élevés dans les moments où l'industrie se dispute leurs bras. Ils ont des loisirs. Ils les emploient, les uns à des débordements et à des débauches que le travail ne peut jamais assez combler; le plus grand nombre à des études professionnelles, à des lectures, à des cours scientifiques, philosophiques, religieux, qui aiguisent leur esprit aux controverses politiques ou sociales. Couche inférieure, mais lettrée cependant, sous cette grande couche de l'intelligence et des lettres qui couvre le sol moral de la France.

Ces hommes sont l'élite du peuple qui travaille des mains. Ils se confondent par l'instruction, les mœurs, le costume, avec les classes vivant des professions libérales. Prolétaires à la racine, déjà bourgeoisie au sommet, ils ont entre eux, profession par profession, des sociétés, des affiliations, des organisations de secours mutuels, des orateurs, des délégués qui s'emparent de leur confiance et qui discutent leurs intérêts avec les entrepreneurs. Assez honnêtes pour détester le sang, pour avoir horreur du pillage, répugnants du désordre, ils sont assez instruits pour être accessibles au sophisme, pas assez profonds pour le confondre et pour le repousser.

C'est parmi ces hommes que les différentes écoles socialistes qui pullulaient depuis 1830 à Paris, à Lyon, à Rouen, en Allemagne, recrutaient leurs plus nombreux sectaires. Le problème jusqu'ici sans solution radicale de l'inégalité des situations humaines, de l'extrême misère à côté de l'extrême richesse; les scandalisait comme il a scandalisé en vain tous les philosophes et tous les hommes religieux de tous les âges; ils se flattaient d'y trouver une solution, ceux-ci par l'imitation du système monacal avec Fourier, ceux-là par l'imitation du système brutal des castes de l'Inde avec Saint-Simon, les uns par la communauté religieuse de la terre avec Pierre Leroux, les autres par la suppression du signe des richesses dans le numéraire avec Proudhon. Le plus grand nombre, révolté de l'impossibilité, de la violence, de la chimère de ces écoles, avaient cru trouver une transaction pratique dans le système, moins déraisonnable au premier aspect et moins perturbateur en apparence, de Louis Blanc.

Ce système, appelé du nom élastique d'association, et applicable en effet avec avantage dans certaines limites, se définissait génériquement pour eux dans l'*organisation du travail*. Or l'organisation du travail ainsi comprise n'étant que l'asservissement du capital et la fixation souveraine et arbitraire du salaire par l'État, supprime la liberté dans le propriétaire, l'intérêt du travail dans le travailleur, et par conséquent supprime le capital, le salaire et le travail d'un seul coup. C'est le *maximum* généralisé et portant sur la société industrielle et territoriale tout entière; c'est l'État, *Dieu* et le travail esclaves; c'est la mort de toute relation libre des hommes entre eux sous prétexte de détruire les abus de la concurrence. Cette secte abolit purement et simplement la propriété des capitaux et leur liberté, c'est-à-dire qu'elle abolit indirectement la propriété comme toutes les autres écoles de cette nature, et avec la propriété elle abolirait la société, la famille, l'homme.

Ce dernier système, néanmoins, exposé avec beaucoup de foi, beaucoup de mesure et beaucoup d'éloquence par le jeune écrivain, avait non convaincu, mais ébloui un assez grand nombre de ces ouvriers. Louis Blanc était leur apôtre. Ils croyaient en lui, sinon comme révélateur, du moins comme maître et comme guide dans la recherche du problème industriel. Les dernières conséquences ne les frappaient pas; car Louis Blanc ne semblait pas se les avouer à lui-même : en détruisant, il croyait simplement améliorer.

XI

Ces masses étaient travaillées depuis plusieurs jours par ces ombres d'idées. Elles voyaient leur maître aux portes du pouvoir en qualité de secrétaire et bientôt de membre du gouvernement. Elles étaient soufflées peut-être aussi par les ambitions qui se cachent derrière un nom populaire. Elles voulaient profiter de la brèche ouverte à toutes les innovations par la révolution pour lancer leur système dans la république et pour le confondre tellement, dès le premier jour, avec la république elle-même, qu'on ne pût plus les séparer.

Elles affluaient en armes, depuis le matin, sur la place et dans l'hôtel de ville; elles envoyaient députations sur députations aux membres du gouvernement pour demander qu'on nommât Louis Blanc ministre du progrès, et pour que les mots d'*organisation du travail* fussent insérés sur l'heure dans le programme des promesses garanties au peuple. Louis Blanc conseillait hautement lui-même sa nomination à ce ministère vague et indéfini du progrès. Il paraissait croire que cette satisfaction à son nom calmerait seule la multitude.

XII

Tous les membres du gouvernement résistèrent avec énergie, pendant cinq heures d'agitation, aux sommations, réitérées sous toutes les formes, du socialisme industriel. Dupont de l'Eure, Arago, Goudchaux, Marie, haranguèrent sans ménagement tour à tour les délégués des ouvriers, sans pouvoir refréner leur insistance.

On leur démontrait en vain que la main de la république pesant sur le capital le ferait à l'instant évanouir ou enfouir; que tout travail et tout salaire disparaîtraient avec lui; que la liberté et la sécurité des transactions étaient l'essence même de toute industrie et de tout commerce;

qu'ils demandaient le suicide des travailleurs. Ils étouffaient toute objection sous leurs vociférations. On tentait mille formes de rédaction pour en trouver une qui les satisfît sans engager la république dans un sophisme inexécutable. On alla même jusqu'à écrire le mot d'organisation du travail, en définissant ce mot inoffensivement et pratiquement, et en lui donnant le seul sens qu'il puisse avoir sous la main du législateur : celui de surveillance du travail et d'assistance aux travailleurs. L'immense majorité du gouvernement se refusa à signer un mot à double interprétation ; les ouvriers eux-mêmes n'en voulaient point à ce prix.

XIII

L'irritation, redoutable en un tel moment, s'accroissait. Une dernière députation remplissait les salles et frappait du poing ou du pommeau de ses armes la table du conseil. Lamartine, debout en face des délégués les plus animés, leur parla, au nom de ses collègues, avec la résolution d'hommes qui couvrent une société de leurs corps.

« Citoyens, leur dit-il en montrant du geste la place où leurs camarades, la mèche allumée, gardaient quatre pièces de canon aux portes, vous me mettriez à la bouche de ces pièces de canon, que vous ne me feriez pas signer ces deux mots associés ensemble : *organisation du travail.* »

Un murmure d'étonnement et de colère s'éleva dans les

salles. La table séparait seule Lamartine et ses collègues des ouvriers les plus irrités.

« Laissez-moi parler raison à des hommes raisonnables, poursuivit Lamartine. Je vais vous dire pourquoi je ne signerai jamais ce décret. J'ai pour cela deux raisons, citoyens! La première, c'est que je ne me crois ni plus ni moins intelligent qu'aucun autre homme de mon siècle et de mon pays, et que, depuis vingt années de réflexions et d'études des conditions de la société industrielle, il m'a été impossible de comprendre ces deux mots réunis, dont l'un exclut l'autre. Je ne signe pas ce que je ne comprends pas.

» La seconde, c'est que, si nous vous promettions l'organisation du travail, nous vous promettrions ce qu'aucune puissance humaine ne pourrait vous tenir. Je ne signe que les engagements que je puis tenir au peuple. »

XIV.

Ces mots fermes et accompagnés de l'accent de conviction qui les inspirait commencèrent à faire réfléchir les plus intelligents et les plus modérés des ouvriers. Lamartine, profitant à propos de leurs dispositions adoucies, leur demanda de discuter librement et franchement avec eux l'importante question qui couvait sous la république. Il le fit avec étendue, avec détails, avec évidence. Il démontra, par l'absurdité des conséquences, la vanité et l'odieux du principe de la violation de la liberté des capitaux dans l'industrie. Il rendit palpable à ces hommes, fanatisés par un mot, l'impraticabilité de leur système. Il ouvrit ce mot à leurs yeux, et il en fit sortir le néant, la fumée, la ruine de tous, dans l'oppression de quelques-uns.

« Vous le voyez, ajouta-t-il : en demandant l'arbitraire de l'État sur le capital et sur le salaire, c'est l'anéantissement du capital, c'est-à-dire de la source de tout travail, qu'on vous fait rêver. C'est votre faim et votre soif, c'est la misère et l'exténuation de vous, de vos femmes et de vos enfants que vous demandez! Nous aurons le courage de vous refuser ces fléaux que vous prenez pour des vérités et qui ne sont, jusqu'ici, que des mirages de l'illusion et de la misère! Non, nous ne serons pas complices du délire de cette fièvre qu'on allume ainsi dans la partie la plus intéressante parce qu'elle est la plus souffrante du peuple! Nous vous refuserons votre perte, que vous voulez nous arracher.

» Mais, entendez-vous par organisation du travail l'œil et la main de la république ouverts sur la condition des ouvriers, pour l'élever, l'éclairer, l'améliorer, la moraliser sans cesse? (— Oui, oui! s'écrièrent ces hommes déjà revenus de leurs chimères.) — Entendez-vous des institutions d'enseignement professionnel, de noviciat, de secours intellectuel et matériel aux ouvriers? d'éducation gratuite pour leurs enfants? de salubrité pour leurs travaux? d'assistance pour leurs infirmes et pour leurs vieillards? d'associations mutuelles, favorisées par l'État, pour leur faire traverser les époques de chômage forcé et de crise comme celle où nous sommes? Entendez-vous une répartition de plus en plus équitable et chrétienne de l'impôt, qui en prélève une partie pour soulager les misères imméritées des classes laborieuses, comme en Angleterre, et qui proportionne les charges aux facultés ?

» — Oui, oui, reprenaient avec enthousiasme les délégués. Voilà, voilà tout ce que nous voulons. Nous ne demandons que la justice et l'impartialité du gouvernement, que des garanties contre la stagnation du travail et contre l'indigence de nos familles ! Nos bras nous suffiront pour le reste, et nous les sacrifierons encore pour la patrie !

» — Eh bien, si c'est cela que vous voulez, ajoute Lamartine, nous le voulons avec vous, et plus encore ; car nous ne sommes pas de ceux qui posent des bornes aux progrès de la moralité divine dans la société, ni des bornes aux devoirs de la propriété et du gouvernement envers les prolétaires, hommes et citoyens comme nous. Nous voulons que cette révolution leur profite ; nous voulons qu'elle les élève d'abord au droit politique, puis au droit de propriété par le travail. Mais nous voulons qu'elle profite aux uns sans nuire aux autres, sans jeter la société au chaos, au pillage, aux chimères qui la démoliraient, à la ruine de tous, et de vous les premiers ! Or, l'organisation du travail n'est, à nos yeux, que la confiscation des capitaux, le pillage des salaires, l'anéantissement d'une partie et de la partie la plus active des propriétés, l'impossibilité de l'état, la cessation immédiate de tout travail, l'affamement du prolétaire et du propriétaire à la fois ! Encore une fois, je ne signerai jamais votre propre misère et votre propre condamnation ! »

Et Lamartine écarta de la main gauche la feuille de papier déjà rédigée. Les ouvriers applaudirent et se confondirent dans le cortége qui descendit avec le gouvernement,

XV

Une foule innombrable attendait le pouvoir nouveau. Les ministres, les généraux restés à Paris, les autorités principales, les maires de Paris, entouraient le gouvernement. Quelques bataillons de gardes nationaux mêlés au peuple armé ouvraient la marche. Ils fendaient avec peine la multitude. Les membres du gouvernement étaient à pied, dans leur costume de simples citoyens, signalés seulement aux yeux par une ceinture tricolore. Cette simplicité, loin de l'abaisser, relevait la grandeur de la république. Le peuple semblait jouir de voir le pouvoir redescendre dans son sein, dédaigner la pompe et le prestige de la royauté sur ses sens, et n'offrir à ses yeux qu'un pouvoir de nécessité et de raison personnifié par cinq ou six hommes vêtus comme lui.

Les quais, les rues, les balcons, les fenêtres, les toits, étaient chargés de spectateurs. La rue Saint-Antoine, à l'endroit où elle s'élargit comme l'embouchure d'un fleuve en approchant de la Bastille, était obstruée de flots de peuple. En partant de l'hôtel de ville, quelques drapeaux rouges et un grand nombre de rubans rouges aux habits frappaient encore les regards : à mesure que le cortége avançait au bruit des acclamations, ces drapeaux s'abaissaient d'eux-mêmes ; les pavés se jonchaient de cocardes et de rubans rouges répudiés par ceux qui les portaient et jetés dans les rues sous les pieds des dictateurs. Des cris incessants de « Vive le gouvernement provisoire ! » s'élevaient, se prolongeaient, montaient d'étage en étage, et se répercutaient de façade en façade.

Arago, le front découvert et livrant au soleil et au vent ses cheveux blancs, marchait à côté de Lamartine. Ces deux noms étaient les plus acclamés; celui de Dupont de l'Eure semblait inspirer plus de vénération; celui de Ledru-Rollin, plus de passion; celui de Louis Blanc, plus de rare mais âpre fanatisme. Les physionomies respiraient l'espérance et la sérénité d'un retour de calme après la saison des tempêtes.

Le gouvernement se plaça au pied de la colonne. Dupont de l'Eure et Arago faisaient face au défilé; ils répondaient aux félicitations et aux discours. La république fut sanctionnée par une acclamation unanime du peuple et de la garde nationale. Cette acclamation se prolongea, comme un consentement électrique, sur la ligne des légions, du pont d'Austerlitz à la Madeleine. La république, initiative de quelques-uns, devenait l'asile de tous. La société, abandonnée par la monarchie, se réfugiait dans la liberté. Il n'y avait plus de lutte de système, il y avait concorde de raison.

Le défilé dura quatre heures au pas de charge. Cent vingt mille baïonnettes de toutes professions et de toutes opinions saluèrent la république et s'élevèrent vers le ciel pour attester leur volonté de défendre l'ordre en défendant le gouvernement.

XVI

Peendant la revue, Lamartine s'était tenu constamment en arrière du cortége. Il se dépouilla de ses insignes et se confondit dans la foule, pour se retirer. Reconnu, comme la veille, à l'angle de la rue Saint-Antoine, il fut suivi. Le peuple de ce quartier l'avait vu en action dans les scènes du drapeau rouge. Ce peuple avait conçu pour lui cet enthousiasme que l'énergie, même quand elle lui résiste, inspire à la multitude. Un attroupement immense se forma sur ses pas, l'enveloppa et inonda la place Royale. Lamartine ne put échapper à un triomphe populaire qui aurait agité et inquiété Paris qu'en courant s'abriter dans une des maisons de la place, habitée par M. Hugo. Le génie de la popularité éternelle donna asile à la popularité d'un jour. Pendant que la foule frappait aux portes, le concierge fit franchir à Lamartine des cours intérieures et un mur qui ouvrait sur une rue déserte. Il monta, le visage recouvert de son manteau, dans un cabriolet de place qui vint à passer ; il pria le cocher de le conduire par des rues infréquentées jusqu'à sa demeure.

Il gardait le silence. Le cocher, assis à côté de lui, montra le manche de son fouet cassé. Il lui dit qu'il avait perdu ce fouet en conduisant, l'avant-veille, un des ministres fugitifs de la royauté hors de Paris. Lamartine, muet, fut frappé de cette vicissitude du hasard humain par laquelle, à deux jours de distance et dans la même voiture, un homme politique échappait à la poursuite, l'autre au triomphe.

La manifestation de force et de concorde que la revue du peuple armé et de la garde nationale avait donnée dans cette proclamation pacifique et unanime de la république rendit à Paris la sécurité et l'ordre d'une capitale qui n'aurait pas changé de gouvernement.

La république fut devancée ou acceptée avec la même unanimité dans les départements. Trente-six millions d'âmes changèrent de souveraineté, sans perte d'une vie. Le sang avait coulé à Paris pour ou contre la réforme. Pas une goutte de sang ne coula en France pour ou contre la république. La passion disait à ceux-ci : La république est votre conquête; à ceux-là : La république est votre salut; à tous : Elle est votre nécessité.

FIN DU TOME DEUXIÈME DES MÉMOIRES POLITIQUES.

TABLE

DES MATIÈRES CONTENUES DANS CE VOLUME

	Pages.
Livre sixième	3
Livre septième	63
Livre huitième	111
Livre neuvième	159
Livre dixième	223
Livre onzième	247
Livre douzième	311
Livre treizième	395

FIN DU TRENTE-HUITIÈME VOLUME.

www.ingramcontent.com/pod-product-compliance
Lightning Source LLC
Chambersburg PA
CBHW051831230426
43671CB00008B/920